Curazao- Coro: Historia y cultura

José Millet

Ediciones Fundación Casa del Caribe. Venezuela, julio 29, 2018.

ISBN: **9781717964953**

Millet Batista, José. Cuba, 1949- (Autor-editor)

Incluye Bibliografía (p.__) e INDEX.
Número de Depósito Legal: MI2016000367
ISBN: 978-980-12-9128-2
1.- Venezuela-historia y cultura
2.- Venezuela- Coro-Estado Falcón- costumbres
3.- Venezuela-pueblos y tradiciones culturales
4.- Venezuela- Curazao-Relaciones culturales
5.- Venezuela-Caribe-Historia y etnografía
I.- Millet, José   II.- Título

Al pueblo de Coro, que me acogió como un hijo y al que agradezco su alto sentido de la hospitalidad al darme refugio, trabajo y medios de vida; a mi patria chica Santiago de Cuba y a los pueblos Caribe; al Curazao de mi corazón por la rebeldía de hijos, como el capitán de cimarrones loangos Josef Charidad Gonzáles, primer mártirr de la insurrección del 10 de mayo de 1795 y de su parigual Tula; a la curzoleña María Chiquitín, promotora del *Luango Tambú*, que Olga Camacho haría brillar en su Tambor Coriano, forjado en las manos de Steickman; a la hermandad que nos une al pueblo curazoleño en historia compartida en las artes creadoras y su alto vuelo intelectual de sus hijos insignes: mi amiga Jocelyn Clemencia (+), Jeann Henríquez, Gibi Bacilio, René Rosalía, Richenel Ansano, Ced Ride, la venezolana-curazoleña Laurita Broekamann, puentes de unión para vencer las aguas que nos separaban; a la poeta Myrurgia Mutueel.

A mis hermanos: profesor Humberto Clark, director del INCUDEF; productores de música, de barro y cocuy de Coro y su puerto de La Vela, Cumarebo, Tucacas, Pecaya; poetas Benito Mieses, César Seco y Celsa con su musical Gabriel Jiménez Emán, joven músico Enzio Porvenzano, Oscar Lázaro, cronista del barrio Curazaito de Coro Mario Aular Chirinos; profesores de la UNEFM: historiadores Luis Dovale del Prado y Nereyda Ferrer; Dr. Secundino Urbina (+), su hijo Pedrito, nieta Cyntia; a Juan "Guancho" Carlos La Rosa y tantos otros más por estos años compartidos en medio de la música, de la poesía y del buen cocuy pecayero.

IN MEMORIAM

poetas Elías David Curiel, Rafael José Álvarez, Hugo Fernández Oviol y Marbella Correa, historiadores Pedro Manuel Arcaya, Carlos González Batista; de la curzoleña María Chiquitín, al rey del tambor Miguel Lugo y a todos los tamboreros corianos; chamán turero Rodolfo Garcés; Luis Arcaya y Chiquitín, de la Casa de la Poesia de Coro; del genial guitarrista y hombre de humor a flor de piel Miguel Camacho; del antropólogo Pedro Pablo Linares; del arqueólogo húngaro Miklos; del recién fallecido historiador Francisco Emiro Durán Márquez, director del Centro de Investigaciones Arqueológicas, Paleontológicas y Antropológicas de la Universidad Nacional Experimental Francisco de miranda (UNEFM) y del director del Instituto Cubano de Antropología y auto-considerado mi discípulo, Máster Sc. Jesús Rafael Robayna Jaramillo; de Chendo Chirinos; de Domingo Chàvez.

INDICE

I.- Auto presentación
Nota obligada del Autor-editor
En alguno de sus textos, el Apóstol de la independencia de Cuba, el poeta y genial polígrafo José Martí, califica a nuestros pueblos de *románticos* y vengo de la ciudad donde nació José María Heredia y Heredia, quien encabezó el romanticismo en nuestras letras y cultura, y le sirvió para forjar los sentimientos y símbolos que luego iluminarían a los cubanos en la lucha por nuestra independencia nacional. Cuando pisé por primera vez tierras de Curazao, no salía del asombro de escuchar en la mayoría de las emisoras radiales la música cubana y en cualquier sitio al que llegaba me sucedía lo mismo, al punto que, al regresar a Santiago de Cuba, dije a los colegas de la Casa del Caribe que Curazao era la capital de la música cubana en la región. Mi ignorancia me llevó a afirmar que allí había nacido en la tierra no sólo del *bolero*, sino del *son* y, en aquella primera ocasión, hablé en casa de un amigo curazoleño en términos que abandoné más tarde, luego de compartir con los soneros del barrio Borojó de la capital de República Dominicana, lo cual me sirvió para sustentar la tesis doctoral del amigo musicólogo Danilo Orozco de que existía una *región son*, con corazones donde había palpitado al mismo tiempo el mismo sentimiento de identidad propia y esa música había estado raigalmente ligada a la formación de nuestra identidad como pueblos distinguidos en el hemisferio occidental en el que estamos inmersos.
Desde que decidí por voluntad propia salir de Cuba, escogí como residencia a Coro, alentado por mi suegro, nacido en el barrio Pantano y profundamente coriano al punto de haber producido en Barquisimeto la Casa de Falcón, a la que honro hoy con estas líneas. Caminando por sus calles, entré en una casa de la Comercio donde, entre banderas, flotaba en un improvisado mástil la cubana y el cartel con la inscripción Casa de las Antillas; sus propietarios eran una pareja formada por un curazoleño y una venezolana. Mi cuñada Vilma me llevó a conocer a Olga Camacho, en el barrio donde luego yo viviría largo tiempo y al escuchar su tambor me convencí de que estaba en mi *patria chica*, ya saben a qué Santiago me refiero cuando lo digo. Cuando en la conferencia acerca de la cultura del Caribe le dije a la rectora de la UNEFM, quien me escuchaba en el teatro del antiguo Mercado de Coro, que el *cocuy* era la bebida-- junto con la cachapa-- que iba a dar a conocer el aporte cultural de Venezuela a la gastronómico mejor reputada del mundo, no puedo decir lo que me dijo aparte, al término de esa memorable actividad a la que asistió el músico guitarrista Alí Chirino, que me osequió esa bebida otendida de una planta única del planeta y que se ha negado a reproducirse de otra forma que no sea mediante el aventamiento de su cimiente.

El *cronista comunitario* del barrio Curazaito de Coro, el magnífico investigador y gran promotor de la cultura, Licenciado Mario Aular Chirinos, es el "culpable" de todo lo que me sucedió después en la ciudad. Con la reivindicación de los derechos de los vecinos del barrio La Guinea a que se le restituyera el nombre del barrio, se afincó en mí la pasión por estudiar los pueblos del Caribe. El libro **La Guinea, barrio afrocaribeño de Coro** es de la autoría legal de un amigo que hoy falleció, el sociólogo Manuel Alejandro Ruiz Vila y de mi persona, pero pertenece con igual propiedad a Mario, quien se negó a meterse en esa empresa de escritura de un libro. Como a otros compañeros del INCUDEF que aparecen en el libro como co-autores científicos, a él reconozco el que me haya permitido adentrarme por los caminos qe me conducirían al *llegadero* de que el Tambor Coriano es hijo del *Luango Tambú* llevado por los cimarrones congos desde Curazao a los territorios costeros del actual Estado Falcón y, desde allí, directamente a su ciudad capital. Me refiero a que llevaban *el tambor* en su mente como símbolo de su conexión con su patria ancestral, en el espíritu de reafirmación de su identidad étnica, personal, colectiva como africanos, cuestionada por el sistema de esclavitud al que los sometieron los amos europeos que secuestraron a sus antepasados sanguíneos. Los tratantes del *mercado negro,* de piezas de ébano como llamaron a aquellas personas secuestradas, privadas de su libertad y de su condición humana, los encerrarron en las factorías de donde serían extraídos para someterlos a la Trata Trans-atlántica y, finamente, para emplearlos en condición de siervos en el Caribe como mano de obra sobre-explotada.

No podía suceder de otro modo. Un repaso somero por la historia de Coro y de su relación con Curazao nos ilustraría acerca de que estamos hablando de dos pueblos hermanados por lazos tan entrañas que se relacionan con hechos trascendentales de su quehacer, de su formación como pueblos y a una espiritualidad conectada por elementos que perduran desde tiempos inmemorables hasta el presente. En fin, es obligado explicar por qué el presente libro lleva por título **Curiana:** porque así se llamaba a ese inmenso espacio de dominio del Diao Manaure que se extendía desde territorios de Tierra Firme del continente sudamericano, en parte hoy ocupado por el Estado Falcón, a los de las islas cercanas a Venezuela, en especial a la de Curazao.

José Millet

Coro y Los Teques, Venezuela, julio 29 del 2018.

José Millet*: un santiaguero en Coro**

El gran poder existe en la fuerza irresistible del amor.
Simón Bolívar

La muerte, su paso breve… hace poco ha hecho estragos entre varios de mis más que entrañables amigos y compañeros de trabajo, hermanos de lucha de estos años de Revolución cubana. Parecería que las situaciones extremas conducen al ser humano a una reflexión sobre el alcance de su vida y es, justamente, en lo que me he visto envuelto en tiempo reciente, sin quererlo ni temerlo tampoco. Alguien dice que cuando los allegados mueren a tu derredor, es síntoma de que te pisa los pies la edad provecta. Le respondo: la muerte no es verdad cuando se ha cumplido con la obra de la vida. Confieso que mi vida ha consistido en una gestación personal atenta para encarar este evento postrero, natural e inevitable.

De todos modos, resulta útil el balance de lo hecho hasta un punto de la existencia y, como las páginas del diario Nuevo Día ofrecen un espacio dominical para tratar el tema "los que llegaron para quedarse", lo aprovecho para hacer su presentación formal ante la comunidad falconiana. Aunque aclaro haber brotado del fondo del Mar Caribe y mi esperanza y voluntad de "ser sembrado en cualquier punto de la parte líquida o sólida de nuestro planeta, siempre que sea útil".

¿Quién eres tú, santiaguero?

El ser del individuo está dado por el sitio donde nace y es fruto, en medida casi determinante, de la relación con quienes convive desde la cuna y luego crece. Al filo de la segunda mitad del siglo XX, emergí a la luz en el extremo oriental de una Isla—Cuba--, en el seno de una familia formada por un inmigrante francés y una hija de un peón de labranza, al fin ambos hombres sin bienes, que eso significa proletario. En un barrio cruzado por los ríos Marañón y Jigüe, en una calle rodeado de muchas personas que sufrían dobles vejámenes: la discriminación por el color negro de su piel y la explotación por su condición de gente pobre a la que no le quedaba otro remedio que vender su fuerza de trabajo.

Eros guiñó un ojo cuando me fijé por primera vez en la hija de una pareja de esa doble condición social—de gente de color y pobre— que vivía al lado de mi casa. La madre de mis hijos también es una mulata, de pelo negro y lacio, a la que muchos atacaron cuando anuncié que la había elegido para casarme; causa de la embestida: el color de su piel. Varias décadas después me ha vuelto a suceder lo mismo al tener amores muy tormentosos con otra mulata, lo que evidencia que los prejuicios raciales son complejos y difíciles de eliminar porque se instalan en lo más profundo del alma. La conciencia de esa situación de marginalidad y discriminación racial marcaría la orientación de mi pensamiento y de mi existencia desde aquella fecha temprana y a lo largo del tiempo que llevo sobre la tierra.

Nacido al Norte del extremo oriental de la Isla, en una ciudad catalogada de "blanca", me tocó descubrir la magia del Caribe en otra situada al Sur de esta misma porción insular: en Santiago de Cuba, ubicada en lo que un demógrafo cubano denominó "la franja negra" de Cuba, por la alta densidad de población de origen negro africana que se concentra en ella y en Guantánamo. A flor de piel estaba algo que muchos habían pasado por alto: la pertenencia a la cultura de una región cultural que había pasado desapercibida hasta por los espíritus más acuciosos del país, como el del sabio Don Fernando Ortiz, considerado como el Padre de la Antropología del Caribe.

Reflexionando en un equipo de intelectuales egresados de la Universidad de Oriente acerca de la personalidad cultural del santiaguero, terminamos por desembocar en el reconocimiento de nuestra condición de *ser caribeños*, lo que en otros términos ha sido definido   como   la *caribeñeidad* o identidad caribeña,   tan   discutida   en los medios académicos de los países de la región y en otros vinculados a ella.

Llegamos incluso a publicar un tabloide con el claro nombre Del Caribe, mucho antes de dar a la luz una revista homónima a un año de haberse fundado la Casa del Caribe en 1982.

¿Un descubrimiento nuestro?

Esto nos fue ocurriendo a lo largo de la década de los setenta, pero ya para ese tiempo unos académicos polacos, geógrafos que habían ido a estudiar, a trabajar y a investigar a Cuba, habían publicado dos libros pioneros en este tipo de estudios: **Premisas geográficas para una integración socioeconómica del Caribe** y el **Atlas Regional del Caribe**. En lo personal, fueron aquellos polacos quienes me enseñaron la importancia de los *estudios regionales*, enfoque que para entonces tenía pocos especialistas seguidores en mi país natal; entonces, es justo mencionar aquí al entrañable amigo, el doctor Andrej Dembicz (+), quien encabezó ese importantísimo proyecto en fecha tan temprana como la antes referida de la década del sesenta.

También el Centro de Estudios del Caribe, de la prestigiosa Casa de las Américas, le había dado una especial atención a la literatura de los pueblos del Caribe y algunos compatriotas, estudiosos e intelectuales la habían mencionado en sus textos o conversaciones, sin percibir la profundad del objeto al que se enfrentaban y que sería el objeto de nuestros estudios, investigaciones y dedicación profesional desde que nos constituimos en una investigación inicialmente de promoción cultural, única con proyección internacional fuera de La Habana. Esa fue la Casa del Caribe que fundamos al llamado que nos hiciera ese genio creativo que fue el sabio, pensador y filósofo Aníbal Joel James Figarola (Guanabacoa, La Habana, 1942-Santiago de Cuba, 2006.)

Mi familia

Hace muchos años, en el arranque mismo de Los Andes me encontré, en una comunidad aborigen, con el rostro de mi madre: exactamente como hoy lo veo en mucha gente con que me ha tocado vivir aquí en Falcón y en otros muchos sitios de este mágico país. Mi madre era "india" no sólo por su biotipo, cuya réplica me impactó al descubrir su perfil étnico hace muchos años en Lara cuando por primera vez ascendí a la Cordillera de Los Andes y me encontré con una comunidad nativa, sino por su apego a la madre tierra, al tabaco y al mundo de los espíritus.

Cuando ahora aquí, en el Estado Falcón, asisto al estudio *Las Turas,* me parece estar dentro de ese círculo de concentración de fuerzas mágicas que perfila el denominado *"espiritismo de cordón"* u orilé que existe en el Oriente de Cuba y al que perteneció mi madre , Olga Batista Arbella (Mayabe, 1916-Holguín, 2003) desde que era prácticamente una niña. A diario, ella se ponía en contacto con esas fuerzas sobrenaturales que nos rodean y a las que la "civilización" o cultura euro-occidental judeo-cristiana se ha encargado de distanciar colocándonos en nuestros ojos una especie de visera y en nuestro cuerpo aislantes para impedirnos percibirlas, contactarlas y canalizarlas en bien de la Humanidad.

Mi madre decía que entre los *espíritus* que acudían en auxilio de sus prácticas de sanación estaba el Médico Prodigioso, quien se identificaba como "El Doctor Gregorio", porque era quien luego reconocí como el Doctor José Gregorio Hernández, médico venezolano presente también en la religiosidad popular de otros países de la región, como la República Dominicana, que visité durante muchas veces con fines académicos e investigativos.

Cuando escuché la canción de Alí Primera dedicada a su abuela Mama Pancha sonreí, porque mi madre no era sólo *rezandera*, sino también curandera y *chamán*: invocaba las fuerzas espirituales que mencioné más arriba y colocaba sus manos encima de las personas que diariamente traían a nuestra casa para curarlas. Le hacían colas desde que amanecía hasta altas horas de la noche. No tenía altares ni imágenes de ningún tipo: decía "trabajar con la Providencia Divina o El Santísimo", es decir, sin que mediara otra cosa que "las corrientes espirituales" situadas en el "más allá" o en un centro ubicado en el cosmos. Sólo invocaba esa fuerza divina y decía sus oraciones, al principio usaba nada más que esos recursos para la mentalidad del hombre euro-occidental invisibles.

Mi madre *santiguaba* a todo el que le traían a nuestra humilde vivienda de mampostería, techo de paja y un corredor de zinc. Y siempre, en la noche, cuando dormíamos nos santiguaba y colocaba debajo de la cama un vaso de cristal con agua transparente. En la mañana, bien temprano, sacaba por la puerta de entrada principal una palangana con el agua que echaba en todo el frente de la casa, en la calle de tierra que era lo predominante en los barrios pobres. Ese recipiente dormía toda la noche en la sala y su contenido evitaba que se filtraran *maleficios* que podían sorprendernos en el sueño y se iba al exterior con todas las impurezas que pudieran haberse quedado aprisionadas en ellas.

Bien entrada la década de los sesenta, percibí que mi madre usaba gajos de algunas plantas humedecidas, como la albahaca, para esos "*despojos*" o formas de terapias que tanto bien hacían a las personas, quienes manifestaban salir muy "frescas" de tales operaciones benéficas que después descubrí, en alguno de los libros de investigadores científicos, tenían un efectiva función de sanar somática y psíquicamente. Muy tarde fue que mi madre fue levantando su altar con escalones de madera, todo cubierto con tela, en el que fue colocando imágenes de bulto en yeso, como las de la Virgen de La Caridad de El Cobre y de San Lázaro, ese santo milagroso en el que tantos cubanos creen. Esos santos eran escoltados por vasos de cristal con agua transparente y algunas fotos de familiares fallecidos.

Mi madre fue víctima de los procesos de diverso signo por los que atravesó la Revolución cubana: al principio escondía las imágenes de sus santos, los vasos de agua y se reprimía de manifestar sus creencias, porque era objeto de burla por alguno de mis hermanos y otras gentes en quienes el materialismo ateo que predominaba en la sociedad cubano hacían que esto fuera visto como "cosa de atraso" o de superstición. El enfrentamiento del Estado con la Iglesia Católica se extendió en general a todas las religiones y la religiosidad popular del pueblo cubano sufrió los efectos de la aplicación de políticas desacertadas que perjudicaron estas expresiones de la espiritualidad del pueblo que nació primero como mecanismos de resistencia frente a la cultura "oficial" española, luego como formas de cristalización de una identidad propia en el proceso de nuestras guerras por la independencia nacional y, lamentablemente, a quienes las portaban. Afortunadamente, otras raíces de la cultura nacional disfrutaron de mejor suerte, como es el caso de las religiones afrocubanas que no sólo se afianzaron y extendieron por todo el archipiélago, sino que establecieron en plaza en casi todos los continentes con la gran migración de cubanos que, por diversos medios y motivos, decidieron marcharse de Cuba.

Cuando recibí la noticia de su muerte, estando yo aquí en Venezuela, lo primero que me cruzó por la mente fueron aquellas veces que la reprimí por el uso de esos objetos religiosos que ella iba colocando cada vez en zonas más visibles de la casa, en la medida que ya habían avanzado sus años, sentía en carne propia la soledad por la ausencia de sus hijos y la muerte de tantos seres queridos. Paradoja del destino: sería el mal denominado *espiritismo* lo que más estudiaría yo luego que me gradué en la Universidad de Oriente y, desde la Casa del Caribe, me dediqué desde 1982 por entero a la investigación antropológica en el área de la religiosidad popular. Esa era la actitud general que imperaba en la gente y sobre todo en los jóvenes en relación con las generaciones precedentes, más si se trataba de un joven radical como yo, que gané la militancia comunista a los 13 años de edad.

La otra embestida mi madre la recibió de la ola de "patiblancos" o Testigos de Jehová que había en el barrio Pueblo Nuevo, en la ciudad de Holguín donde nací y que incrementó su proselitismo después del último Congreso del Partido Comunista de Cuba que se realizó en Santiago de Cuba y, de manera más drástica, debido a los cambios producidos a raíz de la visita del Papa a Cuba en 1998. Esas y otras denominaciones religiosas, como las evangélicas, consideran esas creencias y esas prácticas como diabólicas o satánicas. Mi mamá se había quedado a vivir sola en la casa hacia la que nos mudamos en 1963, sola quiero decir porque vivía con mi hermana Nurys Josefa, que la atendía más que a la perra de mi hermano Pedro que vivía en los altos de ese chalet.

Esa gente llegaron a "comerle el coco" a tres de mis hermanas que la atacaban ferozmente en mi ausencia y, cuando cierta vez me llevé a vivir a mi apartamento de Santiago a La Vieja y a Rosa, mi hermana mayor, acabé con esta agresión amenazándola con tirarla a la hoguera, literal y prácticamente hablando, si volvía a repetirle a mi madre que esas creencias y prácticas eran cosas del diablo. Al volver a su soledad en el barrio pobre y de negros que es Pueblo Nuevo, la situación se repitió, ahora en su relación con mi sobrino Ronald, abrazado a no sé qué "religión" que lo hacía volver por las mismas andadas proselitistas, ahora con la ventaja de que la salud de mi Vieja se había quebrantado al extremo de que le impedía moverse de la casa.

Mi madre asistía desde hace mucho tiempo al"templo" o centro espiritista de Nemesio Patterson, un negro fornido que después descubrí descendía de una familia jamaicana, que fue en el Oriente del país donde más antillanos se ubicaron en las primeras décadas del siglo pasado (XX.) En un barrio humilde, en una casa de "gente de color" (así se la llamaba a los negros y mulatos antes de 1959), con bancos de madera dispuestos a cada lado de la nave desprovista de paredes laterales que habían levantado al fondo de la casa, a manera de anexo, se reunía una comunidad de hombres y mujeres para escuchar las **Oraciones Escogidas** de Allan Kardec, las invocaciones a los espíritus para luego enlazarse de manos y adentrarse en una "danza" rítmica que terminaba en un trance colectivo.

A esas sesiones semanales mi madre nos llevaba a nosotros que no entendíamos nada de lo que sucedía allí y que aprovechábamos la salida nocturna para jugar con amiguitos de esa familia a la que tan entrañables lazos nos unió siempre. Cuando había "misa de muerto" en alguna casa que no era la del templo, si que disfrutábamos más porque al final se repartía un refrigerio que consistía en dulces de los que vendía mi padre en su Kiosco, refresco y para los mayores chocolate caliente. Nosotros teníamos familia en el campo, en un sitio relativamente cerca de la ciudad de Holguín que se llama Mayabe, adonde íbamos en las vacaciones a solazarnos y donde asistí al velorio de un pariente de mi abuela materna en que, para sorpresa mía, se sacrificó un toro del que estuvimos comiendo casi dos días y durante la noche se hicieron cuentos y la gente se divirtió como si se tratara de una fiesta.

Mi madre era y murió siendo comunista: jamás aceptó un centavo, ni nada material ni de otra naturaleza a cambio de las curaciones y las labores espirituales que hizo durante toda su vida, labor misionera, como ella gustaba llamarla, que se interrumpió por cierto estando yo aquí en Venezuela, hace unos años, debido a su gradual estado de deterioro físico. Me aportó esa dimensión espiritual y el desprendimiento que forman parte de mi "equipaje de viaje", que he llevado a todas partes y del cal nunca me separaré.

Mi padre en cambio era escéptico en todo; creer sólo en uno mismo: en aquel capitalismo salvaje, él enseñaba un pragmatismo que nos ayudó a tomar conciencia de que había que valerse por sí mismo: trabajar y estudiar para no ser "esclavo de esclavos". A las cuatro hembras, y en particular a los cuatro hermanos, nos exigió que estudiáramos como única manera para abrirnos paso en una sociedad a cuyas cumbres sólo accedían ricos y pudientes, donde era casi imposible que un pobre llegase a gobernante o a profesional altamente calificado. En cuanto a sus creencias, se burlaba de nuestra madre cuando ella emprendía viaje a ese *otro mundo* del que nos hemos desprendido la mayoría de los humanos. Viéndolo desde la perspectiva del tiempo, aquella tensión entre mis padres era buena: que hubiera modos diversos de ver el mundo equilibraba nuestra formación personal. Pero el hombre es aquello que dije y algo más: fruto de su genio y aún más de circunstancias mucho más amplias.

El resto de la familia "nuclear" vive en la Isla, en el cual incluyo a mi hijo Joseph James…; mis padres descansan allá uno cerca del otro, como están próximos en el "más allá" todos mis abuelos... Tengo varias sobrinas en Alemania, en compañía de su padre, mi hermano "El Negro", único de los ocho que sacó el gen africano o indio. Esta ubicación resulta inusual, porque el cubano tiene un sentido del arraigo a su terruño tan fuerte como lo ha tenido el venezolano: es que el nuestro fue también un país de inmigrantes, como Venezuela. E inmigrante fue aquel ancestro francés que se estableció en el Oriente de Cuba proveniente de Los Pirineos franceses para reforzar la comunidad de inmigrantes que tuvieron un fuerte impacto social y económico en el oriente de la Isla.

Hijo de la Revolución Cubana

En esa relación humana en el interior de la familia encontré gérmenes de rebeldía: de labios de un amigo de mi padre escuché hablar por primera vez de revolución y de libros, en el mostrador del bar suyo donde iba aquel negro tabaquero a beber su caña clara del día. Aquel negro tan exageradamente espigado era quien corría conmigo a la Casa del Socorro cada vez que me accidentaba producto de mis continuas aventuras, cosa que sucedía con frecuencia inusual, porque yo era un niño de armas tomar. Mi abuelo paterno había herrado caballos del Ejército Libertador Mambí al paso por aquella geografía oriental de las tropas que comandaba el General Antonio Maceo, según me contó mi abuela paterna Caridad "Cacha" Pérez, quien había perdido en la manigua insurrecta varios niños en aquella guerra y murió con una medalla por haber sido colaboradora de aquellas gestas por nuestra independencia.

Eran tiempos de sangrienta dictadura. Me enfrenté siendo un niño a la muerte: cada día aparecían jóvenes asesinados por la dictadura de Batista, cuyos sicarios extorsionaban el pequeño negocio de mi padre, quien los veía con la más absoluta aversión. De hecho el padre de un amiguito del barrio, a Eradio Domínguez, lo encontraron tirado en una cuneta donde lo habían tiroteado y otro adolescente a quien queríamos, Oscarito Blázquez, cayó cuando los soldados lo sorprendieron, herido, oculto en una alcantarilla a la que arrojaron una granada. A ocultas, en nuestra casa se hablaba de la lucha armada que desbordaba ya la Sierra Maestra: de Camilo y de Fidel; de hecho, uno de mis hermanos estaba conspirando para alzarse en el monte con la guerrilla. Las avionetas ametrallaron parte del barrio Pueblo Nuevo, cuando los "barbudos" se aproximaban a ella para realizar atentados, como el corte de la luz eléctrica.

Fue natural, pues, que mi hermano mayor, Pedrito Millet Batista, y yo camináramos mucho para ir a recibir al Ejército Rebelde en aquel día de enero de 1959 que nos despertó con el Himno del 26 de Julio cantado por Daniel Santos. Yo estaba próximo a cumplir diez años de edad. Uno de los hechos que marcó para siempre mi vida: el abrazo de los hijos barbudos con el pueblo y las lágrimas corriendo en las mejillas de los familiares en un memorable encuentro, luego de haber vencido la bala asesina, la tortura y la muerte. En aquellos días, me sumé a la masa del pueblo en la persecución de los chivatos y esbirros, que todavía estaban armados, en su furia frenética contra todo lo que simbolizara la dictadura y el poder de aquel gobierno de Batista instaurado mediante un golpe militar.

Como lo sería mi intento de incorporación temprana al movimiento de la Asociación de Jóvenes Rebeldes (AJR) para la cual no tenía edad, a las Milicias Nacionales Revolucionarias donde aprendí a manejar un fusil y me lo eché al hombro sin tener tampoco la edad requerida. Mi carácter terminó de forjarse en aquellos "tiempos duros" donde pasamos las de Caín, pero resistimos, luchamos y vencimos, como lo seguimos haciendo hoy los cubanos donde quiera que estemos, dentro o fuera de la patria.

Camino al mundo de la cultura.

También a esa edad adolescente comenzó mi preparación teórica: con amigos vecinos del barrio que habían hecho la experiencia de los "Cinco Picos" (subir cinco o más veces la montaña de El turquino, la más alta de Cuba) comencé a estudiar en una de las Escuelas de Instrucción Revolucionaria, de la que pasé a otra Escuela Básica de estudio del Marxismo-Leninisno y aquella plataforma allanó el camino hacia un estudio permanente de la Filosofía que no ha cesado hasta el presente. Luego de mi ingreso en 1963 a la Unión de Jóvenes Comunistas (UJC), me convertí en un dirigente político estudiantil que tomó consecuentemente el modelo de hombre y de revolucionario del que no me he apartado nunca: el del Che Guevara. No ha habido otro hombre que haya sabido alcanzar las virtudes de este ser a quien respeto y tras cuyos pasos he marchado sin vacilación. Llegué en 1965 a La Habana donde quise estudiar en el Instituto Técnico Militar del cual causé baja por secuelas de un accidente automotor tenido dos años antes y ciudad donde finalmente hice mi bachillerato en un instituto preuniversitario militar.

Desde la más temprana infancia, súbitamente me invadió la conciencia de ser un ser poco común: poseedor de una rara sensibilidad hacia la Naturaleza, las aguas, los animales y las plantas, a los que defendía y con los que conversaba en mis frecuentes escapadas al campo o al río. Escribí en cuadernos escolares muchos poemas y letras que no encajaban en las formas tradicionales o las aceptadas por la Preceptiva literaria al uso. De ahí que la primera opción elegida cuando decidí entrar en la Universidad fue la carrera de Letras, aunque en los estudios medios había obtenido tan buenas calificaciones en ciencias exactas como en Humanidades. Pero en el mismo año del comienzo de la carrera, el Partido Comunista me seleccionó junto con otros alumnos para estudiar Filosofía en la Universidad de La Habana, donde me vinculé a compañeros de una ideología avanzada que habían edificado un revista que pasará a la historia de las ideas de América Latina como un vivo ejemplo de lo que es la máxima amplitud de miras en lo que respecta al pensamiento a que se puede llegar manteniendo un nivel de invariable compromiso político : la revista **Pensamiento Crítico**, calificada por el antropólogo brasilero Darcy Ribeiro como una de las más valientes en cuanto a corriente de ideas emancipadoras se refiere en el marco de una joven revolución.

Me honrará siempre haber estudiado y pertenecido al Departamento de Filosofía de la Universidad de La Habana y haber sabido sostener hasta el presente una entrañable y noble relación con la mayoría de sus integrantes, incluidos a quienes hicieron esa revista, entre quienes debo nombrar a José Bell Lara, a Hugo Ascuy y, en lugar privilegiado, a su director, el hermano digno de admiración Fernando Martínez Heredia. Creo que ésta pudo haber sido la mejor carta de presentación para entrar al mundo académico en cualquier lugar donde me hubiese encontrado y asimismo ante "las izquierdas" del mundo, incluida la venezolana. Como lo será siempre haber sido uno de los fundadores del Festival del Caribe y de esa prestigiosa institución que lo ha sostenido a lo largo de más de un cuarto de siglo: la Casa del Caribe. Me honra también, y no en menor euritmia y alcance, haber compartido la segunda gran etapa de la lucha de la intelectualidad orgánica surgida en el seno de la Revolución Cubana que tuvo y tendrá en Joel James Figarola uno de los pensadores y filósofos más radicales y valientes, no sólo en lo que respecta a la lucha-- resuelta y decisiva-- por las ideas independientes, sino en lo que respecta a la necesidad de enfrentarse permanentemente a la burocracia de manera frontal, por cuanto el pensamiento y la conducta que ella genera son el verdadero cáncer que termina por minar los procesos revolucionarios.

Cultura es "bellas artes", pero es también conocimiento: y a su estudio y producción le he dedicado parte sustancial de mi vida, tanto desde la docencia universitaria como desde el trabajo de la creación artística literaria, así como desde la investigación en el campo de las ciencias sociales y humanas, que es lo que pretendo continuar haciendo desde el Centro de Investigaciones Socioculturales del Instituto de Cultura del Estado Falcón donde actualmente trabajo.

Un hombre de letras

Soy un hombre de letras en tanto que mi pasión ha sido y es ser escritor, pero también pertenezco al mundo de las ciencias, esto último lo más difícil y angustioso cuando se vive en un país del "Tercer Mundo"; quiero decir, hombre de pensamiento, de ideas y de reflexión permanente acerca del ser y del misterio del universo y de la vida, pero apegado siempre a la búsqueda de la verdad y a su defensa intransigente. De hecho, el Ministerio de Ciencias, Tecnología y Medio ambiente, luego de muchos rigurosos exámenes y a través de una Comisión de Evaluación, me otorgó la categoría científica de Investigador Auxiliar, que cargo desde hace varios lustros con gran orgullo, por cierto, que, para acceder a la siguiente de Titular debo doctorarme e inicié el proceso desde la Casa del Caribe y lo dejé en un punto cuando me vine a trabajar a la ciudad de Coro en noviembre del año 2005…

Mi vida ha transcurrido por una larga avenida de estudios académicos. Hace 31 años me gradué en la carrera de Filología en la Universidad de Oriente, luego de haber hecho intensos estudios de Filosofía en la de La Habana para dedicarme tiempo completo a la docencia universitaria y, finalmente, encaminarme en estos últimos veintiséis años al estudio del hombre y de su espiritualidad, que es parcela propia de la Antropología, en un Centro de Investigación. Las fiestas populares, entre ellas el carnaval; las diversas formas de religiosidad de los pueblos del Caribe- al que pertenece Venezuela por geografía e historia--, en particular las de base africana y el espiritismo han ocupado casi todo el tiempo de mis ocupaciones científicas de estos últimos lustros y de ellas llevo muchos trabajos publicados tanto en mi país natal como en otros de diversas latitudes del planeta. Quienes quieran saber qué he hecho en mi vida profesional, consulten el portal Archivocubano en su dirección en la su portal web, hecha por el amigo antropólogo italiano Carlo Nobili y la revista Caribenet, de divulgación de las culturas caribeñas, hecha en colaboración con su directora, la también italiana y amiga querida Mariella Moresco Fornasier.

Caribenet fe la primera revista digital que se haya hecho acerca de los pueblos del Caribe y de su diversidad cultural y la hicimos el investigador Emilio Jorge Rodríguez desde la Habana y yo desde Santiago de Cuba, sin cobrar ambos n céntimo en coordinación electrónica con Mariela, que vivía en la ciudad italiana de Milán. Esa hazaña se la debemos al actor Carlos Padrón, quien envió a Mariella desde La Habana para Santiago de Cuba a encontrarse con nosotros en la Casa del Caribe.

¿Te quedaste sólo al nivel de la escritura?

Soy hombre de esta época que vive bajo el signo de los medios audiovisuales y de las modernas tecnologías de la comunicación masiva que han hecho del mundo un pañuelo: en la Universidad, me dediqué a la docencia de la filosofía y más tarde de las Literaturas, al mismo tiempo que impartí docencia universitaria en torno a la historia y la apreciación del cine, luego de haber dirigido cine-clubes y de haber publicado en los diarios cientos de reseñas y críticas de las películas que se estrenaban semanalmente en los cinematógrafos. Intervine en programas de radio y de cine a nivel nacional, algunos contaron con un público regular muy exigente por su alta preparación.

En fin, he participado en el proceso de investigación previo a la realización de documentales de índole antropo-sociológica, algunos de los cuales han ganado premios en certámenes internacionales, como Huellas, que ganó premio en el Festival Internacional de Cine de Moscú… De ahí que ahora impulse el avance de la Cooperativa Productora de Audiovisuales "Visión-Manaure", perfil empresarial en el cual creo en tanto alternativa a las formas de explotación y apropiación propias del capitalismo que rechazo.

He prestado especial atención a los medios de comunicación masiva a lo largo de mi permanencia en la Casa del Caribe, institución de la cual soy uno de los fundadores y a la que quiero con todas las fuerzas del ser. Soy padre e hijo de ella a la vez, por lo tanto, que debo a Joel James, recién fallecido, quien fue el motor que la mantuvo navegando, en las encrespadas aguas del Mar Caribe, durante un cuarto de siglo. En ella inauguré el servicio del telex con la presencia del Ministro de Comunicaciones de la URSS, mantuve una comunicación fluida con parte del mundo académico relacionado con la región, por la vía del correo ordinario, del teléfono y, en los últimos años, del correo electrónico (no tuvimos Internet sino hace poco tiempo…)

Han sido numerosas las publicaciones periódicas en las que he participado con diversas responsabilidades editoriales: en las revistas Taller, Mambí, Letras, Impulso, Cancerbero, Del Caribe, Signos (del Ministerio de Cultura de Cuba) y OIKOS, del Instituto de Cultura del Estado Falcón. Ah¡ soy de los poquísimos cubanos que creé una revista en Internet siguiendo la voluntad de una intelectual extranjera y de la que soy Jefe de Redacción: ya la mencioné, Caribenet. Cuando se haga un balance de lo que hicimos con tan escasos recursos desde la Casa del Caribe en favor del acercamiento a los pueblos del Caribe, habrá que reconocer la labor de las comunicaciones que tiene en Caribenet a uno de los pioneros en la región caribeña y habrá que hacerle un homenaje a la italiana Mariella Moresco y al hermano investigador Emilio Jorge Rodríguez.

Nosotros aportamos una plusvalía especial que no tiene equivalente en términos financieros: la plusvalía de la amistad en la que se fundamentó nuestra acción en países con los cuales Cuba no tenía ningún tipo de relación oficial. Sembramos la amistad y nació la hermandad, en una tierra pródiga en solidaridades, a pesar de atravesar   por crisis devastadoras.

Tengo entendido que has ganado algunos premios en concursos…

Lo hecho hasta aquí, lo he hecho desinteresadamente en servicio de los necesitados y marginados de siempre, no buscando un beneficio personal. Sí, he ganado varios premios: Primera Mención por un libro de testimonios en el Concurso Nacional de Historia "Primero de Enero", del Departamento de Orientación Revolucionaria (DOR) del Comité Central del Partido Comunista de Cuba; y el de Investigación Sociocultural, otorgado por el Ministerio de Cultura de mi país natal, en dos ocasiones por dos de los libros publicados originalmente en República Dominicana. El segundo de ellos rescató de la destrucción y pérdida la memoria colectiva del carnaval y del barrio de Los Hoyos, el más tradicional de la Isla, no sólo de Santiago de Cuba.

Ambos libros nunca fueron publicados y creo que ya se han perdido porque quedaron en mi apartamento 7, del edifico 14 del Reparto Pastorita Núñez, invadido por el engaño y ocupado por una persona detestable en quien mi familia confió al ella enterarse de que e había venido a trabajar a Venezuela. Allí quedaron todos mis libros y documentos de investigación y cosas más íntimas y amadas… y si no existe una rara voluntad por rehacerlos y editarlos…se perderán.

Y, ¿no ha obtenido ningún premio literario?

Algunos que ya casi los he olvidado, el primero por un ensayo acerca del folklorista Samuel Feijóo…pero el más importante fue el de poesía, por mi libro **Árbol más hermoso** (todavía inédito cuando me hicieron esta entrevista) y el otro en ensayo, ambos otorgados en el Concurso nacional José María Heredia, de la Unión Nacional de Escritores y Artistas de Cuba (UNEAC) a la cual pertenezco en mi condición de escritor y de "hombre de audiovisuales": de radio, cine y televisión...

¿Qué es lo más significativo de lo que has publicado?

Desde luego, algunos de nuestros libros publicados que son pioneros en el tratamiento de temas inusuales, como el descubrimiento de la existencia de la religión haitiana en Cuba y su alcance para la historia de la cultura a nivel nacional; soy uno de los cinco especialistas en el mundo que ha hecho tal clase de estudios en el marco referencial de mi país de origen y su relación con otros pueblos del Caribe, como el dominicano y el haitiano. Asimismo, cargo una reputación y calificación parecidas en relación con el estudio del mal denominado *espiritismo* en sus diversas variantes nacionales cubanas, sobre el cual tengo varios libros publicados en Cuba y en otros países.

Finalmente, estos son mis dos libros preferidos: el estudio antropo-sociológico hecho junto con Rafael Brea López y Manuel Ruiz Vila (Camagüey, 1942.-Santiago de Cuba, abril 12, 2018) cuyo objeto fue la comparsa "El Kokoyé", del barrio de Los Hoyos, principal foco de irradiación de cultura tradicional del carnaval santiaguero y **Tiembla Tierra**, libro-catálogo de la exposición de arte ritual afrocubano y espiritismo más completa de cuantas se hayan hecho en la historia de Cuba, de la cual compartí curaduría con el Tata Nganga y cantautor Abelardo Larduet Luaces. El primero publicado sólo en Santo Domingo y el segundo sólo publicado en Santiago de Compostela, capital de Galicia.

Y un lugar especial lo ha ocupado y ocupará **El vodú en Cuba**, publicado (1992) también primeramente en República Dominicana, en el cual se condensaron largos años de estudio y de investigaciones de campo a cargo de un equipo integrado precisamente por Joel James (Guanabacoa, 1946-Santiago de Cuba, 27 de junio, 2006), el historiador del poblado de El Cobre, Lic. Julio Corbea Calzado, el actor de teatro Alexis Alarcón y mi persona. Tal vez alguna universidad repare en esta obra por el significado de los resultados que para las ciencias de la cultura comporta y nos otorgue alguna distinción académica.

Es una pena que a los científicos sociales que nacimos y que vivimos en países del Tercer Mundo no se les proporcione el debido reconocimiento a nivel internacional, como sí se les hace a aquellos pertenecientes al del denominado Primer Mundo. Esto forma parte del sistema de injusticias que establece como colateral de la estrategia de dominio de los centros de poder hegemónico a nivel mundial: acallar la capacidad del pueblo de generar hombres de ciencia en casi todos los campos del saber humano.

Quiero también a muchos de los ensayos, estudios y artículos que he publicado en Cuba, así como en Puerto Rico, Santo Domingo, Guadalupe, México, Polonia, Canadá, Brasil y Estados Unidos, país donde pronto verá la luz Sacred Spaces: afrocuban religions in Oriente***, Cuba, obra en inglés hecha por mí con la profesora Dra. Jualynne Dodson de la Michigan State University, que partió de la idea original del entrañable filósofo Julián Mateo Tornés ('-+Santiago de Cuba, 2006), uno de los fallecidos y que es asimismo el fruto apetecible de nuestros estudios conjuntos cubano-norteamericanos durante más de una década. En el trabajo de campo trabajaron intensa y sistemáticamente sus alumnos, a quienes quiero y aprecio mucho. Eso mismo tengo la intención de hacer con académicos y estudiantes venezolanos, a quienes hay que inclinar a este tipo de estudios tan poco estimados en nuestros medios académicos domésticos, por la falta de visión y de desarrollo de mentalidades positivas que, por lo general, han prevalecido.

¿Y tus últimas publicaciones en Venezuela?

Nuestro último libro fue publicado el año pasado en Barquisimeto en colaboración con tres amigos guaros; se titula **Alí Primera, entre la rabia y la ternura**. Estoy escribiendo un libro biográfico acerca de este poeta que es ideólogo y mentor principal de esta revolución bolivariana que se inspira en su vida signada por la humildad del campesino creador y en su pensamiento político. Acaba de ser publicado el libro **La Guinea, barrio afrocaribeño**, fruto del estudio en equipo venezolano-cubano de uno de los barrios más emblemáticos y antiguos de Coro, al que lo habían desaparecido del catastro oficial de Miranda y del mapa y que, gracias al reclamo tesonero de sus vecinos durante dos años, le fue restituido sus límites territoriales, su nombre original y fue declarado patrimonio histórico-cultural del Municipio por el alcalde del Municipio Miranda, el ingeniero Rafael Pineda Piña.

Por lo que me dijiste al principio de la entrevista, ¿puedo colegir que llegaste a Coro huyéndole a alguna tragedia?

Me vine a trabajar y residenciarme en Venezuela pero no en ningún modo por esa causa de la muerte de amigos entrañables, ni por ninguna de cualquier otra naturaleza de trágica. Nunca ha estado en mi espíritu escapar de nada, sino todo lo contrario: afrontar las cosas como se te vienen encima. Pero, tratándose de tal caso extremo, recordar que uno no elige el lugar donde nace, pero sí donde muere. En definitiva, la existencia es mezcla de cosas que el hombre no alcanza a remediar y de su antítesis; resultante: la tragicomedia, más bien. En esta ocasión me trajo a Venezuela Alí Primera, mi gran camarada de la vida, a quien me une una profunda amistad y que es una lástima que sea tan poco conocido en lo que se refiere a la consistencia y profundidad de su pensamiento. Estoy viniendo a este país, de gente tan bella y diversa en el físico y tan rica espiritualmente, desde principios de los noventa y me casé con Coro, esta ciudad que tanto me recuerda a mi Santiago de Cuba, por la nobleza de su gente, callada y morena; por las montañas que la rodean que me recuerdan las de la Sierra Maestra que envuelven mi Santiago y por su historia, tan llena de peripecias y luchas también de alcance universal. El tambor coriano nacido del *luango tambú* de Curazao, las creencias, en fin, todo aquello que nos ha unido a través del Caribe, del que emergió una misma identidad regional que calificamos de caribeña; en definitiva el calor físico y el humano, allá y aquí, es el mismo.

Me alegra la planta del *cocuy*, que no hay manera de encontrar el modo de sembrarla y que produce una de las bebidas ancestrales más llenas de encantos del planeta; me estremece el viento que curva al cují, pero no lo vence; "paro bolas" al chivo cuya capacidad de resistencia es un modelo que debemos estudiar y seguir en nuestro comportamiento los seres humanos. La simplicidad de la gastronomía regional, que puede resumirse en la versátil "arepa pelá", es ejemplo de la reserva y del ingenio del pueblo para enfrentarse a situaciones de carencias materiales extremas. La *cachapa* es el aporte más exuberante de este pueblo venezolano a la gastronomía de la Humanidad y quisiera ser empresario para patentar estos alimentos y el cocuy para terminar haciéndome un hombre rico, millonario en imaginación creadora¡¡¡¡, claro está.

¿Qué aprecias más en la vida?

La vida misma: el amor que todo lo vence, sean distancias o barreras absurdas que hemos construido los hombres en nuestro avance ciego hacia una cultura del empobrecimiento del universo y de la Naturaleza; al amor en que se conjuga el cuerpo y el alma sin límites ni cortapisas; el filial, tan necesario, y el espiritual, tan frágil siempre, por lo que hay que esforzarse en edificarlo entre la criaturas humanas. Martí prefirió escoger del "joyero mejor" la amistad sincera antes que el amor, entendido en este caso como relación erótica de pareja. Respeto su elección; trato de colocarme en la media de su elección, para no terminar loando la soledad en lo que respecta a la búsqueda de una felicidad que ciertamente está en uno mismo y en nuestra voluntad por vivir en comunión con el hombre. Me embeleso y asombro cada día que amanece al ver tanta belleza en la mujer venezolana: y esa es una elección, una fuerza de las "afinidades electivas" de las que hablaba Goethe a la que hay que prestar atención y que puede ser un motivo adicional para mi "estacionamiento" aquí en esta tierra hospitalaria donde me encuentro.

Deberías haberme preguntado: ¿qué buscas, qué pretendes alcanzar? Esforzarme por alcanzar la verdad que hay en el hombre y desentrañar el misterio que todo lo rodea; dedicar lo que resta de mi tiempo humano en serle útil al otro y en especial a su lucha temeraria por alcanzar un mundo virtuoso en equilibrio con la naturaleza y con el universo del cual vinimos y en cuyo seno deberemos reposar, aunque seamos aun en él "polvo enamorado", es decir, partículas de esa sustancia sentimental y emotiva que vibra "al menor movimiento de tu cuerpo al andar", como reza una famosa canción. Hacerlo de una manera práctica y efectiva, de manera que la gente pueda medir una gota de sacrificio más, que nos hace más humanos. Tratar de que el nuestro sea un reino donde alcancemos la justicia que impera en el universo y en cada espacio de la Naturaleza donde convivimos con otros seres que tienen la misma importancia que nos atribuimos los seres humanos, quienes debemos --por encima de cualquier otra determinación-- respetarlas y cuidarlas como a nosotros mismos o, quizá, más…

¿Algún otro mensaje?

"Crear es la palabra de pase para nuestra generación", idea de Martí que invito a compartir con mis hermanos venezolanos, a quienes quiero y aprecio. Hay que inventar a riesgo del error, si es preciso: cada cosa es hija de la historia y de las circunstancias propias; no copiar nada ajeno. Y: ¡amen siempre¡

*José Millet (Cuba, 1949-). Licenciado en Lengua y Literaturas. Profesor Asistente Universitario, Investigador Auxiliar. Premio nacional del Ministerio de Cultura por su libro El vodú en Cuba y de poesía, en 1985, con su libro Arbol más hermoso, publicado por la Casa de la Poesía de Falcón en el 2010.

Presidente de la Fundación Casa del Caribe, miembro de la Red de escritores de Venezuela. Fundador de la Casa del Caribe, donde trabajó desde 1982 hasta el 2005, en que se residenció en Venezuela. Director-fundador del Centro de Investigaciones socio-culturales. Se desempeña como docente en la Universidad Bolivariana de Venezuela.

**Entrevista publicada originalmente el periódico Nuevo Día, de Coro y tomada del sitio web   afrocubaweb:
***Libro publicado en el 2008 por la New Mexico University Press con el título Sacred Spaces   and   Religious   Traditions   in   Oriente   Cuba.

Coro y Curazao:

Historia, culturas, intercambios y el caso de los judíos sefarditas.

Coro y Curazao. Historia, culturas, intercambios y el caso de los judíos sefarditas.

Incluye Bibliografía (p.__) e INDEX.
Número de Depósito Legal: MI2016000366
ISBN
1.- Venezuela-historia y cultura
2.- Venezuela- Coro-Estado Falcón- costumbres
3.- Venezuela-pueblos y tradiciones culturales
4.- Venezuela- Curazao-Relaciones culturales
5.- Venezuela-Caribe-Historia y etnografía
I.- Millet, José   II.- Título

Notas para un mapa etno-cultural de la región venezolana Coriana: su obligada vinculación con Curazao, Antillas Holandesas y el Caribe*.

Por José Millet

Resumen
Notas dirigidas a la confección del mapa de la composición de los diversos grupos y comunidades étnicas encontrados por los conquistadores europeos que llegaron a esta provincia denominada Curiana por los nativos. Confeccionadas sobre la base de los testimonios de los conquistadores y colonizadores que arribaron a esta parte de Tierra Firme en aquel proceso de expansión del naciente sistema capitalista.

La investigación científica ha sido coto cerrado de hombres de los grupos privilegiados de los países del Primer Mundo; así, algunas disciplinas científicas, como la Arqueología y la Etnología, fueron ejercidas por personas que habían nacido en cuna de oro o que disfrutaban del privilegio de que algunos magnates les pagasen para hacer el trabajo para el que se requiere de cuantiosos recursos tanto materiales como financieros, dado que hay que ejecutarlo en países distantes o en zonas remotas de un país y en condiciones a menudo sobrehumanas, casi siempre con el empleo de fuerza laboral de muchas otras personas. No es casual, entonces, que la Historiografía tradicional de nuestras "sociedades subdesarrolladas" adolezca de serias lagunas y que muchos estudiosos hayan tenido que conformarse con repetir como loros lo investigado por gente que le ha precedido, por la carencia de dinero para verificar en fuentes lo antes afirmado y o para hacer el sistemático trabajo de campo que este tipo de ciencias exige. Venezuela no ha escapado a esta situación y, en ella, en general han sido extranjeros pagados por entes de sus metrópolis de origen o contratados por organismos oficiales nacionales quienes se han visto privilegiados para emprender y realizar estudios especializados como los antes aludidos.

En la región coriana, constatamos en una simple revisión bibliográfica una ausencia casi total de estudios etno-sociológicos especializados, cuya situación se agrava en las últimas décadas en razón de que las grandes personalidades científicas que hemos tenido la dicha de que han hecho vida aquí, han fallecido o están en situación de jubilación. La Universidad Nacional Experimental Francisco de Miranda (UNEFM) ha venido a suplir estas graves deficiencias mediante la puesta en práctica de algunos programas e iniciativas, pero que se constriñen, casi exclusivamente, a la competencia de los ámbitos de la Historiografía y de la Historia regional**. Algunos profesores*** de esta prestigiosa institución académica han realizado un meritorio trabajo de indagación de fuentes que se ha concretado en importantes estudios que han resultado modelos que hemos seguido en nuestra elaboración del Atlas Etnográfico Cultural del Estado Falcón****, que constituye un proyecto único en la historia de Venezuela en lo que respecta a las instituciones públicas que atienden los servicios culturales, generalmente lastrados por vicios burocráticos y por un activismo alocado que consume la mayor parte de su presupuesto, por lo general anquilosado, insuficiente y en el que no se contempló casi nunca la investigación científica. A diferencia del enfoque tradicional a que nos tiene acostumbrados la Etnología, tratamos de ver la diversidad cultural en relación, armoniosa o no, con la Naturaleza, la que forma parte del sistema de la cultura y no se encuentra en situación de oposición a ella, como se acostumbra a verlos.

Dada la escasa producción de estos estudios humanísticos y sociales, agravada por la carencia de carreras afines en los centros universitarios locales que las estimulen, al encararlos estamos obligados a referirnos a historiadores e investigadores con puntos de vistas positivistas o con enfoques cada vez más cuestionados. A esa doble trampa nos conduce la falta de políticas públicas—o al menos a su implementación fuera de Caracas— dirigidas a estimular la investigación científica en los ámbitos que estamos tratando en la presente nota y ¡¡ah locura¡¡¡¡¡¡ en la esfera de la cultura.

Constituye un capítulo aparte imprescindible ocuparnos de una revisión exhaustiva de las fuentes documentales existentes en la región, salvadas por milagrosa intervención de algunos estudiosos a quienes deberíamos levantarles estatuas antes de que den su postrer aliento. La situación de los archivos de historia regional es lamentable y no acabamos de escuchar ni leer ninguna mención de autoridad competente para remediar este mal que puede convertirse en un látigo que nos flagelará mientras vivamos si no reaccionamos a tiempo. Es una situación compleja que requiere de un sinceramiento público del que debe salir alguna solución. El profesor Luis Dovales-ex decano de la UNEFM-- autoridad digna del más completo respeto, ha escrito un acucioso opúsculo donde denuncia esta situación calificándola de *memoricidio****** muerte o situación de pérdida irreparable de las fuentes en que se deberán apoyar las futuras generaciones para documentar las historia de Coro y su Puerto Real de La Vela, nada menos que de los dos enclaves inscriptos por la UNESCO en su listado de Patrimonio de la Humanidad. La situación se complica cuando nos referimos a las fuentes bibliográficas y hemerográficas relacionadas con la historia y la cultura de Curiana: la más completa y mejor clasificada biblioteca hay que irla a consultar en Caracas y ahí es cuando salta la liebre: qué institución pública de cultura planifica en su presupuesto este tipo de trabajo?...

Desde que, en el año 2005, asumimos la responsabilidad de demostrar que *si se pueden hacer investigaciones científicas desde una institución pública* como el INCUDEF, partimos de la necesidad de establecer alianzas con otras corporaciones de tipo científico-investigativa, como la prestigiosa Casa del Caribe, con la que elaboramos un proyecto de estudio comparativo entre dos comunidades de marcado acento étnico—una urbana y otra rural—con dos de iguales o parecidas características ubicadas en el Municipio Miranda. En el primer semestre de ese año, emprendimos una investigación de campo, fruto de la cual publicamos en el año 2007 el libro **La Guinea, barrio afrocaribeño de Coro********; y el instituto Cubano de Antropología (ICAN), con algunos de cuyos especialistas iniciamos tempranamente un intenso la transferencia de las tecnologías empleadas en la confección del Atlas Etnográfico de Cuba. Un triángulo interesante se dibujó con la firma de un convenio con la UNEFM, el que nos ha permitido estar en contacto con algunos de sus más destacados investigadores, asistir a eventos organizados por algunos de sus decanatos e, incluso, realizar investigaciones de campo con el desparecido Centro de Investigaciones Arqueológicas, Antropológicas y Paleontológicas (CIAAP) que dirigió hasta hace poco el profesor y acucioso investigador Emiro Durán Márquez. De la discusión y del trabajo en equipo con algunos de estos colegas mencionados, surgió el marco conceptual del que deberíamos partir y con el que debíamos operar; por ejemplo, concebir el Atlas como una Base de Datos, de la que iríamos extrayendo materiales para su sistematización y ulterior elaboración como partes de ese conjunto mayor que se iría publicando en forma de Cuadernos de Avances del atlas. El primero de éstos arrancó con buen pie al honrar a nuestro pueblos originarios: resultó un monográfico dedicado a una de las tradiciones ancestrales de carácter étnico de mayor significación nacional: la conocida como Las Turas o con el impropio e inadecuado "baile de Las turas", impreso gracias a la colaboración del Centro Nacional de Diversidad Cultural del Ministerio del Poder Popular para la Cultura y que, diseñado y diagramado, lo dimos a conocer en el año 2008, al mundo de los internautas en el blog…

En el arranque del año 2010, y como parte de nuestra suma a los actos con que se rendía memoria al Bicentenario de la independencia de Venezuela, nos impusimos emprender la tarea de acercarnos al capítulo "La historia étnica del Estado Falcón", muy importante para la comprensión del concepto de cultura que manejamos en el Atlas, vinculado esencialmente a la historia en cuyo ámbito necesariamente hay que ir a buscar las fuentes motivacionales e intereses grupales del quehacer cultural. Comenzamos el capítulo estudiando la documentación******* generada por los juicios seguidos a las personas que escaparon de la matanza desencadenada por las autoridades españolas el 11 de mayo de 1795 en el cerro de Caujaro y luego continuada en la sierra de Coro, a los prisioneros y algunos testigos de cargo involucrados o relacionados con aquellos acontecimientos que liderara el mestizo José Leonardo Chirino. Indudablemente que nuestra interpretación de los hechos y el entramado de sus actores me permitió reparar una injusticia, imperdonablemente arrastrada hasta el más reciente presente: la injusticia de declarar traidor a uno de los luchadores sociales por la reivindicación de la propiedad de las tierras de los conuqueros de origen loango curazoleño ubicados en el escenario montañoso donde tuvo lugar la mencionada insurrección. De modo que, empleando las propias fuentes documentales españolas, nos acercamos a la demostración de la inocencia de José Caridad González******** y de su vil asesinato sumario junto con varios de sus compañeros de lucha, apresados y encarcelados en el momento mismo de desencadenarse aquellos violentos acontecimientos.

Instituciones

En el año 2002 visitamos Curazao para promover allí la participación de su población en el Festival del Caribe que, en 1981, fundamos en Santiago de Cuba y fuimos llevados por la amiga--ahorita recién desparecida-- Joycelyn Clemencia a conocer a la Dra. Jeanne Henríquez, quien a la sazón trabajaba en Willemstad en el Archivo Regional y ésta nos manifestó la importancia de establecer un puente con Coro para el intercambio de los estudios históricos. Me demostró fehacientemente que la historia de Curiana, ni de Venezuela, se podría escribir sin la documentación existente en Curazao, en el resto de las islas que integraban entonces las denominadas Antillas Nerlandesas ni de la propia Holanda. Y viceversa. Le dije entonces—basado en mi participación en la investigaciones de campo, etc, para el Atlas Etnográfico de Cuba—que tampoco se podría reconstruir la historia de la cultura y de la vida espiritual de nuestros pueblos son una colaboración. Y fue la que emprendimos desde entonces y tratamos de darle continuidad con la firma de un documento con tres personalidades invitadas este año por la Gobernación del Estado, a través de INCUDEF, al programa oficial de conmemoración del aniversario de la insurrección mencionada: con el Dr. Richenel Ansano, actual director del National Archeological and Anthropological Memory Management, (NAAM); con el intelectual y artista Ced Ride, en representación de la Kas di Kultura, de Curazao, y con el Dr. René Rosalía, presidente de la Fundación Stripán.

El año pasado esta última institución había firmado con INCUDEF un documento para formalizar intercambios académicos, culturales y artísticos, en virtud del cual viajamos a Curazao del 8 al 12 del pasado mes de septiembre como parte de una delegación cultural integrada por cuatro vecinos de los barrios corianos La Guinea y Curazaito hecho que, hasta donde tengo conocimiento, resultó insólito en razón de que nunca antes se producía un intercambio "pueblo a pueblo" de venezolanos con curazoleños. Voy a resumir los asuntos más significativos de este viaje en los siguientes juicios y apreciaciones preliminares acerca de dos bloques temáticos interrelacionados: la historia y la cultura.

Pudimos aprehender de vida voz los pasos importantes que, en lo organizativo y factual, está dando la Fundación Stripán para concretar sus planes en acciones concretas, con gestiones de financiamiento muy eficientes que dan respaldo a sus proyecciones de trabajo con el Estado Falcón, tanto en lo artístico como en lo científico.-investigativo, con el aval del doble poder puesto en escena en la Venezuela de hoy: el constituido y el constituyente, representados por las relaciones de trabajo científico establecidas con INCUDEF, en el primer caso y con las comunidades organizadas en Consejos comunales de los dos barrios arriba mencionados. Honrando la justicia, el inicio de estos intercambios con Curazao se remontan a la administración de INCUDEF del período 2000-2004, al mando del profesor Humberto Clark y adquirieron el carácter que estamos calificando de académicas a partir de la administración que ha seguido desde el 2005 al presente en manos del poeta, guionista audiovisual y comunicador social Angel Simón Petit Arévalo.

Aprendimos de manos de un guiaje especializado de la investigadora Jeanne Henríquez más de la formación de Willemstad, de sus barrios principales y sus características, que lo que se puede leer en varias fuentes escritas y en la web. Deberemos volver a estos asuntos para escribir más en detalle sobre su conexión con nuestros estudios, que deberán enfocarse a desentrañar el entramado de la existencia de Curiana con Tierra Firme y lo que hoy integran las islas adyacentes de las Antillas Holandesas, bajo el dominio neocolonial del Reino Unido de los Países Bajos.

José Leonardo y otros revolucionarios del 10 de mayo de 1795.

Igualmente, fue ejemplarmente pedagógica la explicación que nos dio esa misma historiadora acerca de los preparativos de la insurrección que tuvo lugar en agosto de 1795 en la Isla bajo el liderazgo y la conducción de Tula, su desarrollo y trágico desenlace. Esta explicación fue hecha por lo demás en el escenario montañoso donde ocurrieron los hechos, en un recorrido que nos permitió visualizar mejor cómo la geografía forma parte del entramado de los propios acontecimientos históricos, influyendo en ellos y, a veces, determinando su curso. Se hizo evidente que, igual que ocurrió con la insurrección iniciada en Curimagua, las demandas iniciales tuvieron un carácter de reivindicación social—cese de los castigos corporales colectivos y posibilidad de comprar bienes a gente que no fueran los propios esclavistas— y, en la medida que sobre montaron estas exigencias, terminaron por exigir la ansiada libertad.

En cuanto a mi estudio sobre José Caridad González, las caminatas guiadas sirvieron para esclarecerme las estrategias adoptadas por los africanos esclavizados para obtener su liberación personal o familiar al costo de sus vidas mediante el cimarronaje marítimo. Pude formular varias hipótesis acerca de los mecanismos empleados y se me hizo evidente que sin la complicidad de personas que se beneficiaban con el tráfico de esclavos en su lucha por alcanzar las costas de Falcón, no habría sido posible que se produjeran tan abultada cantidad de fugitivos que llegaron a Tierra Firme. De igual modo, parecidas estrategias y mecanismos fueron puestos en práctica desde las costas de Curiana con idénticos fines y objetivos. Se hace obligado conformar quipos de estudio de curazao y de Falcón para emprender la traducción y el estudio de la documentación que yace en los archivos de ambos países a la espera de ser usada para develar aspectos de esa historia que espera por su escritura.

Acercamiento a lo étnico y lo cultural

No menos importante fue la minuciosa explicación in situ, en el Museo Tula, que nos dio la mencionada especialista enfocada a la comprensión de las características culturales, costumbres y psicología de la población curazoleña durante la época de la esclavitud. Lo que en ocasiones no arroja la disertación histórica, lo proporciona con mayor elocuencia lo que "hablan" los objetos vinculados con el hábitat y la vida cotidiana tanto de los africanos esclavizados como del resto de la población que convivían con ellos. Ese Museo es un digno ejemplo de lo deberemos emprender aquí en Coro y en Falcón con respecto a la insurrección de la sierra coriana, en la que hubo esclavos, negros y mulatos libres y zambos…pero también población aborigen con participación activa y, en algunos eventos, decisiva.

Hubo importantes encuentros con cultores populares en sus propios hogares, con gente humilde del pueblo que mantiene viva la memoria de su comunidad y con las antiguas relaciones humanas que el proceso civilizatorio está haciendo retroceder con un ritmo preocupante. Conviene poner a estos actores en primer plano en un enfoque que desborde las fronteras de cada uno de los dos países involucrados en este intercambio para que los pueblos los conozcan y sepan apreciarlos. Es lo que refuerzan este tipo de eventos. Asimismo los hubo con instituciones y agencias tanto públicas como privadas, como con la filial de PDVSA denominada "Refinería Isla Curazao B.V "en la oficina del jefe del centro refinador de petróleo de la isla nerlandesa y parte de su tren ejecutivo; la agencia transportista Insel Air por inmediación de la que se produjo nuestro viaje y los miembros de la propia Fundación Stripán que nos invitó, incluyendo un significativo compartir con los jóvenes que integran su agrupación Stripán Hove, quienes nos ofrecieron una magnífica actuación en la playa que nos acogió en un compartir amistoso, como lo hicieron en diversos escenarios de la ciudad Coro durante su reciente visita, fruto también de estas relaciones iniciadas con ímpetu, sentido organizativo muy acentuado y gran acierto por las tres partes involucradas. Un ejemplo de esto fueron las sesiones dedicadas a evaluar la marcha de este proyecto por el que votamos con el máximo de puntuación.

La cuestión judía

A pesar de haber ocupado casi todo el tiempo de nuestra estancia en el cumplimiento de las actividades pautadas por la Fundación Stripán en un programa muy exhaustivo, pudimos escaparnos para visitar el principal cementerio judío de la Isla, la que nos sirve para subrayar la importancia de realizar estudios comparativos en este importante ámbito de la presencia de los judíos sefardíes en el desarrollo de la economía regional de Curiana y sus aportes culturales a la vida de las sociedades locales en diferentes épocas, como lo han hecho especialistas muy competentes, como la profesora Dra. Blanca de Lima en su obra referida al pie del presente texto. Finalmente, pudimos visitar a amigos curazoleños a quienes nos une una vieja data, como el colega Dr. Richenel Ansano y el cantante Ced Ride, entre otros. Con estos últimos sostuvimos conversaciones con propuestas concretas que emprenderemos en un futuro inmediato en equipo interdisciplinario con participación de especialistas y técnicos de ambos países.

En lo profesional e institucional, este intercambio emprendido con instituciones y personalidades de Curazao, nos reafirma en nuestra propuesta de que las relaciones con los pueblos del Caribe deben formar parte de nuestro Plan Operativo institucional de cada año y que deben ocupar un rango de prioridad en la agenda permanente de nuestro trabajo como corporación encargada de la cultura en el Estado con casi mil quilómetros de costas con el Caribe. Hay que llenar los vacíos que tenemos en el manejo de las relaciones internacionales con fines culturales, artísticos, académicos y políticos. Resulta vital para nuestras proyecciones del 2012 hacer valer la necesidad, y llevarla a la práctica social como acto de conciencia colectiva, de que sin la historia la comprensión de la cultura y el propio quehacer cultural serán siempre "chimbos". De ahí que la conclusión a la que arribamos en la última reunión de evaluación del viaje sostenida en Willenstad y de la marcha de estos intercambios halla sido calificada de positiva por todas las parte involucradas y que, en consecuencia, se halla adoptado la firme determinación de pasar a la fase siguiente en que comenzaremos a realizar investigaciones conjuntas y se aumentarán estos intercambios tan importantes para las buenas relaciones de ambos pueblos y para los pueblos que integran la región del Caribe.

José Millet, Coro (Venezuela), 2018.IV.11

Notas

1.- Este texto es una nota introductoria al informe rendido por los miembros de la delegación de los barrios La Guinea y Curazaito de Coro, con quienes visitamos Curazao del 8 al 4 de septiembre del 2011. Copia de su informe fue enviada al presidente de la Fundación Stripán, Dr. René Rosalía y entregada al entonces Presidente de INCUDEF, el poeta y comunicador social Simón Petit Arévalo.

2.- Como el emprendido por la UNEFM en sus programas de Maestrías y doctorados con la Universidad Centro Occidental Lisandro Alvarado, del Estado Lara, al frente del cual está la profesora M Sc Nereyda Ferrer de Bravo.

3.- El modelo de estas publicaciones nos la ofreció la profesora Blanca de Lima en su tesis de disertación para optar por el grado de doctora, publicada en el 2002 por la Universidad Central de Venezuela con el título Coro: fin de la diáspora. Isaac Senior e hijo: redes comerciales y círculo exportador (1884-1930) y donde, entre otras no menos relevantes virtudes, se nos ofrece una rigurosa combinación de uso de fuentes de información primarias y secundarias. Resulta muy útil el repertorio publicado por la UNEFM en 1997 de la autoría del historiador Carlos González Batista bajo el título Documentos para la historia de las Antillas Neerlandesas. Fondo Registro Principal I.

4.- Nuestro Atlas ha sido elaborado por un equipo de auxiliares y promotores culturales que logré formar como investigadores en INCUDEF durante estos últimos seis años con oposición de cierto funcionario con cargo de Gerente en el propio Instituto, no obstante constituir esta obra el programa que "hace la diferencia", con respecto a entidades públicas similares en el "interior" del país. Invitamos al lector a emitir sus juicios, como lo han hecho numerosos académicos de varios países, en base a la lectura de la "mollejera" de publicaciones hechas en diversos sitios de la web y, en particular el blog del Centro de Investigaciones Socioculturales donde, en enero del 2009, hicimos un informe del trabajo realizado en el 2008, incluyendo las publicaciones:

También el Atlas etnográfico del Estado Falcón tiene una cuenta en las redes Facebook con casi 400 contactos o amigos y Twitter, así como un web site en Google.

Luis Dovale del Prado: Coro: la tragedia de un memoricidio. Santa Ana de Coro, UNEFM-Biblioteca Oscar Beaujeón, 2009.

5.- Publicado por la Gobernación del Estado Falcón en el 2007 y en formato PDF, en septiembre de ese mismo año por mí en la revista digital Archivocubano y también en USA en el portal afrocubaweb /josemillet/laguinea

6.- Josefina Jordán, editora: Documentos de la insurrección de José Leonardo Chirinos. Caracas, Fundación Historia y Comunicación, Tomo I, 1era. Edición, 1994 y Tomo II. Caracas, Fundación Historia y comunicación, 1era. Edición, 1997. Sigue siendo obra de obligada referencia el discurso de Pedro Manuel Arcaya a la Academia de Historia de Venezuela, en el que cita la declaración del reo José Leonardo Chirino, la que constituye el testamento político de este revolucionario luego ejecutado y su cuerpo salvajemente despedazado para que—como escarmiento para los "negros rebeldes"-- sus miembros fueran exhibidos a la salida de Caracas, en el cerro de Caujarao y en Curimagua. El cronista del Municipio Miranda, también poeta y novelista cumarebero, dictó a su hijo los capítulos de "una novela sobre la vida y la obra del zambo José Leonardo Chirino", publicado en 1995 por Luis Arturo Domínguez bajo el título Rebelión de la sierra (ensayo novelado). En la cubierta del libro sirve de ilustración una obra del pintor Nicasio Duno que se ha reproducido a la saciedad en libros, folletos, revistas y aun en impresos de instituciones privadas y públicas, sin reparar que el biotipo del revolucionario no corresponde al de un mestizo, sino al de un negro africano, que no corresponde a Jose Leonardo. Una obra de indagación de fuentes muy exhaustiva es Bibliografía y hemerografía sobre la insurrección de José Leonardo Chirino en la sierra coriana (Caracas, UCV, 1996.)
7.- Mi artículo titulado Jose Charidad Gonxales: líder social curazoleño loango asesinado durante la insurrección de la sierra de Coro 10 de mayo de 1795, lo publiqué originalmente en mi blog personal y era parte de un estudio mayor enfocado al entramado histórico y étnico-cultural; luego ese artículo fue reproducido en marzo del 2010 en la revista digital Hispanorama literario.

Nota del autor-editor:
Con este trabajo cuyo texto coloco a continuación, competí en el Concurso nacional denominado "Gran Explosión Bicentenaria", convocado por el Ministerio del Poder Popular para la cultura, el que obtuvo el premio en el municipio Miranda, del Estado Falcón y a nivel del Estado. Detesto los pergaminos, me hubiera gustado haberlo recibido, pero recibí lo más importante: reivindicar la memoria de estos primeros mártires de la insurrección antiesclavista del 10 de mayo de 1795, tan mal interpretada y tratada por los historiadores venezolanos, salvo contadas excepciones. Lo publiqué en la web y tal como lo escribí entonces, lo incluyo en este volumen con el deseo de que les sirva a estudiantes, estudiosos, docentes y gente interesada en nuestra Historia Patria.

José Millet, Los Teques, Estado Miranda, octubre, 2016.

Josef Charidad González, ¿héroe, traidor o mártir?

Por José Millet*

Resumen:

La insurrección armada desencadenada el 10 de mayo de 1795 en la parte rural montañosa de Coro, en general ha sido vista por la historiografía tradicional venezolana con casi los mismos términos racistas desatados por las autoridades españolas que la enfrentaron en su escenario local: como una rebelión de "negros" esclavos, liderada por algunos cabecillas "de color" denominados "los libres"-integrados por mulatos y mestizos, así como por africanos antes esclavizados que habían alcanzado su libertad por diversos medios y modos, como el cimarronaje, la compra de su "libertad" y la manumisión, --, cuya influencia nefasta sobre la esclavitud fue evaluada como una "infección" causal principal, seguida por influencias externas de igual efecto negativo, como las provenientes del levantamiento (1791) de los "jacobinos negros" de Haití. Debajo de esta entramada racista, in visibilizaron las reales causas económicas y sociales producidas por el sistema capitalista al explotar la mano de obra esclava y generar irreconciliables injusticias, a las que se enfrentaron, silenciosamente, aquellas masas super expoliadas, cuyo decisivo papel también ha sido oculto e integradas por africanos sometidos a la condición de esclavos y libres, indios, mulatos y mestizos, como José Leonardo Chirino y el curazoleño José Caridad González, cuyo liderazgo indiscutible no debe reforzar el ocultamiento del papel de   aquéllas.

El presente ensayo es parte de un estudio que presenta e interpreta los hechos según la documentación primaria oficial y los testimonios de los supuestos reos que quedaron vivos, los testigos y otras fuentes de información primaria, con la intención de ofrecer las evidencias de que la matanza de los insurrectos comenzada en Caujarao el día 12 en la mañana fue una reacción normal del Poder de España frente a acciones violentas de los insurrectos, pero también formó parte de un plan en el que hay que inscribir el secuestro, encarcelamiento y ulterior asesinato sumario de luchadores sociales, como José Caridad, quien se había atrevido a desafiarlo en la década de 1770 en que reclamó-- ante las cortes españolas-- el derecho de sus compañeros de nación luanga a las tierras en las que habían laborado pacíficamente durante largo tiempo y de las cuales pretendían despojarlos testaferros al servicio de los terratenientes-- miembros de la godarria coriana--, en conchupancia con Manuel Carrera, representante entonces del Rey en Coro en su condición de Justicia Mayor, que lo enfrenta 20 años atrás en sus reclamos y quien, formando parte de uno de los 2 destacamentos armados que se organizan para perseguir y matar a quienes escaparon con vida de la "batalla" del día 12 en Caujarao, elabora en un detallado y juicioso informe su retrato, como núcleo de los argumentos usados para proporcionar fundamentos de autoridad a su apresamiento, secuestro y ulterior liquidación física por órdenes de su sustituto, el Justicia Mayor Mariano Ramírez Valderrain, quien elabora la versión de haber pretendido fugarse en compañía de dos de sus lugartenientes de nación luanga, quienes también fueron ajusticiados in situ junto con él.

Pretendo desmontar la telaraña orquestada desde entonces por el dominio colonial español alrededor de José Caridad, con la mal intención de sentar el nefasto antecedente de verlo como persona "perversa", traidor y ocultar con ello sus cualidades de luchador revolucionario, líder social y héroe de la lucha de liberación de nuestros pueblos del Caribe frente a las diversas formas en que se ha ejercido la esclavitud, pelea que aportó innumerables heridos, apresados, torturados y ajusticiados sumariamente sin ningún tipo de pruebas, como los inocentes que fueron asesinados durante la escaramuza del día 12 y, horas después, en que fueron decapitados en la plaza pública de Coro 24 aprehendidos "heridos y aturdidos", en cuyo contexto de tarde sangrienta de Coro fue asesinado el curazoleño objeto de nuestra presentación y algunos de sus compañeros de origen luango.

A esos mártires cuyos nombres no aparecen en ningún monumento conmemorativo y cuyos rostros han permanecido ocultos durante más de doscientos años…a esos héroes anónimos de nuestro pueblo, ayer sufrido y hoy redimido para siempre, les llegó la hora de entrar al altar de Patria, forjada con su sangre inocente y el sacrifico de sus vidas. Entre ellos se encuentra José Caridad González y sus aguerridos compañeros, perseguidos, finalmente expropiados de sus tierras y escasos bienes, expatriados de sus asentamientos serranos de Macuquita, La Chapa y sitios aledaños, encarcelados sin juicio ni pruebas en Puerto Cabello o condenados a servir en condición de esclavos en las bajeles de la Armada de su Majestad El Rey de España "a ración" y grillete, para, luego de haber sufrido tales infamantes suplicios, finalmente—quienes lograron sobrevivir--, ser declarados inocentes.

"¿Este mismo Leonardo no declaró que el reo Principal Josef de la Caridad González estava inocente? Leonardo no depuso que Don Josef de Tehellería havia premeditado el levantamiento sitando para ello algunas personas que con solidez han contradicho tan calumniosa   acersión?"

Don Juan de la Paz en defensa del reo Custodio Chirinos (Doc., TII, p. 95)

Uno de los tantos actos de "in visibilización" en las historias de los pueblos de Nuestra América ha consistido en hundir debajo de las aguas del río a personalidades destacadas en los procesos de luchas o de cambios sociales significativos, más si tales actores pertenecen a las que se presentan en las historias oficiales como las "clases bajas" (1). Abocados este año (2010) al inicio de la conmemoración del Bicentenario de la independencia de Venezuela, nos propusimos explorar algunos de los circunstancias de este importarte cambio de la historia en que determinados grupos sociales se lanzaron a la odisea de romper el dominio del Imperio de España en nuestras sociedades coloniales. Nos esforzaremos por llevar adelante un análisis del complejo, y a menudo enrarecido, entramado étnico-cultural y, de ser posible, enfocándolo en sus relaciones con una de las subregiones también sumergidas, en este caso en las salobres aguas de un mar que lleva el nombre   amerindio   Caribe.

Mientras diseñábamos el capítulo dedicado a la historia étnica del Atlas Etnográfico del Estado Falcón (2), resultó realmente excitante llevarlo adelante centrados en el análisis de uno de los acontecimientos que, sin lugar a ninguna duda, se inscribe en el proceso de liberación social y que forma parte del proceso de la independencia de nuestros pueblos: la insurrección de los grupos sociales, de diverso origen étnico, más radicales de Coro –los africanos esclavizados y los negros, mestizos, mulatos y amerindios libres—, sobre todo los que habitaban en sus serranías costaneras, que tenían como centro el denominado Valle de Curimagua. Estos grupos fueron capaces de organizar y arrastrar tras de sí a importantes masas de africanos que trabajaban en sus haciendas en condición de esclavitud, a mulatos, mestizos e "indios" que trabajaban la tierra o prestaban sus servicios en condición económica no de servidumbre, en relación con sus medios de producción. Después de la Revolución haitiana, este levantamiento social armado, ocurrido en mayo de 1795, debe ser visto como una de las tentativas de lucha antiesclavista y de reivindicaciones no sólo sociales y económicas, sino asimismo políticas, más importantes de la historia patria venezolana y del Caribe.

El presente artículo (3), se propone contribuir a reivindicar al héroe curazoleño de origen étnico luango o loango (4) José Caridad González, quien se ha visto largamente envuelto en una serie de valoraciones equívocas originadas por la imagen negativa que generaron las autoridades coloniales españolas en Venezuela desde los días posteriores al arranque mismo de lo que éstas calificaron de "sublevación de negros" de Coro, que involucró tanto a la parte rural serrana como a la urbana (5). Un largo silencio condenó al olvido a los seres humildes, actores principales de aquella gesta, integrados por africanos sometidos a la afrenta lessa Humanidad del sistema esclavista y a una numerosa serie de tipos sociales fruto del mestizaje biológico, inter-étnico y cultural que tuvo lugar en la sociedad colonial signada por ese estigma humano. Entre estos últimos grupos sociales marginados y también explotados, estaban quienes por diversos modos y medios habían logrado escapar a la servidumbre, o comprado su libertad, y eran denominados "los libres": los negros, mulatos, los denominados "zambos" y los "indios", todos con diferente estatus en la sociedad determinado por su relación con el vínculo económico establecido por el amo esclavista, dueño de la tierra, en la plantación esclavista o de las casa de vivienda, ubicada tanto en el campo como en la ciudad, residencia donde también se ejercía la esclavitud doméstica.

De acuerdo con la documentación y fuentes bibliográficas consultadas, José Caridad González actuó con pleno conocimiento y en estrecha relación con uno de aquellos "nuestroamericanos mestizados", calificado por los historiadores tradicionales con el supuesto etnónimo, convertido en apodo, altamente racista del "Zambo Leonardo" (6). Llamo la atención sobre el uso de tales categorías que califico de racistas, sencillamente porque no existen razas, sino métodos prejuiciados de clasificar al ser humano por el color de la piel, con lo cual se disminuye en este caso a un revolucionario; es decir, al Héroe de Macanillas, al clasificarlo no por sus ideales, valores y acciones, sino desde el punto de vista de la pigmentación de su piel, y al aplicarle el estereotipo cultural de "zambo", resultante de la mezcla biológica del africano-- identificado con el color "negro"-- y el "indio", o viceversa.

Con la aplicación de tales categorías raciales, la historiografía tradicional venezolana ha pretendido disminuir el papel desempeñado en aquella gesta por los propios africanos esclavizados en su proceso de liberación humana y de otros grupos sociales a los que estaba asociada su lucha, como los hijos de los españoles en América o criollos, o aun por los caucásicos europeos o "blancos", quienes se involucraron en ellas. Parafraseando el célebre pensamiento de José Martí que atacaba la visión reaccionaria del hombre a partir de la existencia de supuestas razas, hay que decir que el revolucionario no se mide por el color de la piel; en definitiva revolucionario es más que blanco, negro, indio o a de un tipo social fruto de los prolongados e intensos procesos de mestizaje étnico y cultural que tuvieron lugar entre los pueblo originarios de nuestro continente y los conquistadores europeos, los pueblos africanos y, mucho más tarde, de otros continentes, desde la Conquista, Colonización y el dominio colonial y neocolonial que se produjo aquí a partir de 1492 al presente.

I.- José Caridad González: ¿el líder principal de la insurrección de mayo 10 de 1795?

Llamo la atención con este epígrafe entre signos de interrogación acerca del siguiente asunto a menudo pasado por alto: ¿qué idea han tenido los enemigos de los cambios sociales que llegaron a marcar o se convirtieron en hitos importantes en la historia de los pueblos de cuáles han sido sus causas y los sujetos sociales e individuales que las han animado? Para el hecho objeto de nuestro estudio, las autoridades españolas que lo juzgaron consideraron como la causa principal la influencia o efecto pernicioso de los negros libres en su convivencia con lo que ellas denominaban en la época por esclavitud, o sea, los esclavos Uno de los testimonios analíticos que sirve de soporte fundamental para tal juicio lo elabora Manuel Carrera, quien fuera Justica Mayor en la fecha (1774) en que uno de aquellos "libres" se destacó en la palestra de la sociedad colonial como quien se atrevió a desafiar el poder de la "godarria coriana" con sus reclamos sociales en nombre de sus compañeros de nación Luanga: responde al nombre de Josef Charidad y su retrato vamos a dibujarlo, primero, según la información minuciosa aportada por algunos representantes del dominio de España en la localidad escenario de la rebelión que, según se afirma en casi todas las fuentes bibliográficas autorizadas que hemos consultado, fue encabezada por José Leonardo Chirino.

1.1 La imagen mejor de José Caridad…dibujada por su contemporáneo enemigo español el ex

---Teniente   Mayor   de   Justicia   Manuel   de   Carrera.

A veces el mejor retrato de los revolucionarios lo dibujan sus enemigos; este es el caso del que trazó el español Manuel de Carrera, comisionado el día 14 de mayo por el Teniente Justicia Mayor Ramírez de Valderrain, según éste, para perseguir, apresar y traer al resto de los sublevados que habían escapado con vida de la carnicería ocurrida el 12 de mayo en Caujarao o que se encontraban huyendo o escondidos en las estribaciones de la Sierra San Luis. Carrera dirige una de las dos expediciones militares que debían concentrarse en el asentamiento serrano Cabure y la caracterización que hace de nuestro héroe curazoleño la plasma el 14 de junio siguiente desde el Valle de Curimagua, es decir, un mes y 4 días después de haberse iniciado la rebelión. Se trata de un largo informe (J.Jordán: Doc., I, p. 43 a 54) con la pretensión de describir lo que él enuncia como "el origen, el orden progresivo y último período" de una descubrir, según esos tres pasos en que la divide.

1.2.- Cocofrío: sembrador de conciencia entre la población explotada de la Sierra coriana

Establece como principal causa de la rebelión la corrupción de las costumbres de los esclavos llevada a cabo por "los libres", cuya relación y mal ejemplo produjo tal nefasto efecto en aquéllos. Es lo que sucedió con la idea en torno a la cédula llamada "Código de los negros", sobre la cual un "enigmático" personaje "cuyo nombre, y apellido se ignora", llamado Cocofrío les hizo creer que les otorgaba la libertad, cuyo otorgamiento y realización era impedida, malévolamente, por sus amos para evitar así su estricto cumplimiento.

1.3 José Caridad es calificado por el Ex Justicia Mayor Manuel Carrera como autor líder principal   de   la   insurrección   de   1795.

Carrera le da el oficio de curandero a Cocofrío, y lo califica de "holgazán", cuya "detestable mición", según él, logró calar en la conciencia de los siervos y fue sustituido a su muerte, ocurrida hacía 2 ó 3 años, "por otro mas audas y artifisioso que elevando mas sus miras puede graduarse por el principal autor de la turbación aunque apariencia ha tenido este nombre Josef Leonardo, no siendo en la Substancia sino el segundo..." (Doc., T I, p. 44. Cita subrayada y en negritas: J. Millet). Para respaldar esta afirmación de Carrera, deberá consultarse cada uno y todos los avatares en que se vio envuelto nuestro biografiado curazoleño, los cuales iremos exponiendo más adelante, al menos en sus trazos más elementales desde el punto de vista caracterológico y de su personalidad singular, de ideólogo, líder social y héroe revolucionario de avanzada para su época.

1.4.   José   Caridad   González: políglota

Aquí es que sabemos que José Caridad escapó muy joven de Curazao y se estableció en Coro, donde su "genio vivaz, estrepido, ajil, y activo, le proporcionó su Subcistencia en varios oficios y ocupaciones..." Es decir que, los rasgos más relevantes de su personalidad, se refieren a la decisión de alcanzar la libertad con el riesgo de perder la vida en el intento y, asimismo, a la destellante energía desplegada, junto a la iniciativa, para abrirse paso en un medio desconocido y triunfar en él. Uno de esos éxitos que demuestran su excepcional capacidad intelectual, lo tenemos en la comprobación de que logró apropiarse de varias de las lenguas habladas por los miembros de los Imperios que dominaban el Caribe entonces: "Llegó a dominar la lengua Española quasi como los Patrios" y, asimismo, "con más la hija natural de loango", es decir, el ki-luango, la lengua hablada por los africanos traídos de una parte del antiguo Reino del Congo. El perfil del políglota lo obtenemos al enterarnos de que dominaba "el papiamento o jergón de Curasao, y alguna tintura del Francés..."

Estamos en presencia, pues, de una personalidad capaz de hacerse del instrumento o herramienta que le da acceso al abolengo de los amos y lo capacita para ocupar cargos para los que otros no están preparados. Al mismo tiempo, ante los ojos de las autoridades españolas dueñas de Venezuela, esto puede significar un peligro, en tanto, como señala el finado etnólogo Díaz Fabelo "el grupo de los amos se debilita cuando todos lo imitan y se le iguala en muchas de sus características", (Diccionario...,op. cit., p. 15), como esta de dominar su propia lengua "como los Patrios." ¿Acaso aquí está la clave para entender la recomendación que el poder de Madrid le envía a su Capitán General y Gobernador de Venezuela de que a José Caridad: "cuidando entretanto que al insinuado González se le haga justicia sin experimentar la menor molestia por haber ido a España"?

1.5   José   Caridad: capitán   de   cimarrones   marítimos,   según   mi   opinión

A partir del documento de este funcionario español que lo sigue durante un largo tiempo y ofrece su retrato en su referido informe, se nos abre otra dimensión de la personalidad de un héroe digno de una película: por Manuel de Carrera, sabemos que José Caridad se dedicó a "seducir esclavos en Curasao para pasar a la Costa Española y lo logró con varias partidas de consideración." De esta audaz accionar del curazoleño se derivan varias apreciaciones: 1.- estamos en presencia de un capitán del denominado "cimarronaje marítimo", es decir, del rescate a la libertad de africanos esclavizados usando la vía marítima; 2.- esto lo convierte en una especie de Libertador de Luangos y de Africanos, lo que permite entender la afirmación de Carrera de que "le hiso ganar reputación entre los de su especie, y Paysanos que lo veneraban con respeto de Oráculo"; 3.- Es evidente el cuidadoso manejo que José Caridad supo imprimirle a sus relaciones con las autoridades españolas, el cual es calificado, sin embargo, por Carrera de amañado. En conclusión, todos estos rasgos de carácter, inteligencia y comportamientos terminaron por convertirlo en   un   líder   social.

Hemos subrayado y puesto en cursiva la palabra oráculo para llamar la atención sobre su empleo: con ella se le atribuye a José Caridad un poder sobrenatural, divino o sagrado, dado por su capacidad de hacer el diagnóstico acerca del presente y de predecir el futuro. Por supuesto, en boca de un representante del poder de la católica España resulta un medio para presentarlo como un hereje o personalidad demoníaca, bien propia de los "extranjeros" situados cerca de las costas del hoy Estado Falcón: de las heterodoxas Antillas pertenecientes a Holanda, donde había ocurrido una revuelta contra la autoridad del rey de España que la habían convertido en un régimen republicano, reconocido en 1648 y que colapsó, precisamente en 1795, con la ocupación de las tropas francesas.

1.6.- Macuquita: cumbe de esclavos fugados de Curazao y su Compañía de Luangos

El Comisionado Carrera atribuye a "un descuido y abuso bien estraño" el que los refugiados negros de Curazao formaran lo que llama "una confusa incorporación de ella una compañía y su Capitan el exercicio de todas las autoridades de un verdadero Magestrado muy autorizado"…A continuación, nos enteramos de boca del propio Carrera que él, "siendo Teniente de la ciudad de Coro" notificó en 1774 al Gobierno lo que él llama "este defecto", es decir, la concentración de poder y prestigio de estos jefes de comunidades de negros o mulatos organizados en este tipo de organización militar. El funcionario español afirma que José Caridad aspiró a apropiarse de este cargo, pero su "intrigante proyectos" no lo logró porque quien poseía este cargo era persona bondadosa y por su "antiguo exercicio tenía entre ellos mucho sequito."

Hagamos aquí un alto para formular una pregunta: este extraño asentamiento no era otro que un cumbe o emplazamiento de cimarrones, habitado por africanos de nación Luango que la organizaron a la manera de las comunidades tradicionales de África? No está alejada nuestra presunción de la verdad, por cuanto, para fines del siglo XVIII, el prestigioso investigador Acosta Saignes afirma que existen alrededor de 30 mil negros cimarrones, la mitad de los quienes estaban ubicados en "cumbes, rochelas y patucos."(Vida de los esclavos negros en Venezuela, op.cit., p. 293-294) Para la fecha de la insurrección coriana, diversas fuentes bibliográficas establecen la existencia de cumbes integrados por esclavos fugados de Curazao en Santa María de la Chapa y Macuquita (J.M. Ramos Guédez: Contribución…, p. 36.)

II.- Las fuentes documentales para estudiar a José Caridad y sus compañeros Luangos

El hacer invisibles estas historias de rebeldías y a sus protagonistas, a que hicimos referencia más arriba al inicio del presente artículo, fue reforzado por la tergiversación, el ocultamiento y-o posible destrucción de documentos importantes, cual es el caso de la sustracción de las respuestas al interrogatorio que se le hiciera a José Leonardo Chirino en el juicio que se le siguió en la Real Audiencia de Caracas. Asimismo, funcionarios poco éticos, como el Teniente Justica Mayor Mariano Ramírez Valderrain manipuló los escritos, como ocurrió con la Representación del Cabildo de Coro al Gobernador y Capitán General, Pedro Carbonell, la que no hizo llegar a su destinatario porque los cabildantes locales diferían "aunque levemente" de las suyas. Gracias a la encomiable labor de venezolanos, como el Hermano Nectario García y la historiadora Josefina Jordán (7), han podido rescatarse del olvido y están hoy contenidos en dos volúmenes donde esta última los compiló y dio a conocer a mediados de la década de los noventa. Disponemos, pues, de importantes fuentes de información primaria a partir de las cuales tenemos la obligación de esforzarnos por reconstruir el tejido de la sociedad colonial de aquella época, indispensable para establecer los hechos que alcanzan otra dimensión y significado cuando se les inscribe y juzga en un contexto más amplio de como se ha realizado hasta aquí. Ese enfoque abre importantes calzadas para reconocerle a cada uno de esos actores sociales, y aun individuales, el sitio que se ganaron por el papel desempeñado en la historia de las luchas por la liberación de los pueblos de Nuestra América.

2.1- José Caridad sí estuvo en las cortes españolas y denunció injusticias sociales sufridas por sus compañeros luangos…

En el segundo tomo de la compilación Documentos de la insurrección de José Leonardo Chirinos (8) han sido incluidos importantes piezas escritas con datos fidedignos que nos permitirán avanzar en la revisión de aquellos hechos históricos y dibujar el perfil definitivo del Espartaco de Macanillas José Leonardo Chirino y de algunos de los líderes que lo acompañaron o secundaron en aquella hazaña libertadora. Dado que acerca del líder principal existen numerosas obras, en este apartado de nuestro estudio entre esas valiosas fuentes compiladas por la historiadora venezolana Josefina Jordán, vamos a glosar aquí el expediente 93 (9) encontrado por ella en el Archivo de Indias, de Sevilla, que da fe de la presencia en las cortes españolas del curazoleño José Caridad González, envuelto en un litigio que nos revela su destino de rebelde y líder de su clase social oprimida. Tenemos a la vista y palpable al tacto, copia de la notificación oficial--fechada en Caracas el 12 de mayo de 1792-- enviada al Marqués de Bejamar por el presidente de la Real Audiencia de Caracas y Gobernador de la provincia, Juan Guillelmi, en acuse de recibo de la Real Orden del 29 de octubre de 1791 donde se le instruye a que agilice las averiguaciones necesarias para clarificar el contenido del recurso que "por sí a nombre de los de su clase elevó al Rey Josef Caridad González vecino de la ciudad de Coro."

2.2. José Caridad defiende la propiedad de la tierra de quienes la trabajan frente los terratenientes

Guillelmi refiere que José Caridad demanda el terreno que ha estado disfrutando pacíficamente durante mucho tiempo hasta que su vecino Luis de Roxas lo vendió a Juan Antonio de Zárraga, habiéndolo vendido engañosamente, al hacerse pasar por su dueño. Y, en efecto, José Caridad se ha presentado ante las Cortes con la petición de recibir su intercesión real o un certificado de propiedad de las tierras del asentamiento agrícola Macuquita, ubicado en la serranía costanera coriana, para las humildes personas que lo habitaban desde el primer tercio del siglo XVIII con la autorización del Cabildo de Coro. Reclamaba ese reconocimiento para los africanos, principalmente de origen étnico luango o kongo, que habían escapado de Curazao para alcanzar su condición de hombres libres al ser favorecidos por las leyes españolas, una vez que hubieran arribado a territorio de la católica España.

Para mí está claro que se trata de una venta engañosa dirigida a favorecer el voraz apetito de uno de los pocos, pero poderosos, terratenientes que eran dueños de toda la serranía coriana, transacción hecha a cambio de algún beneficio económico o social. Indudablemente que las autoridades coloniales españolas y estos terratenientes habían favorecido a Luis Rojas mucho antes del año 1769 en que el Gobernador Solano lo nombra en el cargo de Capitán de las "Milicias de Morenos de la sierra", donde había fungido como Teniente. Poderoso dinero es Don Dinero, al punto de comprar conciencias y hacer traicionar a los de su clase y procedencia étnica…Remember la conducta interesada de algunos representantes de los Pueblos Indios de varios sitios de Curiana o Coro que se prestaron a apoyar a las autoridades de España en la persecución de los despavoridos sublevados que se habían atrevido a desafiarlas y se vieron envueltos en este gran evento de la historia que aquí ocupa nuestra atención al analizarlo desde varios puntos de vista en el   presente   escrito.

2.3- José Caridad denuncia la complicidad de terratenientes con el Teniente ¿Justicia Mayor?

Este recurso introducido por el curazoleño José Caridad ante las más altas esferas del poder imperial español puede entenderse como la simple reclamación de un terreno pero, aunque lo es, debe verse en él una denuncia a la conchupancia existente entre los testaferros (Rojas) de la clase criolla terrateniente (Zárraga) y la burocracia española local que la protegía (Teniente Justicia Mayor), tras de lo cual se escondían intereses y defensa de la clase dominante en perjuicio de los oprimidos, en este último caso integrados por los curazoleños de origen étnico luangos. En efecto, su reclamación va más allá de la simple disputa de un bien material, para convertirse en el enfrentamiento al poder establecido al denunciar José Caridad que, precisamente, reclamos y recursos suyos han sido desatendidos anteriormente a causa de la conexión de "amistad y confidencias" de dicho J. A. Zárraga con el Teniente, que no es nada menos y nada más que el encargado de impartir Justicia Mayor en Coro en nombre de España. Esta situación de alta conflictividad originada por la exigencia del luango libre José Caridad gravitará poderosamente en la actitud zorra, dolosa y criminal del Teniente de Justicia Mariano Ramírez de Valdarraín, quien hace prisionero a José Caridad sin tener pruebas para presumirlo reo de la insurrección y lo mantiene en su casa en estado de incomunicación hasta que, según este funcionario, lo envía a la cárcel al obtener declaraciones en su contra de boca de los apresados, muchos de ellos heridos, en el "enfrentamiento" que tiene lugar en la Aduana de Caujarao   el   12   de   mayo   de   1795   en   la   mañana.

2.4. José Caridad se enfrenta a la godarria coriana en reclamación del cargo de Capitán de Milicia   integrada   por   sus   hermanos   curazoleños   luangos.

Llamo la atención acerca del hecho de que aquí nuestro héroe se está enfrentando a otro problema no menos acarreador de peligros extremos: el de la acusación a un paisano suyo, es decir, este Luis de Roxas (9), quien dirigía el batallón de morenos en el cual José Caridad no quiso ingresar y optó por organizar un batallón de luangos dirigido por el mismo José Caridad. La audacia de fundar y organizar su propio cuerpo de milicias luangas lo colocan en el carril de solicitar a las autoridades locales de la ciudad el nombramiento en el cargo de Capitán, pero como se verá más adelante, esa reclamación no es aceptada por las autoridades civiles españolas en Coro, por lo que nuestro héroe curazoleño no le queda otro recurso que elevarla a ese nivel del gobierno central español, radicado en Caracas.

Los documentos incluidos en la referida compilación que venimos glosando, nos permiten conocer que este último proceso de reclamación del cargo al frente de la Milicia de negros loangos obligó a José Caridad a desplegar una inmensa energía y a hacer varios viajes a Caracas en tiempos del Gobernador Pedro Morell. Este hecho que, al parecer, también podría pasar por uno de importancia menor ante los ojos no avisados, es portador de un valor de alcance mayor a la vista de las autoridades españolas ante las cuales el líder curazoleño está introduciendo un reclamo que él considera justo. Más adelante podremos aportar los argumentos y evidencias para fundamentar nuestra anterior afirmación referida a la gravedad del reclamo de un cargo.

Tristemente en la referida compilación sólo disponemos de los documentos producidos por las autoridades españolas en el juicio que se le siguió a José Leonardo, sus compañeros de armas y a un conjunto de encarcelados en la cárcel real de Coro bajo la sospecha de haber sido parte de la conspiración y final insurrección liderada por éste; incluso los referidos documentos al acto de su defensa, alegatos y demás pruebas resultantes de su enjuiciamiento, fueron sustraídas del expediente y presumimos que se hayan perdido, vendido o destruido. En consecuencia, la exposición hecha en defensa propia por el líder cardinal que las autoridades españolas enjuician como el principal responsable de lo que denominan "insurrección de los negros" estamos, irreparablemente, obligados a conocerla a través del discurso pronunciado por el historiador Pedro Manuel Arcaya en el acto de su entrada a la Academia Nacional de Historia de Venezuela. A igual problema de carencia de fuentes de información tenemos que enfrentarnos al pretender hacer el retrato del líder curazoleño José Caridad González, cuya personalidad tenemos que reconstruirla a partir de los documentos oficiales, informes escritos y oficios de los españoles y, hasta cierto punto, indirectamente compulsando el testimonio de quienes fueron enjuiciados como participantes en los hechos.

2.5.- Retrato manipulado del curazoleño pintado por las autoridades españolas para justificar su asesinato.-

El oficio del día 15 de mayo de 1795 enviado por el Teniente Justicia Mayor de Coro, Mariano Ramírez Valderrain, al Presidente Gobernador y Capitán General de Venezuela, Pedro Carbonell, constituye la prueba documental y testimonio personal fundamental para acusarlo de autor de la matanza indiscriminada de personas, muchas de ellas inocentes, ordenada y ejecutada por él con el auxilio de tropas armadas bajo su mando en la mañana del día 12 de mayo, la que comenzó en las inmediaciones de la Aduana de Caujarao cuando se presentaron, en sus inmediaciones, los abanderados y la embajada de los insurgentes para solicitar la libertad de los esclavos, la supresión del implacable sistema de derechos de alcabalas y demás impuestos a "los libres"; según él, los insurgentes no ofrecerían nada si se les entregaba la ciudad: la "contesta fue dispararle un cañonazo cargado de metralla", según este militar carnicero disfrazado de Tribunal. A ese proceder continúa, en las inmediaciones de Caujarao y en la ciudad de Coro, una serie de decapitaciones sumarias de prisioneros que suponía reos de la insurrección, sin pruebas ni los procedimientos que establecían las leyes españolas. En este contexto de violencia, Valderrain ofrece en el mismo documento su primera versión de lo sucedido a José Caridad González, a quien no menciona en las dos escrituras oficiales anteriores del 11 del mismo mes, incluidos en el primer tomo de los Documentos de la insurrección de José Leonardo Chirinos, compilados por Josefina Jordán.

Ese mismo día 12 en la tarde, Valderrain decapita a 24 aprehendidos "heridos, y aturdidos del temor" de las metrallas y disparos con que los enfrentó en Caujarao. Pero antes de descabezarlos, "resultó en las declaraciones abreviadas que se tomaban a aquellos delinquentes a la sola vos por no haber tiempo para otra cosa que el negro Luango Josef de la Charidad Gonzalez que estuvo en la Corte, y en esa Capital pretendiendo la Capitanía de los de su nación había inspirado mil errores a los esclavos y negros libres, diciéndoles que para los primeros había traído Real Cédula en que su Majestad los dava por libres y que los sujetos principales de esta ciudad se las habían ocultado, y a los libres que auxiliando sus designios a la sublevación serían los que mandasen después en la República." A seguidas termina de construir la trama de la conexión Curimagua-Coro del levantamiento de este modo: en la montaña un sambo habría de dar el primer movimiento y, al presentarse en la ciudad, habría de ser auxiliado por quienes siguiesen al luango José Caridad.

Es entonces que nos enteramos por su informe que Valderrain tenía prisionero en su casa "que es Casa de Armas" al líder curazoleño y a veintiún negros de los de su nación luanga; él alega que esa reclusión la había adoptado "a prevención prudente". Esta expresión nos conduce a la sospecha de que lo hizo ajustado a un plan previamente elaborado, aunque él aporta la falacia de que José Caridad le había estado pidiendo armas la noche del día 11, que él les había negado y luego también en la mañana del día siguiente en que tiene lugar el supuesto combate en la Aduana, que se redujo al cañonazo de Un Pedrero y la persecución y ejecución sumaria de los sublevados.

2.6.- ¿José Caridad confiesa en prisión estar en complot con los insurrectos de la sierra?

En el cuartel en que lo mantiene incomunicado, el Justicia Mayor Valderrain afirma que José Caridad le confirma "en secreto, en ser cierto lo que se denunciaba de él". ¿Existe algún ser humano dotado de la inteligencia elemental que admita que, en medio de la tensión de una insurrección y del desencadenamiento de hechos cruentos, como el de la matanza que se ejecuta en Caujarao, el ajusticiamiento de dos prisioneros "uno a golpe de pistola y otro a golpe de sable por mi propia mano" Valderraim confiesa haber hecho él mismo con sus propias manos y los ajusticiamientos por decapitación masiva arriba referidos, un líder de tan dilatada trayectoria como la de José Caridad, que ha luchado durante tanto tiempo por los intereses de su pueblo, que ha recorrido mundo y domina varias lenguas y culturas, incluida la del amo español, confiese "en secreto" una supuesta culpa que le costaría su vida y la de sus lugartenientes y hermanos luangos?

Este embuste de la supuesta confesión "en secreto" es de tal risible fragilidad que podemos comprobar en el primer y largo informe que le rinde Valderrain al Capitán General el 8 de junio siguiente que lo omite y, en su lugar, aduce el testimonio que les toma "a la sola voz" a los 24 "heridos y aturdidos" aprehendidos en la "batalla" de Caujarao, pero paren bola, aclarando que no es el de uno o dos de aquellos maltrechos prisioneros, sino que "así lo depusieron todos los veinte y cuatro que se decapitaron el citado día doce por la tarde", lo que le permite al Justicia Mayor disponer de "estos principios" que aportan las pruebas que hacen realidad la sospecha de su vinculación en cuyo concierto es constancia universal "entró con zambo Leonardo cabeza de Motín principal en la Serranía"

2.7.- El relato falso de cómo y por qué fue asesinado José Caridad

Está preparado el terreno, pues, para justificar el asesinato del revolucionario curazoleño, por haberse atrevido a denunciar ante el Rey y las cortes la conchupancia del mismo Teniente de Justicia con los terratenientes esclavistas que pretendieron arrebatarles los terrenos de labranza a él y a sus compañeros luangos asentados en Macuquita y lugares colindantes de la sierra coriana. El siguiente es el relato del justicia Mayor de cómo y por qué tuvo que ser muerto, según él, el héroe curazoleño en medio de tan atroces y atropelladas circunstancia: al concluir la decapitación de los prisioneros, que Valderrain declara ante sí y por sí de reos de la insurrección, este "Justicia Mayor" se presenta a su residencia personal la cual era, como él mismo dijo, Casa de Armas y allí ordena llevar a la cárcel a José Caridad y a sus 21 luangos "mientras se averiguaban aquellas sospechas" pero, a pesar de que el Torquemada confiesa dulcificar sus "palabras y semblante", afirma que el Curazoleño, atemorizado por su culpa, cuando se le conducía de la plaza pública a la cárcel "emprendió fuga con dos de los más inmediatos de su gente", a quienes los escoltas compuestos por "lanceros y soldados de Espada" los matan "incontinenti." Esta voz incontinenti tiene alta repercusión para mí: los tres curazoleños son ejecutados sin mediar palabra, expresiones de "¡alto¡", ni de otra cosa que las armas que cercenan sus vidas. Por lo demás, la versión de la ejecución sumaria de José Caridad y sus lugartenientes es elaborada por Valderrain para justificarla ajustándola a la "ley de fuga" que se aplica al reo cuando intenta escapar, mas no a los presos por presunción de delito.

A seguidas de este punto de su relato sesgado, inconsistente y falso, en que nos informa del modo en que fueron ejecutadas las tres víctimas, el Teniente lobo vestido de Justicia regala una frase en su informe que nos debe mover a la reflexión crítica: "de suerte que pareció el consumatum de la obra que acababa de executarse en justo castigo dispuesto por el Cielo." La obra que acababa de ejecutarse consistía en la decapitación sin juicio y sin pruebas de gente humilde sometida a la esclavitud y o a violencia económica a través de injustos impuestos y esa obra alcanza la perfección, el acabado magistral con el asesinato premeditado de un negro libre que se atrevió a desafiar al poder de españoles y mantuanos criollos...y esa obra ¿es bendecida por Dios desde el cielo...? Jesús, la persona que murió en la cruz a causa precisamente de su rebeldía frente a las injusticias del orden establecido, desaprobaría desde el Cielo actos sanguinarios e injustificados como los ejecutados por el Teniente Valderrain en nombre de la justicia.

2.8.- El Ingeniero Capitán Francisco Jacot español recién designado Comandante Militar de Coro sospecha sobre esta muerte "accidental" de José Caridad

Como bien apunta Josefina Jordán, el ingeniero Francisco Jacot, nombrado por el Gobernador Carbonell como Comandante militar de Coro con motivo de la insurrección, "llegó a pensar que José Caridad González no murió accidentalmente al intentar escaparse, sino que lo mandaron a matar para que no informase los nombres de los supuestos cómplices –supuestamente algunos miembros del mantuanaje coriano. Igual sospecha tuvo el mismo Jacot cuando Ramírez Valderrain se negó a entregarle al reo Chirinos y ni siquiera le permitió interrogarlo…" (Doc., I, p. 24.) Según la lógica del razonamiento seguido hasta aquí, estas sospechas deben ser sustituidas por las evidencias acumuladas que nos conducen a rechazar, con fundamentos de causa, la versión de los hechos ofrecida por el Justicia Mayor quien, en el caso que nos ocupa, se comporta con la más absoluta libertad para actuar y decidir, arbitrariamente, concentrando todo el poder en sus manos para ejercer esta facultad omnímoda: el poder militar, el político, el judicial y el ejecutivo.

Con conocimiento de causa y dominio absoluto de la situación, Valderrain actuó según un plan elaborado con mucho tiempo de antelación en relación a qué enemigos debía eliminar en caso de que se produjesen situaciones de alteración del orden establecido y la ocasión se le brindó como maná caído del cielo. Y me atrevería a decir que su actuación tenía la autorización previa de las autoridades españolas de Caracas y la avenencia de los grupos de poder corianos a los que José Caridad se había enfrentado, según hemos querido apuntar más arriba. Es por eso que las sospechas de un advenedizo como Jacot no llegarán a ser tomadas en cuenta por las autoridades españolas en Venezuela durante el juicio que establece la Real Audiencia en Caracas, ni tampoco por las Cortes, sencillamente porque un luchador social, inteligente, preparado ideológica y culturalmente, como el curazoleño era un blanco a abatir y un mal ejemplo a echar por tierra y la ocasión que se presentaba con la rebelión era la mejor circunstancia para lograr ambos objetivos. La prueba es que tanto Vladerraín como el mantuanaje coriano serán premiados por su comportamiento ejemplar al exterminar fría y sanguinariamente a cada uno y a todos a los que presumía o calificada de sublevados, aun sin la más elemental evidencia…

III.- 15 de mayo de 1795: el Teniente Justicia Mayor Valderrain solicita al Capitán General premio por sus méritos…

El Teniente Justicia concluye este mismo oficio con el informe del degollamiento-- el mismo día 15 en que lo rubrica-- de otros nueve aprehendidos entre los días 13 y 14 por "sospechosos por las entradas de la Ciudad". Casi como postdata, manifiesta la sumisa petición al Capitán General Carbonell de aprobación de "las operaciones que se han tomado de pronto, según las graves exigencias del Caso", lo que le traerá consuelo, igual que las órdenes que le solicita comunicar para que le sirvan de Norte seguro "en semejante lanse, capas a la verdad de sorprehender a espíritus generosos". En su respuesta a este informe, veamos qué evaluación hace el Capitán General de tales crímenes—presentados ingenuamente por Valderraim como "operaciones"— como digno obsequio a un generoso espíritu que ordenó ejecutarlos o los ejecutó personalmente.

3.- El Capitán General y Gobernador aprueba las "operaciones" del Justicia Mayor y lo santifica junto a los ejecutores bajo su mando.

En efecto, en su representación oficial, rubricada en Caracas 11 días después del oficio anterior de Valderrain, el Capitán General Pedro Carbonell califica de feliz el "encuentro" sostenido el día 12 en Caujarao por el Justicia Mayor con los "negros sublevados" de esa jurisdicción de Coro, en el cual mató a 25 insurgentes, puso prisioneros a 24 "heridos y aturdidos", "que la misma tarde decapitó, executando lo mismo con los nueve que sucesivamente fue aprehendiendo y lográndose la muerte del perverso Josef Charidad y otros dos que intentaron hacer fuga…" (Doc. I, p. 36) Como puede apreciarse, la autoridad suprema de España en Venezuela aprueba sin el menor reparo los hechos ejecutados por uno de sus subordinados sin que éste le haya ofrecido otra prueba que la de su confianza al colocarlo en su cargo. Asimismo, da por cierta la culpa del luango a quien califica de perverso, es decir, de alguien que causa daño intencionalmente, corrompe las costumbres de un sitio y el orden o estado habitual de las cosas.

Resulta de sumo interés para la biografía de nuestro héroe curazoleño, pero sobre todo para la evaluación del sistema de la ética católica del dominio colonial de España en América Latina y el Caribe, la justipreciación de tal litigio de cargo del Capitán General Carbonell a Valderrain después de haber calificado de perverso al líder José Caridad: " y ya ve Vuestra Merced quantos justos y reflexivos fueron los motivos que me detuvieron para haverle confirmado en el empleo de Capitán de la Compañía de morenos libres de la nación Mina para que fue propuesto". (Doc., T I, p. 36.) Es decir, por este documento nos enteramos, por una parte, de que en efecto dicho luango libre fue propuesto para desempeñarse como jefe de los milicianos de su nación africana y, por la otra, que esa nominación no prosperó, sino que, por el contrario, fue vetada nada menos que por el Capitán General, quien representaba al poder supremo del Imperio español en este país sudamericano.

El Capitán General termina por calificar de brillante la acción en su conjunto ejecutada por Valderrain y "nada común, de aquellas peregrinas que apenas se dan en un siglo "y su valor, celo y fidelidad" son dignos de ser premiados con la mayor liberalidad por su majestad el Rey, por lo que le pregunta el "destino o carrera que más le acomode para recomendarle eficazmente". El reconocimiento es extendido a todos quienes se involucraron de la sociedad civil coriana en el enfrentamiento de la insurrección, "sean vecinos y naturales así nobles, como plebeyos blancos, forasteros y Criollos, Pardos, morenos o Indios y aun los sacerdotes seglares, y regulares." En síntesis, ¡Hosanna para el Justicia Mayor y su excelso concepto de lo justiciero aplicado consecuentemente en nombre del orden colonial y de Su Majestad, cabeza del Imperio español, los que deben ser defendidos y preservados… no importa si al precio de la vida de los inocentes¡… Por su impecable actuación, encima de la cabeza del Justicia Mayor y de las cabezas de quienes recomienda recaerá la santa unción y el premio de manos del rey.

IV.- Espíritu solidario del Capitán de Cimarrones Josef Charidad con sus hermanos luangos

El destino de José Caridad estuvo ligado al de los africanos esclavizados que fueron llevados desde África a Curazao, a muchos de quienes ayudó a obtener su liberación mediante el procedimiento conocido por "cimarronaje marítimo" o traslado a través del Caribe rumbo a las costas del actual Estado Falcón, donde alcanzaron su libertad y relativa independencia económica al dedicarse a la actividad agrícola con cierto éxito. Es decir, se convirtió en una suerte de "capitán de cimarrones de su nación luanga", por lo cual empezó a adquirir prestigio no sólo ante sus congéneres, sino también en grupos que no eran de su etnia y en personas situadas más allá de del núcleo principal con el que se comprometió. Naturalmente, este luchador social estuvo ligado muy especialmente al de sus hermanos de la nación bantú luanga una vez se establecieron en Tierra Firme, a quienes representó en algunas de sus reivindicaciones sociales, como la de su reclamo a la propiedad sobre la tierra donde habían trabajado y vivido durante mucho tiempo; y a muchos de ellos supo organizarlos en el cuerpo de una Milicia de negros libres luangos que lo reconoció como su líder principal, por lo que lo apoyaron para que ocupara el cargo de Capitán. A continuación vamos a ofrecer las dramáticas y, en algunos casos, trágicas consecuencias que se derivaron de la insurrección sobre los miembros del asentamiento luango de la sierra coriana al que él estuvo firme y permanentemente vinculado José Caridad.

4.1.- El Capitán General ordena la destrucción del asentamiento Macuquita y el destierro de   sus   habitantes   luangos

En este mismo último documento (Doc., T.I, p.37) fechado en Caracas el 26 de mayo de 1795 que acabamos de glosar, el Capitán General Morell ordena al justicia Mayor Valderraim ponerse de acuerdo con al ingeniero Francisco Jacot, a quien había nombrado, enviado y puesto como Comandante de Armas o jefe militar de la Plaza en la jurisdicción de Coro, para determinar si "supuesto que se ha descubierto fue el principal seductor el negro Josef Charidad González alucinando a los otros con la falsa persuasión de libertad para los esclavos, y excepción de Alcavalas a los libres para lo que decía trajo real Cédula, quando estuvo en España vean si será conveniente expatriar todos los negros de su nación , o a lo menos aquellos que hallan manifestado poco afecto a la buena causa, con los hijos de estos, y de los libres muertos, para que se les destine a los Bajeles de Guerra de su Majestad en clase de marineros reales, Gurumentes, y paxes", para lo cual autoriza el uso de la balandra armada en guerra "La Caraqueña" o el flete de una embarcación para que sean   conducidos   a   Puerto   Cabello   con   escolta   y   debida   seguridad.

Esta averiguación está dirigida a confirmar el grado de "contaminación" y alcance de la difusión de su propaganda sediciosa lograda por este líder curazoleño entre los asentamientos de la sierra coriana y, muy especialmente, a neutralizarla o liquidarla en uno de ellos muy emblemático, hacia el cual apunta certeramente su disparo: "No se alce la mano en la persecución y destrucción de un cumbe que se me ha dado noticias hay en la montaña y paraje nombrado Macuquita que tal vez sera el mismo que devia atacar D. Manuel Carrera, y D Juan Echanove con las partidas que puso Vuestra Merced a su cargo…" A los ojos oficiales de las autoridades españolas, pues, ese asentamiento se convirtió en razón de Estado suficiente como para dejar caer sobre él toda la represión y acciones fulminantes en tanto ponía en riesgo la estabilidad de la sociedad colonial basada en la super- explotación de la mano de obra esclava a la cual incitaba a liberarse y la que constituye base económica que la sustenta. Es así como se ordena que todas personas que pasen de 14 años de edad se expatrien y envíen a Puerto Cabello "para darles el destino que más convenga"--¿cuál o cuáles destinos?—, se envíen listas de ellos y "de los que queden por inútiles", es decir, los ancianos, enfermos y quienes tengan menos de 14 años. Por documentos producidos por estas propias autoridades españolas, comprobaremos más adelante que esta disposición no fue cumplida en los términos antes indicados y que, por el contrario, fueron encarcelados en Puerto Cabello personas adultas, etc.

Se desprende de esta orden del Gobernador la existencia de contradicciones entre esos dos subordinados suyos radicados en Coro.

V.- El Teniente Justicia Mayor Mariano Ramírez Valderrain en el banquillo de los acusados por…

"…no estamos en el siglo de Dracon, que castigaba con igual pena la muerte de un gallo y el acecinato de un Monarca."

4.1.- La propietaria de esclavos Nicolasa Acosta lo califica de Dracón o sanguinario

"séanme fieles testigos las cicatrices de las atroces heridas con que dejaron por muerta a Doña Nicolasa de Acosta, sus propios siervos, y domésticos…"

Manuel José Quero, arriero blanco.

La frase colocada arriba es un trozo del escrito de defensa de sus esclavos presentado ante la Real Audiencia, en Caracas, por Doña Nicolasa Acosta en el juicio que se les sigue allí a las personas encerradas en la Cárcel Real de Coro, por supuestamente haber participado en la insurrección. Asistida por el Bachiller Bonifacio Luis de Manzano, fundamentó su alegato en los graves procedimientos que, según la Real Providencia, se siguieron en los autos por el funcionario, determinando su reemplazo por otro "de conosida probidad, ciencia, madurez y consejo", indispensables para impedir caer en el grave error de confundir inocentes con los verdaderos reos de la causa. Es perentorio clasificar a los acusados en cinco categorías: 1. cabecillas de la sedición 2- participantes voluntarios en el motín 3.- los obligados a sumarse a éste 4.- los que se ocultaron en el monte por miedo a las consecuencias de la sublevación 5.- los que prestaron auxilio a los heridos y 6.- los que pagaron con sus vidas su oposición violenta al levantamiento. Pide para los primeros "todo el rigor de la ley, la muerte debe ser su consuelo, y el patíbulo su vida."

El uso del sustantivo Dracón es altamente acusatorio a la persona a que va dirigido porque de él deriva el adjetivo draconiano que, según el DRAE, dícese de una ley, providencia o medida sanguinaria o excesivamente severa. Precisamente esta dama, que defiende simplemente sus interés—en este caso simples "piezas de indias" o de ébano—acusa al Teniente Justicia Mayor Valderrain de Dracón, nombre del legislador o arconte al que recurrió la aristocracia dominante en la Grecia del siglo VII y VI (ADE) para enfrentar los disturbios que produjeron los problemas económicos y sociales derivados del modelo esclavista existente en ella. A pesar de que, en efecto, como hemos comprobado en el testimonio escrito por él mismo, el comportamiento de este Teniente fue exactamente sanguinario al enfrentar con fuego y sangre el arranque de los hechos de violencia que tuvieron lugar los día 10 y 11 de mayo en la sierra coriana y al día siguiente a la entrada de Coro, creo que sería más apropiado aplicarle el de tiranía, que fue a la que recurrió aquella clase esclavista de la Grecia antigua y la posterior de España para sofocar con sangre, terror, confinamiento, destierro y trabajos forzados a los humildes africanos sometidos a esclavitud, sus descendientes, los mulatos, "indios", mestizos y mulatos, esclavos o libres, que tuvieron la valentía de enfrentarla y recurrir a las armas y a la violencia para derrotarla.

Resulta de interés para el conocimiento de lo acontecido aquel día 12 en Caujarao la visión sobre la composición dada por este alegato, según el cual, quienes llegaron allí, eran en su mayoría voluntarios que se entusiasmaron por "la facilidad" con que lograron "las primeras empresas" y por quienes no pudieron escurrir el bulto ni tuvieron ánimo para retirarse: fue la "la mayor parte de aquella nube que dicipó solamente el estallido de un Pedrero a orillas de la ciudad…" De modo que esta metáfora nos permite tener una idea bastante aproximada de ocurrido allí: la gente escapó despavorida al primer cañonazo y lo que siguió fue una verdadera carnicería humana que dejó "los campos llenos de cadáveres" al decir de Valderrain en su primer informe de los hechos. Después de esta clasificación, se procede a colocar en cada una de las casillas a los defendidos, con lo cual se evita "imitar la conducta de Mariano Ramírez, cuios bergonsosos renuncios, conoce Vuestra Señoría muy bien, y trata de reformar, haciendo una cadena dde deliquentes para que lejos de confundir ynocentes con los verdaderos reos se haga distinción (…) entre el conato de sublevación, la consumación del delito, y la ymbacion de la ciudad. Por que a pesar de los Estoicos las luces del siglo ylustrado manifiestan que los delitos no pueden ser iguales, y gracias a Dios no estamos en el siglo de Dracon, que castigaba con igual pena la muerte de un gallo y el acecinato de un Monarca."

4.2.- Doña Ana Josefa, hermana del difunto Josef Tellería, defiende 3 esclavos de éste.

Otra impugnación demoledora al desempeño del Justicia Mayor Valderrain corre a cargo de doña Ana Josefa Tellería, quien defiende a José Apolinario Fernández, María Dolores Chirinos y José Jacinto Tellería, tres esclavos de su difunto hermano Josef Tellería, uno de los que caen fulminados en las cumbres de Las Macanillas por los certeros machetazos de los sublevados al día siguiente del comienzo del levantamiento armado. Tiene gran interés su defensa por tratarse de una de las familias de hacendados mayor perjudicadas por la violenta arremetida con que iniciaron la sublevación muchos de los esclavos más cercanamente vinculados a sus posesiones de la sierra y, en algunos casos a su vida íntima, como queda evidenciado en los argumentos empleados en la defensa.

Esta dama elude la asistencia del abogado más reputado de Coro, a pesar de que les une vínculos familiares, pero eso no le impide, ni tampoco su escasa capacitación en ciencias jurídicas, ofrecer un alegato digno del más elevado encomio. A través de éste y los interrogatorios a algunos de los esclavos nos enteramos cómo José Apolinario Fernández se había ganado la animadversión de otros esclavos de la hacienda el Socorro por su condición de mayordomo y persona leal a su amo, cuyas órdenes hacía que los demás siervos cumplieran cabalmente.

Resulta conmovedora la defensa hecha de María de los Dolores, la esposa legítima de José Leonardo Chirino, a la que exime de toda condición de reo por no haber tenido responsabilidad en el proceso de "la sublevación, ni de las muertes, incendios ni rrobos". Como bien señala Josefina Jordán, estremece la vehemencia o ardor con que Doña Ana Josefa la defiende: "¿…Por qué Señor, contra una infeliz mugér que por la instanteneidad con que recibió de Leonardo, y entregó a Santeliz, unas cortas alajas, ni aun tubo tiempo de formar intención de apropiárselas se formula un proceso tan criminal? Por que se la ha reducido a una larga , dura , y vergonzoasa pricion con prejuicio de sus mismos dueños, privados tanto tiempo de su trabajo?.. " (T II, p. 104.) Es cierto que debió de ser sumamente valiente esta doña Ana Josefa para defender, sin valerse de abogado ni otro recurso que su inteligencia, a una esclava que, no era si no la viuda de un reo acusado del delito de lesa majestad.

Esta dama ataca profunda y contundentemente la administración de justicia de quienes debieron haber hecho cumplir algunos instrumentos judiciales dictados por la corona, como la Real orden Pragmática de 1774 que ordena separar a quienes alteren el orden y les advierte que, de repetirse su accionar, serán castigados severamente. Al constatar que esto no se ha cumplido, se queja de la situación que padecen quienes han pagado la culpa de otros pecadores siendo inocente. Nos dice: "Cual debe ser nuestro dolor al ver en el día la imposibilidad de indemnizar los esclavos ynocentes, con las declaraciones de muchos a quienes un rigor ilegítimo contrabentibo al capítulo 17" pribo de la vida sin lugar a que en la apertura de un juicio plenario hiciese crisis la imputación del sumario, y se manifestase la inocencia de muchos y el rreato de otros…" (Doc., T II, p. 105).

Coro, febrero 24 a marzo 15, 2010-marzo 30.2012.

1 En la estructura social, mostrada para 1800-1810, por Brito Figueroa en su obra Historia económica y social de Venezuela (tomo II, p. 1220) el grupo social que representó y defendió José Caridad González debe ser ubicado en el de la tercera categoría económica integrada por pequeños propietarios y labradores, "gente de oficios baxos y serviles" y, desde el punto de vista étnico-social por pardos, mulatos, zambos, blancos de orilla, negros libres y mestizos. Pero en esta categoría que representa un 22% de la población no entran los cimarrones, que Brito Figueroa ubica en la última categoría que denomina "esclavos". Para mí, su grupo de negros de origen luango debe ser ubicada entre esta tercera categoría y la cuarta (49%) integrada en lo económico por lo que él llama "población enfeudada", integrada por peones y campesinos pobres—conuqueros?—y manumisos, negros libres, zambos,   mestizos,   indios   libres   e   indios   tributarios.

2 Este Atlas…, obra pionera en su tipo, metodología y alcance, es elaborado por el Centro de Investigaciones socioculturales, que fundó y dirige el autor del presente artículo, perteneciente al Instituto de Cultura del Estado Falcón, República Bolivariana de Venezuela.

3 Este artículo forma parte de un estudio del entramado histórico y etnocultural de la región coriana, enfocado en sus relaciones con el Caribe, espacio cercano con el cual alcanza una correcta interpretación su sociedad, cultura e identidades locales, de ayer y de hoy. Fue extraído del publicado bajo el título "José Caridad González y José Leonardo Chirino" en la red social Caribe www.escritoresyartistasdelcaribe.ning.com creada por su autor. Al final de este último estudio interpretativo más extenso, colocamos una cronología para auxiliar a estudiantes y estudiosos de los hechos en su trabajo de indagación.

4 Luango o loango es voz derivada del bantú lu-ngu: gente que habla ki-luango, una de las numerosas lenguas habladas por los miembros de los pueblos africanos bantúes traídos a América en condición de esclavitud. Los numerosos pueblos extraídos del "stock bantú" fueron denominados en América congos. La inmensa reserva lingüística y étnica bantú comprendía una extensa región al Sur del desierto del Sahara, que se extendía desde Biafra—al Norte del Congo—hasta las vecindades de Zanzíbar, y en ella habitaban grupos humanos con un remarcado sentido de ancestralidad. De ese espacio se extrajeron una inmensa cantidad de pueblos que hablaban una variedad de lenguas entre las que se destacó el luango que, en Cuba, por ejemplo, según el eminente etnólogo Teodoro Díaz Fabelo, fue una de las lenguas africanas "que más vocabulario residual ha dejado vigente" en la Isla. (Diccionario de la lengua conga residual en Cuba, Santiago de Cuba, Casa del Caribe, s f, p. 14.) El etnólogo y sociólogo venezolano Miguel Acosta Saignes, observa que en Venezuela fue apreciable la existencia de muchos negros loangos, quienes procedían de una "…región al Norte del río Congo". (Gentilicios africanos en Venezuela, Caracas, Universidad Central de Venezuela,1960, p.17.) Para Arthur Ramos, Guinea fue "una subárea del Congo…fue la que suministró mayor número de esclavos al Nuevo Mundo. Y sus culturas son consideradas como las más típicas dentro de las culturas africanas, del

mismo modo que, para la antropología física, sus representantes humanos son los más puros de la raza negra…"(Las culturas negras en el Nuevo Mundo. México, Fondo de cultura económica, 1992, p. 59.) Para el profesor David Brawn, congo es un vocablo general referido al Congo-Brazzavile, Zaire, Angola y durante el período esclavista era un sufijo que indicaba orígenes étnicos más precisos, que incluía los Congos Reales, Mumboma, Msundi, Mondongo, Cabinda, Benguela, Loango, etc. Annotate Glossary for Fernando Ortiz s The Afro-Cuban Festival "Day of the Kings" in Judith Betthelheim, ed: Cuban Festivals. An illustrated Anthology. New York London, 1993, p. 66. Para mí (J. Millet), congo es voz que remite a la ancestralidad de los pueblos del tronco linguístico bantú que habitaban la Cuenca del Congo y reflejo del antiguo Reino del Kongo, en cuya Mbamza Kongo radicaba el equivalente al soberano llamado Manicongo. Como bien apunta el investigador Walterio Lores, pese a la invasión de los traficantes portugueses que la cristianizaron, ese Kongo se convirtió en una fuente de resistencia cultural en la que se mantuvieron las tradiciones arraigadas en las comunidades. W.L.; "Resistencia y cambio cultural entre los bantú: la constante búsqueda del equilibrio", en Problemas actuales de África y Medio Oriente. Una visión desde Cuba. La habana, CEAMO, 2003, p. 98-172.

5 Basados en las indagaciones del investigador Mario Aular, cronista del barrio Curazaito, en nuestro libro La Guinea, barrio afrocaribeño de Coro (Coro, Instituto de Cultura del Estado falcón, 2007, p. 20 passim) apuntamos que este barrio había sido resultado del asentamiento de los negros de origen luango procedentes de Curazao y la memoria colectiva de sus vecinos más viejos ha ido confirmando y reforzando esta hipótesis. Era evidente que existiera una comunicación muy fluida entre sus habitantes y la población de igual origen asentada en la sierra coriana, especialmente en el espacio donde existen asentamientos de gran significado, como el Macuquieta, Santa María y La Chapa, entre otros. Según ha apuntado, certeramente, Josegina Jordán en su presentación al primer tomo de la colección de documentos, en La Guinea se hablaba lenguas africanas y papiamento, en particular en las fiestas que allí tenían lugar con mayor frecuencia de lo que suele imaginarse.

6 Zambo es adjetivo que, por su etimología, tiene un sesgo negativo: es voz que viene del latín vulgar strambus que significa persona bizca o torcida, acepción que fue aplicada en España a los africanos que existían allí en condición de esclavitud, a quienes llamaban patiestevado, o sea, de piernas arqueadas o deformes, la que se ha conservado, por ejemplo, en Cuba. En América adquirió el significado de mezcla racial y se refirió a la persona hija de negro con india o viceversa. Según el racista Diccionario de la Real Academia Española (DRAE) dícese de una especie de mono de pelaje color pardo amarillento "como el cabello de los mestizos zambos"(subrayado por mí: J. Millet). La imagen visual de José Leonardo que ha sido llevada a los carteles y murales presentados en las conmemoraciones oficiales del 10 de mayo de 1795 en el Estado Falcón, siempre me ha parecido portadora de esta noción racista al presentar al Héroe revolucionario de Macanillas con la imagen clásica del "negro africano" al que se atribuyó ser la causa de la revuelta, motín, tumulto o rebelión de negros, no a las injusticias humanas—como el reducir a propiedad al hombre, por ejemplo- - y sociales—como el condenarlo a la clasificación y discriminación por el color de la piel,

que es una de las tantas expresiones de racismo-- al sistema oprobioso de la esclavitud ni a las injusticias económicas y sociales que llevaron a muchos grupos sociales de Nuestra América a rebelarse contra del dominio esclavista de varias potencias Imperiales europeas de la época, entre ,y en primer término, a la católica España.

7 Desde el punto de vista reivindicativo asumido en este artículo, sólo existe antecedentes en aquellos escritos del periodista curazoleño Eugenio Godfried, lamentablemente fallecido cuando estábamos enfrascados en adelantar, entre ambos, algunos proyectos creativos, como el de lograr una más efectiva vinculación entre la intelectualidad crítica y los artistas comprometidos y honestos de su patria y Venezuela. Uno de estos proyectos consistía en conectar la rebelión ocurrida en Coro en mayo de 1795 con la que tuvo lugar en Curazao en agosto de ese mismo año y que fue liderada por Tula. A propósito, sus acertadas colaboraciones sobre asuntos como el que nos ocupa aquí deben ser consultadas en el portal www.afrocubaweb.com. Deseo agradecer al amigo y académico curazoleño Richenell Ansano su ayuda al, amablemente, proporcionarme valiosas indicaciones de fuentes bibliográficas que he debido consultar.

7 Presidenta de la Fundación Historia y Comunicación, a quien los corianos deberemos rendir un sentido y justo reconocimiento por su encomiable trabajo a favor de este rescate documental, gracias al cual estamos en condiciones de conocer mejor nuestro pasado y reescribir nuestra historia con visión y métodos distintos a como lo hicieron los historiadores tradicionales en el pasado. También merecen destacarse otros historiadores de la región en su esfuerzo por denunciar lo que ha estado sucediendo con los Archivos de Coro y del estado falcón, en particular al historiador Luis Dovale del Prado. Véase a propósito su folleto Coro: la tragedia de un Memoricidio. Santa Ana de Coro, julio de 2009.

8 Jordán, Josefina, editora: Documentos de la insurrección de José Leonardo Chirinos. Caracas. Fundación Historia y Comunicación, Tomo I, 1era edición, 1994 y Tomo II. Caracas, Ediciones Fundación Historia y comunicación, 1era. Edición, 1997. Este último tomo II, en su primera parte, transcribe el "Cuaderno que contiene la pruebas de los reos sobre levantamiento de negros de la sierra", legajo encontrado en la Academia Nacional de la Historia—"y que forma parte de los traslados que se están efectuando desde el Registro Principal de Caracas", según Josefina. Se trata del expediente elaborado a instancias de Esteban Valderrama-- quien desempeñaba el cargo de Teniente Gobernador y Auditor de Guerra en Maracaibo—y que, en septiembre de 1795, fue designado en el cargo de Oidor Honorario, en sustitución del Justicia Mayor de Coro, Mariano Ramírez Valderráin. El legajo contiene los alegatos que los dueños de esclavos encargaron a abogados de Coro, o que ellos mismos elaboraron, como es el caso de Doña Ana Josefa Tellería, para defender a sus esclavos, encerrados en la cárcel real de Coro bajo acusación de de haber participado en la insurrección. Como puntualiza la historiadora J. Jordán, antes del folio 311 es extremadamente escandalosa la inexistencia de más de 40 folios…que corresponden a los interrogatorios realizados por la Real Audiencia de Caracas a José Leonardo Chirino. Brillan por su ausencia los correspondientes a los interrogatorios hechos por Valderráin en

Coro tanto al mismo Chirino como a sus principales capitales Cristóbal Acosta, Candelario Chirino y Juan Bernal Chiquito. No soy el Profesor Lupa, pero me permito descubrir ipso facto este "misterio de la ciencia" en manos de la clase dominante: los testimonios de estos líderes son el índice acusador a las injusticias y los atropellos a que fueron sometidos no sólo los africanos sometidos a la esclavitud en América, sino los Pueblos nativos de ella—los mal denominados "indios"-- y sus descendientes mestizados, mulatos, etc. En especial la declaración de defensa personal de José Leonardo debería haber puesto en total evidencia el papel de los grupos sociales dominantes de Coro—conocidos por la expresión godarria coriana—y sus vínculos internos y externos, tanto de Venezuela como de España y con algunas de las potencias europeas de la época.

8 En Documentos de la insurrección de José Leonardo Chirinos, op. cit, T II, p.188- 189. A continuación reproducimos la transcripción del citado documento cuya fotocopia del original puede ser consultada en le Biblioteca Oscar Beaujon de Coro:

"Yndice de las cartas que remite el presidente de la Audiencia de Caracas al Excelentísimo Marques de Bejamar Secretario de Estado y del Despacho de Gracias y Justicia de España e Indias con fecha 12 de mayo de 1792.

D.

Archivo General de indias

Sección: Audiencia de Caracas. Legajo 93

351

El Presidente de la Audiencia de Caracas

Excelentísimo Senor

(Al margen): Acusa recibo de la Real Orden con que se le acompañó una instancia a Josef Caridad González moreno libre y vecino de Coro para que informase sobre su contenido.

En consequencia de la Real Orden de 29 de Octubre próximo pasado con que Vuestra Señoria se sirvio remitirme el recurso que por sí a nombre de los de mas de su clase elevó al Rey Josef Caridad González vecino de la ciudad de Coro hé librado las providencias correspondientes para la más exacta averiguación del relato en quanto al terreno que expresa haber estado disfrutando pacíficamente largo tiempo hasta que suponiéndose Dueño Luis de Roxas del mismo vecindario las vendió simuladamente a Don Juan Antonio de Zarraga cuia conexión de amistad y confidencia con el Teniente refiere haver sido la causa de la desatención de sus quexas y recursos, y luego que evaquen las diligencias necesarias para el cumplimiento de dicha Real Orden las pasaré a manos de Vuestra Señoría como me encarga cuidando entre tanto que al insinuado Gonzalez se le haga justicia sin experimentar la menor molestia por haver ido a España y entablado el presente recurso.

Dios guarde a Vuestra Señoría muchos años es mi deseo. Caracas 12 de Mayo de 1792 D."

9 El historiador Carlos González Batista ha aportado algunos datos interesantes acerca de este personaje a quien evidentemente se enfrentó nuestro héroe curazoleño y que tenemos la presunción que era una de las fichas impuestas por las autoridades coloniales españolas, en contubernio con la godocracia esclavista coriana, para controlar a la "gente de color.: "Así, en 1806, un hombre ya en retiro, el Capitán Luis de Rojas "natural de Curazao y vecino de esta ciudad" solicitó un terreno en los ejidos "para poner un hatillo…pues la bejés me impide trabajar en la labor" (Archivo Histórico de Coro, Litigios sobre tierras. Expedientes sobre tierras. Ejidos. 1806.) "A Rojas lo encontramos documentado desde 1769, cuando el Gobernador Solano lo nombra Capitán de la "Compañía de Morenos de la sierra", donde venía ejerciendo con el rango de teniente" (Archivo General de la Nación. Diversos. T XI, f 174.) Carlos González Batista: Antillas y Tierra firme. Refinería Isla. Curazao SA 1990. P- 124.

(J.J.: Doc. T I, p.37. Para el año 1795, en efecto, el etnólogo Acosta Saignes reporta la existencia de un asentamiento rebelde de cimarrones en Santa María de La Chapa y también otro, pero dos años después de esta última fecha, en el sitio que ordena destruir el Capitán y Gobernador. Acosta Saignes: Vida de los esclavos negros de Venezuela, p. 275-279 passim. En Ramos Guédez, op.cit., p. 36.)

Para el entramado étnico y social de la sociedad colonial de fines del siglo XVIII, resultan de mucho interés los siguientes pasajes:

1.-La defensa hecha por el Dr. Pedro García de Manuel José Quero, "miliciano blanco, natural, y vecino de esta ciudad" de Coro, a quien se mantiene prisionero por haber "escrito un papel a los indios Casique, Governador y Capitán del pueblo de Pecaya" basada en "sin haber presentido el motín de la serranía, caí en el fuego por conductor del equipaje de Don José de Tellería en el mismo teatro donde cayó él, y su cuñado Don Francisco Rosillo", salvando su vida si, por "la conveniencia de transportar las cargas hasta Macanillas no hubiese prevalecido en el ánimo de Candelario Chirino, "uno de los principales acaudillados del levantamiento." Por este alegato nos enteramos que Juan de Matos o de Mata lo conminó a escribirla mandando por Jose Leonardo, pero que no llegó a su destino, según el testimonio del Governador de Pecaya, josef Bernardino Canencio y el Capitán Dn Juan Ygnocencio Juez ibi.

Este arriero se defiende también mandando a preguntar "si han oido decir que entre los insurgentes de la serranía fronteriza haya sido indicada alguna persona blanca?" Todos los testigos que solicita sean interrogados son precisamente de ese mismo de color de piel: la viuda de José Tellería, doña maría Josefa Morillo, sus hijas doña Margarita Tellería, Doña Ynés maría TelleríaDn Juan Bautista Escutozolo de 61 años vasco¿, el Dr. Pedro Chirino, al capitán Juan de Jesús Mora, dn ygnacio Salabarría y hasta al propio Manuel Carrera, quien testificó haber recibido la afirmación del encarcelado de haber recibido la comunicación de boca suya de un papel de convocación al tumulto al casique Governador y Capitán del Pueblo de Pecaya

2.-   Autos   folios   362Vto-36

Doc.   II,   p.   69   a   70

Coro   y   16   d   enero   de   1796

"Atendiendo a que la avanzada edad de Don Baltasar Canencio, Cacique de pueblo de Pecayos, le embarza comparecer personalmente a prestar la declaración solicitada a instancia del defensor de Juan de la Rosa Acosta, y a que en los indios ha causado mayor estrago que en otra clase de gente la peste que de algún tiempo a esta parte se experimenta en esta ciudad, con incerción del interrogatorio instruydo a favor de dicho Acosta, se librará Despacho al Teniente Justicia Mayor, y Corregidor del pueblo de San Luis, para que el referido Casique, el Regidor Flores, y los dos Yndios mas que estos conocen, y expesaran, les resiva sus declaraciones y las devuelva originales, sin perder instante de tiempo, por lo mucho que urge el pronto expediente de la causa.

Licenciado   Valderrama

Proveyolo el Señor Oidor Onorario y Juez Comicionado por la Real audiencia del Distrito lizenciado Don Juan Estevan Valderrama que lo firmó de que doy fe

nttemi

Ysidoro   González

Escribano   Real   y   Hacienda

3.- Cristoval Acosta, capitán de los insurgentes y Candelarrio Chirino, su lugar Teniente, según atestigua el Dr. Pedro Chirino en su alegato de defensa de varios reos. Doc.II, p. 59.

José Caridad González y José Leonardo Chirino: líderes revolucionarios de la insurrección armada de la Sierra Coriana del 10 de mayo de 1795.

A la Corte de El Libertador: a Guaicaipuro, El Negro Primero y Simón Bolívar, corona celestial de María Lionza.

Por José Millet*

I.- Visión de la historia

1.1 La historiografía tradicional y su opuesto: la que cuentan los pueblos.

A menudo los historiadores se enfocan en el estudio de los hechos que marcan hitos importantes en la evolución o la historia de un grupo humano en cuyos miembros aquéllos han tenido y tienen un revelador impacto. Otras veces lo hacen en torno a personalidades que, por sus características especiales individuales, valores y acciones particulares que afectan intereses de conglomerados humanos de magnitud, provocan efectos parecidos. Al hacerlo dividen la escala de tiempo en etapas a las que tienen que ajustar el modo de clasificar a unos y a otros, en las que no entran algunas figuras por desbordar estos maniqueos encasillamientos. En cuanto a aplicación a la historia venezolana, afrontamos el absurdo de considerar al Generalísimo Francisco de Miranda (1750-1816) como "precursor" de la independencia venezolana, cuando se trata no sólo de uno de los forjadores principales de los ideales de la ruptura más radical del dominio del decadente Imperio español en toda Nuestra América, de la conformación de un Estado multinacional de derecho social a partir de la liberación de Venezuela, sino en medida que sobresale por encima de muchos de los patriotas de su tiempo de uno de los ejecutores directos de estas propuestas a través de acciones bélicas significativas, históricamente hablando.

Por diversos caminos, métodos y escenarios, Miranda y el filósofo Simón Rodríguez (1751-1854), preceptor de El Libertador Simón Bolívar (1783-1830), arribaron a un concepto de patria basada en la libertad y en la independencia total de cada pueblo del continente americano y, lo que es tan importante, dedicaron sus vidas a elaborarlo cuidadosamente desde el punto de vista teórico, a proclamarlo, a defenderlo cada quien a su modo y al precio, uno, al de su vida en el presidio en Cádiz al que fue confinado y, el otro, al precio de la indiferencia, el quebranto físico y de la extrema pobreza a que lo sometió la propia clase oligárquica terrateniente en que se convertirían el núcleo más conservador de los "compañeros de Miranda y Bolívar", precisamente durante y, sobre todo al término de, la larga y sangrienta contienda por la independencia (1810-1830) del yugo colonial esclavista del Imperio español .

Simón Bolívar debe ser considerado como el pensador, desde el punto de vista de las ciencias sociales (sociología, etnología, politología), más original de cuantos intelectuales criollos y "foráneos"—incluyo entre éstos al eximio barón Von Humboldt (1789-1859) quien visitó Venezuela en 1799-- habían proporcionado una visión de nuestra historia y realidad hasta el instante del nacimiento de otro mundo que él, tal vez sin toda la conciencia que seamos capaces de imaginar, desencadenó con su pensamiento y acción libertarios a nivel del continente. En su escrito "Contestación de un americano meridional a un caballero de esta isla", fechado en Jamaica el 6 de septiembre de 1815, nos proporcionó el cuadro más completo del proceso desencadenado por la conquista y colonización de Nuestra América y, a su vez, la tragedia a que España había conducido a sus territorios coloniales a cuyos habitantes—con su irracional, ineficaz y absurda actitud--no dejó puerta de escape y, por tanto, no les quedaba otra salida que la de hundirse en el "caos de la revolución", son sus palabras, es decir, el de la ruptura violenta y sangrienta del "imperio de la dominación" impuesta por ella. Bolívar toca la llaga de nuestro origen: la Corona firmón un "contrato social" con Colón y los conquistadores que en la práctica se convirtió en un pacto con el diablo: a los descubridores, los conquistadores y pobladores del continente les prohibió usar fondos de la" real hacienda", obligándoles pues a que ejecutasen su empresa por su cuenta y riesgo, a cambio de lo cual los consagró como los "señores de la tierra", sobre la que ejercerían la organización de su administración y la judicatura en apelación, entre otros numerosísimos privilegios y exenciones.

En este pacto, el Rey se abstendría de vender las provincias americanas, atribuyéndose el derecho exclusivo del "alto dominio" sobre ellas y concediéndoles a aquellos eximios varones que nos invadieron "una especie de propiedad feudal", para sí y para sus descendientes. Este pacto se traducía en la expropiación por la fuerza de la tierra habitada por pueblos originarios, quienes a su vez también pasaban a ser propiedad de los nuevos amos, una vez sometidos a espada y cruz, como ocurrió en casi todas partes; lo fáctico, asimismo, se traducía en un estado de derecho ilegal e ilegítimo, que se convertiría en perpetuo, al transferirse como herencia a la descendencia española del conquistador y en relación con aquellas personas que irían mezclándose con ellos o nacerían aquí. Los ingredientes de la sopa primordial impuesta por el Imperio español fueron colocados así en el caldero incandescente del Nuevo Mundo: la tierra constituyó su centro gravitacional, al que se irían incorporando otros elementos explosivos–como el favorecer a los peninsulares en el gobierno, empleos civiles, eclesiásticos y de rentas— y la tierra se convertiría en el problema principal y la pólvora que haría estallar los conflictos desde el arranque del proceso de la colonización hasta la independencia.

La revisión cuidadosa del enfoque histórico nos debe llevar a una evaluación más radical de lo sucedido en tierras americanas a la llegada del conquistador europeo, enfrentado por la población originaria con una resistencia activa y permanente durante mucho tiempo y, también en no menor medida, mediante la lucha armada. Con estos dos modos de resistir y enfrentarse al invasor de nuestros aborígenes, empezaron a forjarse los sentimientos y valores de la patria, muy distantes de los de la patria, primero de la oligárquica y luego de la burguesa, exaltada en la mayoría de los libros de texto escolares al uso. A muchos parecerá extraño que afirmemos que en aquellas acciones suyas y estrategia de resistir, comenzaron a afirmarse los cimientos de aquella otra patria en la que todavía estamos empeñados a dar como concluida en las circunstancias en que nos ha tocado desenvolvemos; aquella en la que cada ciudadano sea dignificado al gozar de las condiciones de igualdad económica y social plena, de los mismos derechos sin distinción de procedencia étnica o de ubicación o estatus en cualquier sociedad, del color de la piel, de filosofía o religión. Si adoptáramos este otro punto de vista que estoy proponiendo, en América la patria se empieza a forjarse en la punta de la primera flecha enviada en contra, o en la fuerza de la macana descargada en el cuerpo de los opresores que nos invadieron a partir del 12 de octubre de 1492, cuando por primera vez pisaron tierra de nuestro continente en la isla de Guahananí. El primer acto imperial y de expropiación colonialista se produce en el lenguaje: en el acto, aparentemente simple, decambiarle el nombre a esta isla por el de San Salvador, igual que al de las personas que la habitaban, a quienes confundieron con hindúes y llamaron "indios".

La respuesta de los invadidos pueblos originarios--- nos enseñan en las idílicas láminas de los libros escolares-- fue pacífica y, en estos libros, el 12 de octubre de 1492 se declara como el del "descubrimiento de América" para luego terminar por solemnizarlo como el "Día de la raza", mediante una doble manipulación racista de lo que sucedió realmente en la historia. El rostro del conquistador se transforma en la del *descubridor* ,de modo que, a quien descubre, le asiste el derecho de apropiarse de lo descubierto; al supuesto descubridor y a sus rapaces acompañantes se les convertirá en "soldados de avanzada de la Evangelización" a que debían ser sometidos los salvajes y primitivos moradores. Todo el continente terminaría por ser conquistado y rebautizado como "Las Indias del Mar Océano" y "Nuevo Mundo". Naturalmente, en esta historia tergiversadora que empezó a tejerse en el Diario de navegación de Cristóbal Colón se oculta el comportamiento del invadido: su oposición violenta y resistencia ante el invasor…Pero sobre todo, esta historia contada, escrita e impuesta por la clase dominante ha ocultado siempre la muy contundente defensa de la tierra que luego terminarían por arrebatarle a nuestros aborígenes. Nuestro enfoque de lo que sucedió en Nuestra América desde aquel evento inicial que tuvo lugar en la isla Guhananí del Caribe está enfocado en este último "medio de producción": la tierra, que aclaro no fue defendida sólo desde el punto de vista económico, sino asimismo con mayor tesón y energía como Tierra, es decir, como suelo sagrado que, en una de nuestras lenguas originales, se denomina Pachamama.

Volviendo al concepto de patria que dibujamos más arriba, las estrategias de resistencia y de lucha activa de nuestros pueblos autóctonos se extenderían en el tiempo hasta llegar el presente; es decir, están íntimamente imbricadas en el tejido de nuestro espacio y tiempo hasta formar parte de nuestro arsenal inconsciente y, cada vez más, de la conciencia de nuestros paisanos del continente. También continuó forjándose la patria y un concepto de patria propio en otros tipo de espacio de resistencia, en este caso "mestizo": en el espacio de lo profundo del monte adonde escaparon y se asentaron los aborígenes que no fueron exterminados por los conquistadores europeos y al que irían llegando tiempo después los africanos que escaparon de la plantación esclavista o de la no menos oprobiosa servidumbre doméstica. Ese espacio fue denominado con varias palabras, como las de cumbe y palenque, donde precisamente aquellos supuestos pacíficos "indios" se habían convertido en rebeldes y los africanos antes sometidos a la esclavitud en cimarrones. En los palenques ambos grupos humanos de origen étnico distinto convivirían, intercambiarían y se mezclarían desde el punto de vista biológico y también cultural para dar lugar a una variedad de mestizos. Indios, africanos y mestizos lucharon lucharían juntos con armas rudimentarias, pero con excepcional sentido de la creatividad y de la inteligencia contra los perros y las armas de las cuadrillas de *rancheadores* pagadas por los esclavistas para devolver a la condición de servidumbre a quienes prefirieron morir libres en el monte antes que volver a ser esclavos en la plantación en la que habían sido encarcelados.

1.2 El proceso de la liberación de los pueblos nuestroamericanos comenzó en 1492

No basta con calificar a aquellos movimientos iniciales de los pueblos aborígenes, de africanos esclavizados y de negros y mulatos libres como antiesclavistas: estas gestas pertenecen en propiedad al proceso de liberación social y humana donde se forjaron los dos valores cardinales de libertad y de independencia, siglos antes de haber sido proclamados en clasistas banderas por las revoluciones burguesas en el Viejo Mundo. En conclusión, en aquellas cualidades de alta estima forjadas por aborígenes en su lucha de resistencia inicial y, a continuación, junto a ellos, por los negros africanos esclavizados y negros y mulatos libres, descansará el primer concepto de lo que pudiéramos llamar "patria chica", que dará paso al concepto definitivo de patria soberana, libre e independiente por la que, reiteramos, todavía estamos luchando. A partir de este nuevo enfoque y sistema axiológico, tenemos el compromiso de revisar para escribir nuestra historia nuestramericana, la de Guicaipuro, Paramaconi, Guaicamacuto y el auténtico Manaure y la del guerrillero coriano Bacoa, pasando por los héroes africanos, como Andresote, hasta el último de los rebeldes enfrentados a la explotación de las clases sociales opresoras.

Propongo, pues, una manera distinta de tratar los acontecimientos y a los actores sociales principales que intervienen en ellos: lo hago refiriéndolos a los procesos productivos—tanto de la producción material como no material-- que tienen lugar en toda sociedad, en los que es fundamental la relación de la gente con los medios de producción material en que ella basa su vida o que constituye su fundamento, fuerza o actividad interna sustancial con que ella obra para mantenerse en un tiempo y en un espacio determinados en situación ventajosa. Vamos a echar una hojeada a la situación que experimentaban los diferentes grupos humanos sometidos a la dominación de una clase social esclavista local, unida estrechamente al dominio español en el país y cuyos mecanismos represivos, militares e ideológicos—por antonomasia, los religiosos de la Iglesia católica, brazo cultural del dominio colonial en América-- utilizaba para mantener su privilegiado e infame estatus social. En cuanto a la situación social de estos grupos en Coro, tómense en cuenta los datos sistematizados Miguel Acosta Saignes* para la Venezuela del "arranque" formal de la independencia (1810), cuyo bicentenario estamos celebrando en el presente año. Aquí debió de funcionar el mismo sistema de explotación despiadada ejercido por España en sus territorios coloniales de América y reproducida y, en ocasiones, superada por la clase terrateniente esclavista criolla, frente a los cuales se explicaría mejor la reacción explosiva de los dominados en diversas latitudes de nuestro hemisferio, comenzando por la de los heroicos "jacobinos negros" aquel memorable 14 de agosto de 1791 en Bois Caimán.

---

*Para 1810, Venezuela estaba compuesta por un 61,3 % "gente color", es decir, por negros africanos esclavizados, cimarrones, pardos y negros libres frente al 20,3 % de población "blanca" integrada por españoles y criollos y, finalmente, un 18, 4 % de "indígenas" en condición de tributarios, no tributarios y marginales. La suma de los dos grupos poblacionales "no blancos" nos proporciona casi cuatro cuartos de la población desprovista de medios de producción, fundamentalmente de la tierra sobre la que descansaba la vida del pueblo. Doscientos años después, la Revolución bolivariana sigue teniendo como una de sus tareas prioritarias en su agenda social la lucha contra el latifundio y el garantizar el derecho a la tierra de quienes la han trabajado toda la vida. Miguel Acosta Saignes: Acción y utopía del hombre de las dificultades. La Habana, Casa de las Américas, 1977, p. 45.

II.- El escenario físico de los hechos y sus protagonistas

2.1 El contexto local y regional

Para la fecha (1795) de la insurrección armada de la Sierra coriana, ¿qué comprendía, cómo era el espacio denominado Curiana y por quiénes estaba habitado? En un diccionario* publicado en la época, se nos habla de Coro como una zona "cálida y seca", de terreno arenoso el que, a pesar de escasear el agua, es "regalada y abundante de cuanto es necesario" por la producción de numerosas especies de frutos y la crianza de ganado vacuno y cabrío, del cual se obtienen quesos y cordobanes, que se exportan a Caracas, Cartagena de Indias y Santo Domingo, igual que mulas y cacao. Esta obra nos pinta este "pueblecillo de indios" como uno en que sus habitantes gozan de tanta salud que los hacía prescindir de médicos.* (*Pedro de Alcedo: Diccionario histórico geográfico de las Indias Occidentales o América. Madrid, Imprenta de Benito Cano, 1786-1789.) Debido a diversas afirmaciones, este el asunto del área física que abarcaba Coro debe ser cuidadosamente examinado, partiendo de los escasos estudios regionales con que contamos. Debe tomarse muy en cuenta que, en el período prehispánico, se llamaba Curiana un asentamiento aborigen que, según algunos autores, formaba parte de una región firmemente unida al Caribe, por la excepcional extensión física de sus costas—casi de mil quilómetros—y el semejante entramado étnico y cultural que se extiende desde Tierra Firme hasta las denominadas Antillas Holandesas, particularmente a Curazao y Aruba, cuya historia y destino estuvieron raigalmente unidos a los de sus convecinos. De modo que estamos en presencia de una subregión histórico-cultural de caras al Caribe, remarcadamente. Curiana se refería a un espacio poblado por los pueblos caquetíos que habitaban el territorio comprendido en el actual Estado Falcón y el noroeste del actual Estado Lara, entre la Península de Paraguaná y las márgenes del río Tocuyo, aunque para prestigiosos investigadores de la cultura, como Luis Arturo Domínguez*("Se alzó en la sierra el zambo José Leonardo", Revista Bigott, número 49, abril, mayo, 1999, p.19, passim) se extendía desde la Guajira hasta el centro de la actual República Bolivariana de Venezuela. También hay estudiosos que la conciben como una comunidad multiétnica que se extendía desde el eje Coro-Paraguaná hasta las cercanas islas de las hoy denominadas Antillas Holandesas, entre las que destacan Curazao, Bonaire y Aruba. Parte de los autores coinciden en que al norte del territorio habitaban los grupos de caquetíos, caribes y ciparacotos, mientras que en el punto geográfico opuesto lo hacían los ayamanes, los cuibas, los gayones y los jirajaras.

Se ha impuesto la pauta de que los caquetíos eran pacíficos aborígenes aplicados a tareas agrícolas y que eran sometidos a la barbarie de los guerreros caribes, lo que provocó un supuesto pedido de auxilio a las autoridades españolas, la que se concretó en el "abrazo del Diao Manaure" con el "noble y generoso" conquistador Juan de Ampíes, quien a la sazón se desempeñaba como gobernador de las "Islas gigantes" Curazao, Aruba y Bonaire. Este relato al estilo de las "historias eclesiásticas" que enseñan en los planteles de la enseñanza elemental es desmontado con la sola mención a los hechos de que dan testimonio los propios invasores españoles, desde las primeras expediciones encabezadas por el capitán Alonso de Ojeda (1499) hasta la llegada a Coro, en 1530, del alemán Nicolás Federmann, durante el dominio de los banqueros alemanes "Welser y Compañía": desde aquel período inicial de la Conquista de América hubo una activa y sangrienta resistencia de la población aborigen asentada en este territorio. Otros hechos todavía quedan por ser esclarecidos por los historiadores e investigadores de disímiles disciplinas dentro de las ciencias sociales, por ejemplo el que emerge de la siguiente pregunta: ¿qué pasó con Manaure, esfumado de la historia luego de ser impuesta esta idílica visión de lo sucedido, resuelta en la catequización de aquellos supuestos dóciles caquetíos ante la violenta arremetida de los conquistadores? Lo más probable, tal vez, es que haya sido asesinado o desaparecido, sino se fue a su espacio de rebeldía a continuar la lucha que se prolongará en el espíritu de rebeldía hasta elperíodo que nos toca analizar en el presente artículo.

La "verdad verdadera" es que la población aborigen fue diezmada tempranamente por las armas de los "cristianos españoles", o por las diversas enfermedades que les transmitieron mediante las constantes violaciones de sus mujeres o a consecuencia de la pronta reducción a la esclavitud a que aquélla fue sometida. De aquel genocidio da cuenta temprana, en 1529, el propio Federmann, en su tránsito por La Española rumbo a Coro, al afirmar que "no habitan ni una sola aldea que les pertenezca, sino que son esclavos de los cristianos, es decir, los pocos que quedan, porque casi se han acabado. De quinientos mil habitantes de varias naciones y lenguas que había en la isla hace cuarenta años, no subsisten veinte mil con vida; murieron en gran número de la viruela, otros perecieron en las guerras, otros en la minas de oro donde los cristianos los obligaban a trabajar contra su costumbre…"* ("Bella y agradable narración del primer viaje de Nicolás Federmann el joven, de Ulm, a las Indias del Mar Océano y de todo lo que le sucedió hasta su vuelta a España, escrita brevemente y de divertida lectura". Traducción del francés hecha por Pedro M. Arcaya. En Rafael Sánchez: Curiana. Coro, Instituto de cultura del Estado Falcón, 1999, p. 17. Impresión facsimilar de una versión de esta obra publicada en 1970.)

Dos siglos y sesentaicinco años después del anterior testimonio de Federmann, seguía predominando en esta región venezolana el mismo sistema capitalista de producción basado en el uso de la fuerza de trabajo esclavo que imperaba en Venezuela desde entonces, impuesto por la clase dominante, mediante la fuerza, a la población "de color", es decir, a lo que quedó de los pueblos originarios o amerindios, a los africanos esclavizados y a las numerosas modalidades de mestizajes que se produjeron entre los europeos y este arcoíris de pueblos de procedencia étnica diversa puestos en contacto durante el largo proceso de la conquista y la colonización del Nuevo Mundo. La azarosa pigmentación de la piel de la gente originaria del continente y la de los mestizos constituía un signo aceptado identificativo de "primitivismo", atavismo e inferioridad, para justificar la servidumbre.

Sintetizando: tanto los amerindios, como los hijos de África que al principio se les unieron en el palenque y, los que se les acompañarían más tarde, los mestizos resultantes del entrecruzamiento entre ambos y o con el europeo, estaban sometidos, los dos primeros grupos a un sistema de esclavitud directa y los otros a una de las modalidades de la esclavitud encubierta que se ha prolongado hasta el presente, con más o menos matices diferentes, según el dominio de los imperios que nos conquistaron, es decir, el español, el francés, el portugués, el inglés, el holandés y el más reciente el imperio usa-americano. Este contexto etno-cultural nos permite responder a la pregunta que raramente formulan con claridad meridiana algunos investigadores: ¿de dónde surgieron y quiénes fueron José Caridad González y José Leonardo Chirino para convertirse en líderes revolucionarios de la insurrección armada más importante que se produjo en el Caribe a continuación de la Revolución de Haití? En primer lugar, ambos devinieron líderes de comunidades de gente oprimida de las que surgieron y, en tanta o más medida, fueron fruto de las contradicciones flagrantes que dominaban el escenario social en que se desenvolvió su vida. Su liderazgo fue fruto de la contradicción resultante de la posesión semi feudal de la tierra en que se sostenía el modo de producción esclavista en la región coriana, el uso del trabajo esclavo para obtener plusvalía y su enfrentamiento a un mundo capitalista en cuyo seno se estaban abriendo paso, desde Europa, las condiciones que darían lugar a la Revolución industrial que terminaría por negar drásticamente el empleo de la mano de obra esclava. Con fuerza cuyo impacto en nuestras jóvenes sociedades no tomamos en cuenta, los valores producidos por la cultura burguesa europea llegarían a América, afectando primero a los criollos –hispanos nacidos aquí—y luego a las clases sociales calificadas de "inferiores": a pobladores originarios, africanos esclavizados y negros y mestizos libres.

2.1 El contexto nacional: la Venezuela colonial esclavista

Para algunos autores, desde fines del siglo XVIII y hasta los primeros años del siglo siguiente, la Venezuela colonial tenía una economía floreciente resultante de la riqueza agrícola y del comercio interno y externo que la catapultaba a una situación de expansión y de bonanza (*José Marcial Ramos Guédez: Contribución a la historia de las culturas negras en Venezuela colonial. Caracas, Fondo editorial IPASME, 2001, p. 45.) En su extensa geografía—"…más de un millón de kilómetros cuadrados, bajo climas y con medios de de vida diferentes…"* (Caracciolo Parra Pérez: Historia de la primera República de Venezuela, tomo I, p. 73, apud Ramos Guédez)—la población negroafricana sería implantada en "el litoral central, las costas de oriente, los valles de Barlovento, el Tuy, Aragua, Yaracuy, al sur del lago de Maracaibo, la Serranía de Coro, algunas zonas de los llanos y de los Andes, etc., en situación, básicamente, de mano de obra esclava o de manumisos o libertos en actividades económicas lucrativas como la minería, la pesca de perlas, la agricultura y, en menor medida, en el trabajo artesanal.

Sin embargo, la estructura económico-social y étnica estaba signada por una concentración tremenda de las riquezas en un por ciento ínfimo de la sociedad enfrentada a más del 80 % de desposeídos y de fuerza de trabajo sobreexplotada, en la que la "gente de color", integrada por los africanos e "indios" esclavizados, negros, mulatos y mestizos libres, llevaba la peor parte. Especialmente, el color de la piel, y re marcadamente el color negro, remitía a grupos humanos a una condición social y económica: la de los "siervos del trabajo" que señalaba Bolívar en su documento conocido por la Carta de Jamaica.

Negro y esclavo eran para la época sinónimos. Y, exportando la experiencia obtenida en las grandes plantaciones del Caribe, en Venezuela fue empleada como fuerza de trabajo esclavo, en la mayoría de sus territorios en cultivos de caña de azúcar, café, algodón, cacao, maíz y añil, entre otros. Estas circunstancias provocaron, tempranamente, la estampida del oprimido a zonas de difícil acceso, como los intricados montes, donde se levantaron distintos tipos de asentamientos humanos rebeldes, entre los que sobresalieron los cumbes o palenques, las rochelas y los patucos. Miguel Acosta Saignes* (*M.A.S.: Vida de los esclavos negros en Venezuela, p.293-294.) calcula que, para fines de siglo XVIII, de un total de 60 mil esclavos existentes en la entonces provincia de Venezuela había 30 mil cimarrones. Las sociedades de negros y sobre todo de cimarrones proliferaron a lo largo y ancho de la geografía venezolana y en ellas los oprimidos alcanzaron la condición de hombres libres a la que nunca volverían a renunciar.

De ahí que, durante su período de dominio en España, los Borbones se emplearan en introducir cambios económicos, políticos y administrativos en sus enclaves coloniales en América para palear tan enconadas contradicciones. Finalmente, estas tardías medidas tendrían su remate en la Real Cédula del Rey Carlos III que dejaría constituida la Capitanía General de Venezuela para permitir la integración "gobernativa y militar" de sus provincias. Pero ni siquiera el Código Negro, emitido en 1789 por la Corona española para evitar los excesos de crueldad, maltratos y constante deterioro de la mano de obra esclava, surtió el menor cambio en su deshumanizante situación; no pasó de ser, según el profesor venezolano Ramos Guédez,* (*Ib., p. 48) uno de los tantos gestos humanitarios inútiles. Esta situación concreta se habría convertido en un caldo hirviente de enconos y violencia reprimida creciente entre las clases marginadas y oprimidas, al que se añadían, por contraste, otros elementos que terminarían por ampliar sus niveles de conciencia –factor subjetivo—conducente a su organización secreta en la que se elaboraría un plan de insubordinación—factor objetivo.

2.2. El contexto europeo y caribeño

En efecto, constituía una flagrante contradicción el que 6 años después de haberse desencadenado la Revolución Francesa que proclamó los principios de la libertad y la igualdad por los que debía regirse la vida humana en sociedad y, especialmente, a escasos 4 de la primera insurrección victoriosa de esclavos en la historia de la humanidad ocurrida en la colonia francesa de Haití, la población aborigen siguiera esperando por el cese de la servidumbre, los esclavos clamaran por su libertad y los mestizos, al igual que todos sin distinción, por la igualdad social. A esta circunstancia socio-económica hay que sumar el agravante del aparato burocrático-represivo que denominamos Estado colonial esclavista existente entonces en Venezuela, el que era detentado por la rígida e ineficiente administración española centralizada en Caracas, en la sujeción de la actividad económica basada en el monopolio comercial concentrado en la Compañía Guipuzcoana y el dominio político que descansaba en un Ejército profesional insuficientemente equipado y entrenado. Como acertadamente señala Luis Brito García, para todo este período el plato está servido para que estas tensiones sociales dadas por las expectativas de los oprimido estallen enesporádicas alzamientos de esclavos, como la del Negro Miguel en Buría en 1552; rebeliones contra el monopolio comercial de la mencionada Compañía, como la del mestizo Andrés López en 1730 y la de Juan Francisco de León en 1749 ; alzamientos en defensa de los fueros locales, como el de los comuneros de Mérida en 1781; (y) rebeliones antiesclavistas, como la de José Leonardo Chirinos en Coro en 1795 (…)"(L.B.G.: Para comprender y querer a Venezuela. Consejo Nacional de la cultura, 2004, p.18, passim)

Mas, ¿cuál fue la situación concreta desde el punto de vista etno-cultural, social y económico existente para que se produjera precisamente en Curiana—no, en ningún otro de la geografía venezolana-- la insurrección encabezada por José Caridad y José Leonardo? Para quienes no prestan atención al factor subjetivo, les recuerdo que los valores se sienten, no se piensan como los conceptos, y los objetos vinculados a los sentimientos, como los asociados a la familia, a los allegados o semejantes por origen o pertenencia común, se convierten en ocasiones en factores desencadenantes de mayor alcance y potencia que los factores objetivos o de relaciones con los bienes materiales, como los intereses económicos bien definidos y tangibles. La frustración de los grupos marginados y excluidos a que se refirió Brito García en el fragmento de su libro que citamos en el párrafo anterior, debe ser analizada a la luz de un marco de mayor crudeza, referido a la sobreexplotación económica y a la opresión racial y cultural sufridos en carne propia por los africanos.

Siempre que reflexiono en torno a este último tema, lo refiero a la violencia desatada por las clases oprimidas de Haití contra sus amos franceses, cuyas cabezas volaron al filo del machete libertador junto a las cabezas de sus seres queridos, en el instante mismo del desencadenamiento de la insurrección después de la ceremonia voduista realizada en Bois Caimán, en agosto de 1791. El grado de esa violencia era proporcional a la violencia con que los amos ejercían su dominio sobre las clases ahora rebeladas, las que no disponían de arma más eficaz que el de su enemistad y su sentimiento de frustración por la injusticia histórica acumulada durante demasiado tiempo. Parecería que esta correlación se manifiesta con el estilo de una ley que rige el enlace y el desenlace de los acontecimientos de cambios trascendentales de la Humanidad, dando fundamento a la afirmación de que la violencia es la partera de la historia. José Leonardo y José Caridad no hicieron otra cosa que ser vehículos de las necesidades de justicia de los grupos humanos a los que pertenecían y éstos supieron poner en ambos los elementos de dinamización para que los guiara y organizaran los elementos que se iban a poner de manifiesto aquel 10 de mayo de 1795. Para acercarnos a tan escabroso asunto, veamos la composición social.

Según ha apuntado el estudioso Luis Arturo Domínguez, se calcula que para entonces había un total de 3,260 esclavos, 960 de los cuales estaban situados en territorios de los actuales Municipios Miranda y Colina, incluyendo su zona rural y montañosa; 600 en los territorios de las serranías de Cabure y San Luis y 400 en la jurisdicción de Casigua (Idem, p.21.) Este mismo investigador afirma que la propiedad de la tierra estaba concentrada en manos de pocas familias corianas, entre las que sobresalen la representada por José Zavala y su suegro Antonio Zárraga, así como la de Pedro Manuel Chirino y su cuñado José Tellería, este último propietario de la hacienda El Socorro donde trabaja como doméstica la esposa con quien José Leonardo tuvo varios hijos, nacidos en condición de esclavos. Para este último amo trabaja José Leonardo, quien gozaba de tal confianza al punto que lo había acompañado en sus viajes por varias islas del Caribe, incluida Haití, según se afirma en varias fuentes escritas.

Las extensas tierras en manos de la oligarquía terrateniente estaban empleadas en cultivos extensivos, como el de la caña de azúcar, la que proveía la materia prima para su elaboración artesanal en los trapiches y la obtención de las panelas de azúcar; asimismo existían cultivos de frutos menores y de ganado vacuno, asnar, caballar y caprino, animales de los cuales se obtenían cueros para la exportación. Entre las haciendas y hatos pecuarios, la población aborigen y los negros africanos, tanto siervos como libres, se habían aplicado a la producción de frutos menores para la sobrevivencia de sus familias y, dado los vaivenes del mercado hacia el que los amos destinaban los productos agrícolas locales, estos pequeños productores agrícolas vivían en precarias condiciones materiales de existencia y, cuando lograban algunos excedentes productivos, se veían obligados a trasladarlos en hombros o a lomo de burro a Coro o a otros sitios poblados, no para venderlos sino para intercambiarlos por bienes de que carecían en el campo. En el camino, estaban obligados a pasar por numerosas las alcabalas, en las que los agentes allí apostados aplicaban impuestos draconianos y en muchas ocasiones los despojaban de sus bienes, al transitar hacia cualquier sitio o al regreso de éste a sus tierras de origen. Mas en este contexto de explotación y extorsión local, actuaban otros factores políticos que deben ser explicados a partir de lo que había estado ocurriendo en Europa, específicamente en Francia y que tienen su repercusión en la España monárquica; esos factores, junto con sus expresiones en la cultura, se colocaron en línea para precipitar las protestas de los oprimidos en la sierra coriana ante tantas y tales injusticas, en apariencia sólo de tipo económico.

Desde el arranque del largo período en que se instituye el sistema capitalista a nivel planetario con la marca del coloniaje --desde 1492 al 1783 (Guerra de independencia de Estados Unidos o de las Trece Colonias en Norteamérica, iniciada en 1775) y al , (Revolución haitiana en el Caribe, iniciada en agosto de 1791)—, en el Occidente cristiano-europeo, el floreciente y lucrativo comercio de esclavos excita tempranamente el enfrentamiento entre los Imperios colonialistas, cuyas empresas dedicadas al tráfico de "piezas de ébano" se disputan los territorios del África subsahariana, donde establecen sus factorías o enclaves para garantizar el dominio de dicho comercio. A menudo, estas disputas desembocan en guerras entre los nacientes Estados nacionales, como las desatadas por Francia e Inglaterra contra España en 1780. Durante el período conocido como el del "reformismo de los borbones" franceses en España—con el interludio de la Guerra de Secesión española (1702-1714) en que enfrentaron la Corona hispana de Carlos II los imperios ingleses, del Sacro Imperio y el de las Provincias Unidas u Holanda para impedir que un noble francés, Felipe de Anjou, ocupara el trono madrileño—hubo un esfuerzo porque los cambios se extendieran a las colonias de América, especialmente durante el reinado del monarca Carlos IV (1788-1808.)

Este último gobierno monárquico, coincide con el tiempo de la burguesa Revolución Francesa (1789-1799), inspirada en las ideas de la libertad y la igualdad elaboradas por el movimiento filosófico y cultural europeo de la Ilustración, lanzadas al mundo, y que llegaron a América por diversas vías y medios*. (*En este contexto debe tomarse muy en cuenta que este movimiento tiene considerables repercusiones en la cultura española, entre la que destacan incluso algunos ministros, como Gaspar Melchor de Jovellanos, considerado como su máximo representante en el gobierno.) Entre los importantes resultados de este cambio socio-político, filosófico e ideológico radical, sin duda que uno de los más significativos lo constituye el cuerpo de las numerosas leyes que pusieron fin al antiguo régimen feudal y, entre ellas, la Declaración de los Derechos del Hombre y del Ciudadano (1789) tendría una repercusión decisiva en la mentalidad de una clase social que emergía en nuestro continente. Haciendo un ejercicio de imaginación sociológica, se explica la insistencia en la expresión de la "ley francesa" entre los implicados en la insurrección conocida como la de los "negros de la sierra coriana." En París, la Asamblea Nacional es sustituida por la Convención Nacional, dominada por el ala radical de la clase burguesa y que procede a instaurar la República, luego del guillotinamiento del rey, al que siguió la instauración del Tribunal Revolucionario que impuso las ejecuciones sumarias para detener la oposición al cambio, tanto interna como externa. ¿Acaso estos trascendentales acontecimientos no llegaron a oídos de los descendientes de hispanos nacidos en América, de los criollos y, a través de sus comentarios, a los de sus siervos?

III.- Los actores sociales protagonistas del levantamiento armado del 10 de mayo de 1795

En efecto, todos los elementos de orden subjetivo que hemos mencionado terminarían por introducirse en los parajes más apartados de la geografía venezolana, incluida la olvidada Sierra Coriana, en la que, ¿qué había estado ocurriendo entre las clases marginales?

A las tensiones entre las grandes potencias europeas, hay que añadir el enfrentamiento entre el monarca español Carlos IV y su hijo Fernando VII, agravada más tarde por la pretensión de la burguesía gala por anexar a España a Francia.

Desde 1783 comenzó la elaboración del Carolingio Código Negro que las autoridades españolas se esforzarían por impedir que se hiciera efectivo en sus posesiones coloniales del Nuevo Mundo.

Comunidad judía sefardita de Coro: el proyecto de documental
Nota del editor-autor:
En el año 2015, el videoasta cubano Armando Galindo García (La Habana,194…) me propuso trabajar en un documental acerca de un amigo a quien considero una gloria del Caribe, de acuerdo con una vieja relación establecida desde hacía muchos años. Nos aplicamos a elaborar el guión literario y trabajamos en él con muchas contradicciones del habanero con el cantautor curazoleño, hasta el término de tener de recurrir a la intermediación del colega, el Dr. Richenel Ansano para llevar a feliz empeño tan noble empeño. Pero todo quedó en buenas intenciones y Ced Ride rechazó la propuesta. Luego Galindo enrumbó su vista en Curazao, adonde tenía el propósito de establecerse con su familia y allí legalizamos la Porductora Audiovisual Caribeazul ante notario público, con capital aportado por un financista de Coro, socio de Galindo y con quien éste trabajaba en una planta televisiva de su propiedad. Nos aplicamos a abrirnos paso en la madeja de relaciones que he establecido desde que pisé Curazao hace muchos años y, en esa cercana isla holandesa, logramos producir los siguientes materiales audiovisuales que pueden ser visualizados en la web, cada uno de ellos con trabajo de investigación personal mía y guión escrito por mi persona:
1.- Sociedad Bolivariana de Curazao (entregado en acto público a su Junta Directiva)
2.- Laurita Broekmann (entregado también en acto público en la Sociedad Bolivariana de Curazao, donde se nos entregó un certificado a Galindo y a mi persona, que no estuve presente porque me encontraba en Cuba, donde había acudido al fallecimiento de mi hermano mayor, Pedro Millet.)
3.- Bolívar en Curazao (trabajé en la investigación de campo, comenzamos a grabar en locación de Curazao y quedó a medio hacer…)

Finalmente, propuse a Galindo la idea que le había expuesto desde que fundamos la Cooperativa de Producción Audiovisual "Visión Manaure", de la cual Galindo era presidente, pero que, por él estar inmerso en la televisión comercial, nunca había aceptado: producir un documental sobre los judíos sefarditas establecidos en Coro en el siglo XIX y que tan honda huella dejaron en la historia, la industria, el comercio y la cultura de Coro, de la región falconiana y de Venezuela. Al fin Galindo aceptó, y nos aplicamos al objeto, con contactos que yo tenía en Coro con Hernán "Manche" Henríquez y todo el trabajo investigativo que había hecho en silencio, siguiendo los pasos de la colega, la historiadora Dra. Blanca de Lima, cuyo libro, fruto de su tesis doctoral era y será uno de mis libros cabeceras. Grabamos en Coro, "Manche Henríquez envió un saludo a la comunidad judía de curazao que transmitimos en el marco de una reunión de la Junta Directiva de la Sociedad Bolivariana de Curazao y nos aplicamos a las investigaciones de campo y a grabaciones in situ en los cementerios judíos de Curazao.

Hay muchos medios y modos de apropiarse de las ideas de la autoría de alguien, autoría que en materia audiovisual está contemplada por la Ley de derecho de autor de la República Bolivariana de Venezuela y Galindo, en mi ausencia en Cuba, me envió un mensaje electrónico donde decidía alejarme del proyecto para realizarlo con una holandesa, esposa de un músico cubano que viven en –Curazao y a quienes yo había introducido. El documental acerca de los judíos sefarditas de Coro lo produjeron y el dinero obtenido por su venta fue a parar a sus bolsillos. A mí Galindo me menciona en los agradecimientos…

Aquí reproduzco el texto que escribí cuando trabajaba en la redacción del guión para el documental acerca de los judíos sefarditas de Coro y la nota que publiqué en mi cuenta de Facebook para que la gente tonta no caiga en las redes de los manipuladores profesionales como el señor a quien he mencionado antes.

La estrella de David brilla entre Curazao y Coro.
Sinopsis de documental sobre la comunidad judeo-curazoleña en Coro

"Yo soy de mi amado, y mi amado es mío".[6]
La estrella de David simboliza el pacto secreto que la historia selló con la unidad de dos territorios en apariencia separados por el Mar: el de de una isla cercana… y el de la Tierra Firme, desde donde en tiempos despejados se ve, por encima de las olas encrespadas, el brillo de las luces que fulguran al otro lado. Curazao y Coro son los dos triángulos equiláteros que se entrelazaron para dibujar la figura perfecta en la que se aprecia la huella de esa espiritualidad ancestral que es el judaísmo. Entre ambos pueblos se estableció la alianza, el abrazo nupcial del que nació una familia que tiene vástagos a ambos lados del Caribe. La esposa es la Historia, la cadena de sucesos venturosos que se prolongan en el tiempo hasta el presente; y su marido, el entrecruzamiento de acciones y hechos que elevaron al Cielo y sembraron en la Tierra semillas prodigiosas que hoy germinan después de haber estado tanto tiempo escondidas o silenciadas por la desidia o la maledicencia.

Estrella de David titilando en medio de un cielo que nos arropa: el nacimiento de un nación forjada en las artes creadoras, amasada con el genio de gentes industriosas, en el jugoso oficiar de Mercurio, en darle voz a las Musas, brillo a las ciencias, ocupación a la Alquimia, caminos a los montes de donde bajan el café, el dividive y el tabaco perfumado; vapor, energía a los barcos para hacerlos volar entre nubes azules llevando a otros países mercaderías como el grano de oro o las pieles de cabra; locomotoras montadas en caminos de hierro, que trasladan mercaderías exóticas venidas de otras Indias con olores de inciensos, a gente presurosas que quieren saber qué caracolas y peces se han acumulado en la Aduana de la costa; viales para que avancen los automóviles que acortan la distancia entre un Coro de barro y su Puerto Real de La Vela. También esa estrella puso fuego para que salieran al escenario caballeros galantes que se involucraron a fondo en la Res Pública y ocuparon en ella importantes cargos, damas con exquisiteces de sueños románticos que exaltan el proscenio del Teatro Armonía y sentido práctico en gentes que hicieron de un país, para la segunda mitad del siglo XIX con falta de brazos y fábricas, laboratorio industrial que lo distinguió en el concierto de otras naciones. David puso en la frente de El Libertador esa estrella que lo llevó a los campos de batalla donde libró la más sublime hazaña: la de hacer libre a la patria que había jurado servir hasta su último aliento.

Hubo, como hay en todas partes, intereses encontrados, incomprensiones y los recelos propios de una sociedad recién salida de su postración colonial y todavía con instituciones salidas de la abolida Inquisición; no todo es luz en la realidad y las sombras calentaron los viejos prejuicios y los estereotipos que se han tejido en torno a los hijos de Israel, y ese caldo fue suficiente para que las fuerzas oscuras los atacaran y dieran paso a los capítulos de los años 1831 en que se creó una atmósfera en contra de ellos y el de 1855 en que fue desencadenada una serie de agresiones verbales y a ataques violentos sin aviso contra líderes de la comunidad, casas de vivienda y propiedades. Esta segunda vez las cosas llegaron a tal nivel de hostilidad en que la comunidad optó por escapar a Curazao y, una vez arreglado el convenio entre los gobiernos de Holanda y de Venezuela, se regresaron a Tierra Firme, donde volvieron a las actividades comerciales e industriales, e incluso dieron nuevos bríos a la integración con las familias venezolanas y a tal punto lo lograron que se distinguieron hasta en la secreta hermandad de los francmasones…

Al retomar de entre las olas la estrella luminosa de David, honramos la tierra generosa que acogió en su seno a esta comunidad judeo-curazoleña asentada en Tierra firme y le dio hogar y, asimismo, le rendimos honores a la Isla pródiga en bendiciones que engendró al Patriarca Joseph Curiel y al vientre fértil de su esposa Déborah L. Maduro, quien regó destellos de luz que hacen del viejo camposanto judío de Coro un "saco de vida"; a Manasés Capriles Ricardo, nieto del abogado sefardita Mondechay Ricardo, quien en 1812 dio protección y aliento al Bolívar maltrecho que halló hogar seguro en Curazao y quien fue primo del célebre economista británico David Ricardo; a Isaac A. Senior e hijo Josías L. Senior, por su decisiva contribución a establecer las redes y circuitos que conectaron a la "Ciudad raíz de Venezuela" con New York y Hamburgo; a los poetas Salomón López Fonseca, a Elías David Curiel y a su hermano mayor José David, quien desde su lápida de ese viejo camposanto –aun activo-- mira al oeste, no a la Tierra Santa, como marca la tradición judía.

El documental "La estrella de David brilla entre Curazao y Coro", producido por nuestra "Caribeazaul" con el auspicio de entidades curazoleñas, cuenta la historia del origen, instalación y desarrollo de la comunidad sefardita curazoleña en la ciudad de Coro a partir de las primeras décadas del siglo XIX, pero lo hace de un modo original: a través de la voz de algunos los actuales descendientes de aquellos antiguos miembros convertidos en sus símbolos, como los Curiel Abenatar, Maduro, Henríquez, López Fonseca y Capriles. Pero ante todo se suma al homenaje a la tierra que acogió a aquellos inmigrantes, les dio hogar y permitió que se destacaran en casi todos los órdenes de la vida social y, en especial, a su impulso en la construcción del "pueblo nuevo" venezolano—representado por su ciudad primada: Coro—, que hoy sigue iluminando con su estrella luminosa, la pluma de crear y el ingenio, los senderos por donde avanza la Pequeña Humanidad identificada por El Libertador y que cristalizó aquí hace mucho tiempo.

Lic. José Millet, Willemstad, agosto 29.2014.

Documentales sobre Religiones afrocubanas, Espiritismo, Bolívar en Curazao, los judíos sefarditas de Coro, etc. fruto de nuestras investigaciones y textos como guionista audiovisual

Por Lic. José Millet

Estimados amigos, compatriotas

En estos días en que se ha conmemorado los 70 años de la liberación del Holocausto, he recordado mi estancia en el Gueto judío de mi querida ciudad de Varsovia, donde viví en el Dom Studensky (en castellano: residencia académica) de la calle Samenhof, apellido de Lázaro, creador del esperanto y también, con fuerza de dimensión obsesiva, ha venido a mi mente la primera vez que visité el Campo de concentración de Auschwitz, experiencia que, confieso, cambió radicalmente mi visión sobre el ser humano, al mostrarme el lado oscuro y criminal que se aloja en él y, al punto, de que las cosas materiales y el dinero dejaron de interesarme al percatarme de a qué poca cosa puede reducirse la criatura humana en manos de los Poderes Fácticos o de cualquier otro poder que, simplemente por deshacerse de ella, es capaz de liquidarla en aras de un provecho personal o de mezquinos intereses. Esa práctica no la llevan adelante gobiernos dictatoriales como el nazi-fascistas, o grupos extremistas, sino, lamentablemente, individuos con sus correligionarios o personas que la han rodeado y que de repente se le convierten en piedra de tranca en sus zapatos que son arrojadas lejos con el mayor de los desprecios ni consideraciones de ningún tipo. a veces esto ocurre, con demasiada insistencia, cuando se mete de por medio el dichoso dinero... el Dios Amarillo, del que le pedía Martí a su hijo apartarse, en uno de sus más bellos poemas escritos a fines del siglo XIX en...

En aquellos tiempos de nuestra inicios como estudiosos del Caribe o caribeñistas-- en los años 80 del siglo XX-- recibí en mi formación como académico e investigador el positivo impacto de algunos geógrafos polacos con quienes me relacioné en la Universidad de Varsovia, a quienes agradezco haberme proporcionado valores espirituales que me han acompañado hasta el presente, reafirmando y consolidando los que sembraron en mi corazón nuestros ancestros y mis padres biológicos, cuyos restos reuní en un solo nicho, aprovechando mi reciente visita a la isla de Cuba con ocasión del fallecimiento de mi hermano mayor. Dado que con mis contactos de esta cuenta de Facebook nos hemos conocido pobremente y lo lamento, creo oportuno solicitarle licencia para hablar de mi labor como crítico de cine e investigador-guionista de cine, radio y TV, acerca de la cual he publicado en la web una reseña, hace unos meses, pero dejé de mencionar en ella algunos temas que colocaré a continuación, como forma de ampliarla y para que nos conozcamos mejor...

Veo entre los contactos de una colega que vive en República Dominicana al Maestro Lázaro Buría Pérez, intelectual, artista con alto sentido imaginativo y director cinematográfico con quien, desde la Casa del Caribe, trabajamos para producir su excelente documental etnológico titulado Los Dioses del futuro, pieza premonitoria del alcance de nuestro trabajo creador en toda la región del Caribe y que es el panóptico más reflexivo y abarcador acerca de la identidad de nosotros los caribeños, de las marcas que nos distinguen del resto de los pueblos que forman parte de ese continente que algunos denominan Nuestra América, la que va del Rio Bravo a la Patagonia, al decir del escritor cubano, el Apóstol José Martí. Me honra haberme vinculado al proceso de la producción de tan importante obra audiovisual porque es una joya en riqueza de ideas, enfoque filosófico, concepción general, realización de imágenes, edición, montaje, dirección actoral y como obra de altos valores artísticos en su conjunto. Debería rescatarse y promocionarse este documental, por todos lados, en especial por la web.

Lamentablemente, no dispongo de copia para que podamos compartirlo y tampoco lo veo en la web, como lo están algunos de los documentales que hicimos con el director, nuestro también entrañable amigo Roberto Román (hoy trabaja en la Universidad de Costa Rica): el primero de ellos titulado Huellas (primer y único documental sobre el vodú en Cuba, ganador de premios internacionales); y el segundo titulado Africa tú estás en mí, enfocado en el aporte africano a la identidad nuestra como pueblos que integramos una subregión por donde se inició el completamiento de la visión del mundo existente hasta entonces y de la Humanidad, que fue otra a partir del encuentro de los pueblos de la Europa Occidental cristiana con los pueblos originarios, al que se sumaron, de manera decisiva los traídos por la violencia del continente africano y, más tarde, incluso de Asia...

Tampoco dispongo de copias de los documentales del mismo corte etno-sociológico realizados con el finado director cinematográfico y escritor cubano Jorge Luis Hernández, en los que tomé parte en mi condición de Jefe del Equipo de estudios religiosos de la Casa del Caribe y como guionista cinematográfico: el primero de ellos lleva por titulo Ocha (acerca de la Regla Yoruba o santería cubana); el segundo, Fudamento (acerca de la Regla conga o Regla Palera, de origen bantú) y el último Cordón, este último empleó--a fondo y ampliamente-- no sólo los resultados de mis estudios e investigaciones acerca del sistema religioso conocido como Cordón o Espiritismo de Orilé, sobre el cual tengo varios libros publicados, sino todos mis contactos a lo largo y ancho del Oriente de Cuba e, incluso, más allá de esta antigua provincia.

Espíritu fue un documental cuyo guión escribí y realizamos con Ramiro Grave de Peralta, quien hoy vive en los USA. Trata el tema de un sistema religioso del pueblo cubano descubierto por nuestro equipo de estudio de la Casa del Caribe y que fue denominado por el filósofo cubano Joel James como Muerterimo o Regla Muertera, acerca del cual escribí el primer trabajo en la Revista de Folklore, publicada por la Fundación Joaquín Díaz, con sede en Valladolid y lo incluí en mi libro Espiritismo, variantes cubanas, que acaba de ser impreso en España por Ediciones Maiombe, cuyo director es el señor Ralph Alpizar. Realizamos otro documental sobre el son con el escritor y documentalista cubano-puertorriqueño de apellido Parreño y el documental Y los espíritus también bailan mambo, con la Dra. Martha Moreno Vega., directora de un centro de estudios, basado en Nueva York, el que contó con la investigación y guión del investigador Abelardo Larduet Luaces y de mi persona. Todos ellos emplearon los resultados de nuestros estudios e investigaciones y, en ocasiones, en alguno de ellos, nuestra participación alcanzó la elaboración de los guiones cinematográficos, según puede comprobarse en sus créditos autorales.

Con la Universidad Autónoma de Santo Domingo (UASD), a mediados de 1980, la Casa del Caribe donde trabajé desde que la fundamos el 23 de junio de 1982 hasta el 2005, fecha en que me residencié en Venezuela, publicó tres libros, en coedición con su casa editorial y con el Centro para la Educación (por sus siglas Cedee): El vodu en Cuba, de nuestra autoría colectiva: del historiador y filósofo Joel James Figarola , del investigador Ricardo Alarcón y de mi persona; Máximo Gómez, del historiador e investigador Dr. Beranardo García Domínguez y, el último de esta serie, titulado Comparsa, barrio y carnaval santiaguero, de nuestra autoría colectiva: del investigador y profesor universitario Rafael Brea López (que vive en Santo Domingo); del sociólogo e investigador Manuel Ruiz Vila y de mi persona. En mi reciente viaje a Santiago de Cuba, Manuel Ruiz Vila y mi persona nos reunimos con el director de la Casa del Caribe, Lic. Orlando Vergés, para reeditar el último de estos 3 títulos, que nos sirvieron para darnos a conocer en el mundo académico internacional y para luego trabajar en aplicaciones a la vida social, como los audiovisuales que estamos reseñando en esta nota..

Justamente, el pasado día 28 de enero, cuando me disponía a celebrar los 66 años de edad que cumplía ese día, me enteré por un msj electrónico enviado por la profesora Dra. Blanca de Lima, que en Curazao se continúa realizando el documental que el camarógrafo-editor audiovisual Armando Galindo García y mi persona iniciamos en agosto del año pasado acerca de la comunidad judia sefardita asentada en la ciudad de Coro en el siglo XIX, en su mayoría de sus miembros procedentes precisamente de la isla holandesa de Curazao, idea y proyecto de vieja data en la que he venido trabajando desde hace varios años y que , pensando en los 1.2 millones de judíos que fueron cremados en los campos de concentración y de exterminio nazis,--como el de Auchwitz que me sigue causando tanto horror-- le proporcioné yo a Armando durante nuestra estancia conjunta de dos meses en Curazao y para cuya realización en forma de documental he hecho una larga investigación siguiendo las huellas de la obra de la propia investigadora Blanca de Lima, cuyo libro sobre la familia judía sefardita de los Sénior ha sido, y es, una de mis obras de cabecera.

Luego de haberle participado la idea de ese documental hacía varios años sin que él pudiera atenderla debido a sus ocupaciones en canales comerciales de TV del Estado Falcón, fue retomada por ambos cuando logramos legalizar la productora Caribeazul Production BV, en septiembre pasado en Willemstad, a continuación de lo cual comenzamos las grabaciones en Coro con el apoyo del líder de la comunidad judía sefardita de Coro , el Sr. Herman "Manche " Henríquez, al lado de cuya casa de habitación existe la Casa de la Poesía, a la que él ha apoyado mucho en razón de que esta institución debería haber llevado el nombre del poeta judío Elías David Curiel, según propuesta de algunos de sus fundadores y en cuyo inmueble viví durante años, luego de que se nos derrumbara la casa de barro donde vivíamos en la ciudad mariana. Por estas circunstancias y motivos, he mantenido una relación de amistad de muchos años con el señor Manche Henríquez, lo que permitió avanzar en la propuesta audiovisual en cuestión.

En Curazao, igualmente contamos con el apoyo generoso del miembro de la comunidad judía curazoleña Clark Casares Gómez, quien nos condujo en su vehículo privado y nos sirvió de guía. Durante nuestra estancia en Willemstad, ambos acompañados del Sr. Clark Casares Gómez, hicimos tomas en algunos de los más importantes cementerios judíos, igual que hicimos tomas en el viejo cementerio judío de Coro en compañía de "Manche" Henríquez y llegamos a hacer entrevistas a algunos judíos, como a la señora Deborah Capriles de Petit y al arquitecto Rafael Curiel Penso, a quien le grabamos su excelente guiaje por este emblemático camposanto, el más viejo en su clase étnica de América del Sur y arquitecto a quien me une una relación profesional de muchos años, dados sus intereses de estudioso y la mía de Investigador Auxiliar, otorgada por el Ministerio de ciencias Tecnología y Medio ambiente .

En cuanto a nuestra labor de productores audiovisuales, en el tiempo record de dos meses de estancia en esta isla holandesa, logramos hacer 3 producciones audiovisuales que paso a referir muy sucintamente en razón de que les estoy dedicando una reseña minuciosa con nombres, apellidos y datos precisos de las instituciones y personalidades del mundo cultural de Curazao y de Coro a los que involucramos en su realización: 1.- un reportaje sobre la Sociedad Bolivariana de Curazao con ocasión del aniversario del 231 natalicio de El Libertador y los 77 años de fundada la propia Sociedad Bolivariana de Curazao; 2. un excelente reportaje biográfico sobre la venezolana-curazoleña Laurita Broekman, mujer que a sus 95 años de edad conserva una memoria prodigiosa, brillante inteligencia, relaciones dinámicas con casi todas las instituciones y personalidades más relevantes de Curazao y la energía de una chica de 15 años y 3.- la tercera producción trató sobre la presencia de El Libertador Simón Bolívar en Curazao, en particular a partir de 1812.

Todos estos audiovisuales antes referidos, contaron con mi trabajo científico- investigativo y con mi participación en la escritura de sus guiones correspondientes, según puede, cualquiera a quien le interese, comprobarlo en algunos de estos audiovisuales que fueron colgados en YouTube y en el web site de CaribeAzul Productions BV(http://galindofal.wix.com/caribeazul), donde pueden ser visualizados. Y que conste para cualquier tipo de duda que pueda surgir de lo relatado por mí en esta prestigiosa red social el hecho de que, por ninguno de ellos, recibí un centavo por mi trabajo de investigación ni de guionista, de parte de las instituciones, fundaciones , asociaciones civiles, productoras, personalidades o ejecutivos de la propia productora audiovisual CaribeAzul Productions BV ni de ninguna otra productora que tuvieron que ver con el financiamiento, soporte, producción o logística de cada uno de estos 3 audiovisuales referidos que fueron realizados por nosotros. Y mucho menos recibí pago alguno ni compensación material ni de ningún otro tipo por los años de estudio, investigación y aplicación de lo que he hecho en favor del conocimiento de la comunidad judía de Coro, ni del proceso de producción del documental actualmente en curso que la tiene como objeto de trabajo audiovisual. Y de ello siento un enorme regocijo y agradezco a todas las personas que respondieron mi llamado para que esta obra alcance su puerto seguro. Gratitud a todos, de todo corazón, sin exclusión de ningún tipo¡¡¡

Es ocasión singular para dejar constancia de mi posición actual en cuanto a los proyectos que manejamos tanto en Coro como en Curazao cuando fuimos a constituir y luego a legalizar a Caribeazul Production Bv en Willemstad y después que este acto legal tuvo lugar: nunca me he movido, ni me moveré en los pocos años que me quedan de vida profesional, persiguiendo otro objetivo principal que no sea el obtener la satisfacción que proporciona el echar puentes que contribuyan al mejor conocimiento de nuestros pueblos del Caribe, más si se trata de la Venezuela que me acogió como uno más de sus hijos y del pueblo curazoleño, acerca de cuyos hijos, historia y cultura he escrito y publicado mucho.

Luego de fundar el Centro de Investigaciones socio-culturales del Instituto de cultura del Estado Falcón, a partir del cual produjimos el Atlas Etnográfico del Estado Falcón (puede verse amplia mente publicado en Internet), fui jubilado por la comisión Nacional de Jubilación Residual del Instituto Venezolano de los Seguros Sociales (IVSS) y, luego de una estancia en Cuba con ocasión de la muerte de mi hermano mayor, he decidido enfocarme a la investigación etnológica en el barrio La Guinea-Curazaito de Coro, aprovechando la construcción allí de la Comuna La Guinea, lograda en base a un trabajo sistemático de años, en un colectivo liderado por el investigador y cronista comunitario Mario Aular; a la revisión de algunos de mis libros para su re-edición y a retomarme en la docencia universitaria, con los estudiantes originarios de Nuestra América... en Venezuela, desde donde le envío a cada uno de mis contactos de Facebook mi aprecio y consideración distinguida por haberse mantenido fieles a mis redes, aun cuando yo no entro con la frecuencia que quisiera en ellas ni publico como lo hacía antes de pasar por diferentes quebrantos de salud físicos y familiares. Eso sí, hermanos, colegas y correligionarios: por favor, me gustaría encontrar sus comentarios a la presente nota y que la hagan circular entre sus colegas y amigos, a algunos de los cuales he posteado aquí porque, creo, a algunos, han de conocer. Agradezco, reiteradamente, su tiempo y atención.

Lic. José Millet

Etnólogo, escritor y profesor universitario
Venezuela : (58)0416-2168703; 0416-9602953 y 0412-5960330

Cuba :   (0053) 58155213

La sed de mundos de CED RIDE YU DI KOURSOU

Por José Millet*

Escribo a una década de mi primer encuentro con un Hijo del Caribe de doble significación para la identidad de un firmamento en cuyo centro vibra una Estrella con luz propia. Lleva consigo el valor esencial y primario guiado por el destello de una criatura del homo sapiens, de la que no hay medición posible que no sea en referencia a la dimensión expresiva de la propia especie; y este singular Caballero ha sabido devenir en actor o exponente singular de un área especial que desborda a los seres que habitamos el Planeta comúnmente denominado Tierra y que bien podría yo situar en lo que nombro Conuco de Inquietud y vibración constante de espiritualidad. Dónde se encuentra este Conuco, hermano?: en el Espacio, el que un físico de la energía cuántica podría ubicar en el cosmos. Los animales de Galaxia difícilmente aceptan ni caben en clasificaciones ni mucho menos se prestan para las habituales operaciones con que en el Reino de los Simios solemos manejarnos para satisfacer escenarios tipo XyXy…

Más allá de la Razón que gobierna la vida intelectual de muchos pueblos del Occidente Europeo en el que nos engancharon a los Pueblos Nuevos del Hemisferio; más allá de la tiránica Lógica que pretende regir nuestros destinos, a esa condición de criatura ubicua le satisface y, tal vez, enorgullezca, aceptar ser incluida entre quienes se reconocen como YU DI KOURSOU, es decir, ejemplares de pura sangre descendientes en primera generación de un Pájaro que habitó desde tiempos inmemorables Centro América, norte de Suramérica y algunas islas del Caribe, ave que, de tarde en tarde o al amanecer, emprende vuelo hasta alcanzar la Ruta del Camino de la Creación en grado absoluto. Dónde tiene su nido este Pájaro Koursou, pues? En el mundo, el que devora Ced con una sed apasionada que lo hace estar presente en tantas esferas y dominios de la actividad que hayamos conocido y que estén por conocer. Por eso salta de mis labios la sonrisita cuando hablamos del músico, cantautor, director de la orquesta Curazao Alls Stars, artista plástico, pintor, escultor, fotógrafo, escritor y antropólogo…porque Ced Ridderplaat es eso y también, en igual proporción y alcance, lo intangible:…la Leyenda Viviente del sentimiento ardiente por la Familia sanguínea, por el Hombre y su temeraria aventura sintetizada en su vida espiritual, de la cual es El Camino.

Disculpen a mi sistema de señales cuando emite una guiño—henchido de alegría y humor, ¡oído al tambor¡—al leer resoluciones y condecoraciones fundadas en hechos ciertos y verificables por la sencilla investigación científica enfocada en la órbita vital de Ced…y también cuando repaso lo dicho y escrito por muchos respetables amigos que han querido apresar, con evidente apremio de ocasión, este sujeto que jamás caerá en las redes del convencionalismo que preside los comportamientos públicos y los homenajes, aun de los más justos y merecido, como el realizado en Santiago de Cuba, en el 2006, con ocasión de la entrega a Ced la condecoración que lleva el nombre glorioso del poeta del destierro y forjador del sentimiento de cubanía, José María Heredia y Heredia. Un artista verdadero es un gladiador que lucha en la arena con el peor león que lo quiere despedazar: contra la imagen de sí mismo dibujada por los demás. Esa imagen que él mismo teje y desteje en el proceso de creación nos devuelve las verdaderas armas con que se lucha por el cambio permanente: para apertrecharnos de Los Símbolos, los horizontes que se muestran a lo lejos para luego convertirlos en siluetas que volverán a desaparecer como arenas movedizas de cabezas de playa batidas por el oleaje perpetuo…

Si el Caribe es más que geografía física y la quiebra geológica que recorre Sur a Sur, con la bota que se adentra en el Mar desde el pie de La Louisiana hasta el Norte de Suramérica, la corteza de La Tierra tiene en nuestro ámbito un epicentro cultural e histórico claramente discernible: con precisión, puede ser localizado en este espacio privilegiado donde la Humanidad se encontró hace poco más de medio milenio, por primera vez, consigo misma, y ante sí misma trazó los nuevos derroteros que condujeron a este punto en que ahora nos volvemos a abrazar en forma de haz de pueblos. Desde el espacio Caribe donde nació, partió Ced al universo y al mundo pertenece por vocación y cualidades personales que lo distinguen de millones de seres que han aportado su semilla del Maíz Germinador y su miel para que hayamos podido construir ese Conuco especial esparcido por todos los continentes, que constituye hoy, con toda propiedad y limpieza, contando con la diversidad étnica y cultural, huella distintiva de nosotros, los hombres caribeños, a lo largo y ancho del orbe. Hijos universales ha aportado la región en el ámbito de la historia, del pensamiento y de la vida cultural; en esas esferas que transitan por el cielo situamos al autor de la balada de las Islas que forman parte del Caribe, de Cuba a Venezuela, pasando por Santo Domingo y tocando tierra, con su música singular, en los islotes y bolsones construidos en los flujos migratorios en cada uno de los confines del planeta...

Más allá de la tesitura de su voz; del estilo inconfundible del hombre que, en escena, interpreta canciones con letras salidas de su alma jovial y del virtuosismo de quien se atrevió a desafiar al Poder del Amo cantándole a la patria en la lengua madre creada por su pueblo nativo, la clave de su aporte consiste en ser suma y resumen de la amalgama de pueblos que concurrieron en el Caribe, de haberles dado voz y de animarlos a mostrarse en la plenitud de su intensidad, con toda la fuerza que le proporciona un fondo común de resistencias, rebeldías y sentimientos de independencia; y de haber sabido prevalecer entre las diferencias y diversidades, el vuelo del Pájaro Yu Koursou Embrujado por los efluvios de la Luna grávida de vástagos alegres, de luces del Sol serpiente que muestra el arco iris multidicente y de la música con que nace cada ser viviente en la alborada del Trópico, se empina con las manos metidas en la masa del fuego de la Hoguera que le da corporeidad y anochece con la tenue melancolía que embrida el potro de la pasión más arrebatadora en su estampida por las llanuras semiáridas o los picos empinados que tocan con sus dedos el cielo.

Coro,

Dr. René Rosalía

Presidente de la Fundación Stripán

Willemstad, Curazao.

Agradecemos al equipo directivo de la Fundación Stripán por habernos posibilitado pasar cinco hermosos días compartidos con Uds. Quienes formamos parte de la delegación del Barrio La Guinea- Curazaito, y del Instituto de Cultura del Estado Falcón (INCUDEF), extendemos este sentimiento personal y profesional compartido por la delegación venezolana a ti, a tu esposa Maureen y a todos por tantas, eficientes y delicadas atenciones.

Ya se empiezan a concretar los planes de intercambio científico- investigativo, social, deportivo y cultural, entre Curazao y Coro. Llegamos al punto en que se impone la planificación y realización de la tarea de desempolvar la memoria histórica local y regional, para pasar a la fase la investigación etno-sociológica e histórico-cultural que nos permita desvelar y reconocer nuestras verdaderas raíces, considerando que la II fase de este proyecto alcanzó los objetivos, reconociendo todo el trabajo, organización y el trabajo en equipo del Comité de la Fundación Stripan, para cubrir la mayor parte de actividades, enriquecedoras a nivel de la historia y el hecho cultural, que es de lo que se trata el proyecto.

En este encuentro, se constató que indudablemente existe mucha necesidad en muchos habitantes curazoleños y corianos de conocer sus raíces históricas y espirituales, por tal razón es necesario continuar visitando archivos y museos para sustancias y fortalecer documentalmente el proyecto.

Reconociendo que todas las actividades fueron para nosotros de suma importancia, ya que conocer la memoria histórica de Curazao a través de la Antropóloga Jeanne Henríquez nos llena de regocijo por ser una mujer de gran trayectoria y reconocida internacionalmente, quien con lujo y detalles nos explicó paso a paso los hechos acaecidos en la época de la colonia, pasado vivido por nuestros ancestros, conocer el Museo "Tula" fue algo sumamente importante, tal lo màs significativo que pudimos vivir en ese momento de nuestra estadía en Curazao.

También fue provechoso compartir con ustedes conocimientos, saberes, costumbres y tradiciones a través del conversatorio enfocado en los temas "Origen del Barrio Curazaito" e "Insurrección de José Leonardo Chirino y José Caridad González" desarrollados por el cronista comunitario de los barrios La Guinea y Curazaito, Bachiller Mario Aular Chirinos y por el antropólogo Lic. José Millet, respectivamente, evento público que fue esencialmente productivo, por el acercamiento e involucrarnos con la gente asistente que vieron positivo su tratamiento. Por último, asimismo, pudimos ver el calor dado por los asistentes al conversatorio sobre los Consejos Comunales, y el interés puestos por ellos conocer más sobre la materia, en concordancia todas la actividades programadas y realizadas llenaron las perspectivas creadas por nosotros.

Mario Aular Chirinos
C.I. 4.640.149
Cronista Comunitario
Barrio La Guinea, Curazaito

Santa Ana de Coro, 14 Septiembre de 2011

Informe II Fase
Intercambio Cultural Coro – Curazao

La II fase del Intercambio Cultural Coro-Curazao se llevó a cabo en la isla de Kórsou, Curazao; del Jueves 8 al 12 de septiembre de 2011, con una extensa programación contentiva de visitas de cortesías, conversatorios y talleres sobre la cultura de ambos pueblos, Venezuela y Curazao, actividades que pasamos a describir a continuación:
Día Jueves 8 Septiembre 2011:

Se inició lo planificado por la Fundación Stripán a realizarse durante nuestra visita con una visita de cortesía a la Gerencia de la Refinería Isla, organismo que apoya económicamente a la Fundación Stripan y a través de ésta al Proyecto que se ejecuta en Venezuela, específicamente en los Barrios "La Guinea" y "Curazaito", Estado Falcón, con el propósito de conocer el origen del Barrio Curazaíto y los lazos con Curazao. En ese sentido el Dr. René Rosalía, Presidente de la Fundación Stripán expresó la palabras de agradecimiento a la Refinería en la persona de, su Director, el Sr. Manuel Medina Colmenares, por el apoyo y patrocinio con el proyecto; asimismo, resaltó la importancia de este proyecto cuyo, objetivo fundamental consiste en promover los lazos históricos de los Barrios Curazaíto, La Guinea con Curazao, estrechar los lazos de amistad con los pueblos el Caribe, conocer la época de la esclavitud y resaltar grandes temas, como el de la música y el Tambú "como guía para nuestros artistas". Con esta investigación científica enfocada en lo cultural, lo histórico y lo social, se pretende redactar documentos educativos para ampliar los conocimientos de nuestros pueblos.

La idea de esta visita es darles a conocer los objetivos que perseguimos con este proyecto conjunto y de su importancia para el desarrollo de los pueblos, de interés para los pueblos del mundo.

Por su parte, el Sr. Manuel Medina manifestó la importancia de conocer el pasado para comprender el presente y promover nuestro futuro. "Nos sentimos orgullosos de contribuir con este tipo de proyecto, el cual no trata de buscar rentabilidad, sino de conocimientos por nuestra historia para saber quiénes somos, donde estamos y continuar con esos lazos de hermandad. Nos sentimos orgullosos y agradecidos por permitirnos apoyar su proyecto y esperamos que toda esta investigación se divulgue a través de los diferentes medios de comunicación, para que todos conozcamos nuestras raíces.

Mientras que el Sr. Millet, Antropólogo y partícipe del proyecto falconiano--curazoleño, agradeció a todo el personal de PDVSA Isla, por el apoyo hacia el proyecto, igualmente al Sr. Mario Aular por ser el Investigador que se ha dedicado a conocer y recuperar la identidad del Barrio La Guinea, en ese sentido, hizo mención y demostración del libro titulado La Guinea, barrio afrocaribeño de Coro, donde se reseña su cultura desde sus orígenes, y del cual se publicará una nueva edición en la que sugirió se incluyera a la Sra. María Chiquitín, por ser la persona que llevó el baile del tambor a Coro, específicamente al barrio mencionado anteriormente. Todo esto con el propósito de que las instituciones que están fungiendo como patrocinadoras tengan un claro conocimiento del proyecto que se está ejecutando en función de conocer y expandir esos conocimientos hacia todos los pueblos hermanos.

El Sr. Mario Aular, Investigador y autor principal del proyecto en ejecución sobre el origen de los Barrios Curazaíto y La Guinea, agradeció a Dios primeramente por la oportunidad de lograr enlaces significativos para alcanzar el propósito primordial de avanzar en el conocimiento cultural de nuestros pueblos y la integración Caribeña. Así como también agradeció al personal de PDVSA y a la Fundación Stripan por la mano amiga en la ejecución del proyecto. Resaltó la necesidad y la importancia de realizar un trabajo de esta índole donde se busca revivir los momentos de José Caridad (segunda mitad del siglo XVIII) y María Chiquitín (primeras décadas del Siglo XX), personajes históricos de nuestros barrios, y que han sido luz en el camino para impulsarnos a conocer nuestros antepasados. "Este es el momento de buscar más allá pero investigando de dónde venimos, indagando en nuestros Barrios y comunidades, desempolvando documentos para reconstruir nuestra historia y nuestra cultura", y de allí la importancia que PDVSA contribuya con el futuro de los pueblos, ya que la idea es reproducir material físico y audiovisual para educar y dar a conocer la cultura de los pueblos".

Punto importante a resaltar en este trabajo de investigación profunda de culturas, el momento histórico que se vive en Venezuela en el este siglo, en tal sentido la T.S.U. Marelfi Díaz, miembro del Consejo Comunal La Guinea I, expresó la importancia para ella y su compañera Milagros Reyes, de conocer sus raíces y la historia de su Barrio: "Venimos de un Barrio muy pobre, pero muy enriquecido en historia". Asimismo, manifestó y puso a disposición sus conocimientos sobre la conformación de los Consejos Comunales. Estos lazos de amistad nos permiten fortalecer el trabajo comunitario que se lleva a cabo en los actuales momentos en Venezuela.

Visita compañía de Aviación Insel Air:

De igual manera, se realizó visita de cortesía a la compañía de Aviación Insel Air, con la misma finalidad de presentar una breve explicación sobre el proyecto, por ser ésta patrocinadora del mismo. En ese mismo orden de ideas, el Sr. René Rosalía explicó los motivos y objetivos del proyecto, que incluye: historia, cultura, arte, sociales y música y que consiste en conocer, estimular y promover la investigación de los pueblos de Curazao, Coro y el Caribe. "Para Curazao este proyecto es muy significativo porque nos permite combatir la crisis de identidad que vivimos actualmente".

Por su parte el Sr. Eduand Heenenveen, Chief Gerencial e Internacional de la Compañía de Aviación en Curazao, manifestó su satisfacción por apoyar el proyecto porque considera "si no tienes cultura no tienes país". Reconoce que los jóvenes en la actualidad se encuentran ejerciendo su cultura, por lo cual felicitó al Sr. René por el gran trabajo que realizó como Ministro de la Cultura. Mencionó que la compañía celebra sus 5 años de fundada y por tal motivo tiene planeado como regalo para sus empleados un viaje a diferentes pueblos del mundo con el propósito de conocer y enriquecer su cultura, en tal sentido, se sintió orgulloso con la presencia del comité para establecer convenios en este sentido. Proyectos de esta índole son muy importantes para los jóvenes y para la cultura de ambos pueblos y la integración del Caribe, acotó que cuentan con un fondo para apoyar a las comunidades a través de proyectos de este tipo.

El Sr. Mario Aular, manifestó que la intención es indagar sobre el pasado, "hablar de Curazaíto implica conocer personajes africanos y curazoleños que fueron los primeros en conformar este Barrio, del cual existen varios relatos o versiones y por tal razón nos encontramos trabajando e investigando sobre su origen. Agradecemos a la compañía por el apoyo, ya que somos fundaciones que no cuentan con recursos económicos y que trabajan con esfuerzos y sacrificios con el objeto de alcanzar la integración de los pueblos y del Caribe".

Día Jueves 08 Septiembre 2011:

Con la finalidad de conocer y profundizar sobre la cultura de los pueblos, se planificó un conversatorio donde fungieron como disertantes el investigador Mario Aular, sobre el Origen del Barrio Curazaíto" y el Lic. José Millet con el tema de "La Rebelión de 1795 del zambo-venezolano José Leonardo Chirino y José Caridad González, cimarrón y capitán de cimarrones, líder social procedente de de Kórsou, de donde escapó para residenciarse en Coro y en el pie de monte de coro, donde integró parte de los cumbes o sociedades de cimarrones que tuvieron como centro el asentamiento serrano de Macuquita, de la parroquia Guzmàs Guillermo, Municipio Miranda".

Inició el Conversatorio el Sr. Mario Aular con una breve reseña sobre la caracterización del barrio y, luego, explicó que en siglos pasados cuando la conformación del barrio a medida que éste se fue expandiendo y poblando, fue perdiendo identidad, con el transcurrir del tiempo, en la década de 1970, nace una organización llamada "José Leonardo Chirino", con el propósito de concienciar a los jóvenes social y culturalmente. Desde ese entonces no se ha desfallecido en la búsqueda de información, lo que ha conllevado a la realización de entrevistas a los miembros de la comunidad de las cuales se ha logrado extraer varias versiones sobre el origen del barrio Curazaíto. No obstante, según Rafael Sánchez en su libro Curiana (Corfo, 1970), menciona que el nombre del barrio proviene en honor a un grupo de familias curazoleñas que fueron los que conformaron la comunidad en el siglo XVIII. El propósito fundamental es seguir adelante con el proyecto para confirmar a través de documentos el origen del barrio y acotó: "Ustedes nos van a ayudar a construir la historia", refiriéndose a la Fundación Stripan.

En el ciclo de preguntas, participaron personas cuyas raíces en encuentran en Coro específicamente en los barrios objeto de investigación, donde se pudo constatar que es necesario avanzar para rescatar nuestra identidad.

Por su parte el antropólogo José Millet, platicó sobre las vidas de José Leonardo Chirino y José Caridad González, negros libres y rebeldes que encabezaron la lucha por la libertad, lucha en la que participaron africanos en condición de esclavos, mulatos, negros libres y población indígena. Explicó que la historia no es como la han mostrado siempre, pues la han tergiversado, manipulado y han ocultado documentos originales de siglos pasados. Esta investigación va a seguir su curso y seguiremos recorriendo archivos en busca de documentos y registros que nos lleven a construir la verdadera historia y resaltó que hay que ejecutar investigaciones conjuntas curazoleña, falconiana y caribeña, para rescatar la identidad común que une a nuestros pueblos.

Día Viernes 09 Septiembre 2011:

El día 09 se realizó una visita para conocer la historia, construcción de la Casa Museo donde funciona la Fundación Stripan, en la cual también se piensa desarrollar un centro cultural.

El Dr. René Rosalía, presidente de la Fundación, informó sobre los fines u objetivos que tiene planteada la misma, en tal sentido se piensa dividir los espacios de la casa para alcanzar mayores actividades, donde un espacio será para dictar talleres y cursos, desarrollar conversatorios, encuentros, es decir, que funcione como un centro de actividades culturales educativas. Así como también se cederá un espacio para la venta de gastronomía y artesanía. Entre los planes está además la construcción de un anfiteatro.

Por otro lado, y tomando en consideración que cuenta con un terreno de 10.000 m2, se pretende hacer una plantación de hortalizas y frutas típicas de la región que se quieren conservar, ya que no se encuentran en otras regiones entre ellas: granada, cemeruco, níspero, uva e icaco. En tal sentido, el terreno será divido en 5 subterrenos, con la intención de facilitarlos a los conuqueros para que produzcan plantaciones, ya que la idea es integrar a la comunidad con el proyecto.

Por su parte, la T.S.U. Milagros Reyes, ofreció una breve explicación sobre la importancia y elaboración de abonos orgánicos naturales para preparar el suelo para la siembra y los cuales garantizan la producción y no dañan el suelo.

Asimismo, el antropólogo, Lic. José Millet, sugirió al comité de la Fundación Stripan, incluir entre los objetivos de la Fundación el aspecto de salud, como por ejemplo una granja agroecológica, utilizando abonos orgánicos naturales.

Día Sábado 10 Septiembre 2011:

En horas de la mañana se realizó una excursión en Otrobanda/Punda, guiada por la historiadora, la Dra. Jeanne Henríquez, Directora del Museo Tula, quien nos explicó parte de la historia de Curazao durante el recorrido. Las construcciones de los siglos 17 y 18 cuando la época de la esclavitud, las infraestructuras del palacio de gobierno, los puentes que posee la isla, entre otras cosas.

En horas de la noche se llevó a cabo el conversatorio sobre los Consejos Comunales, dirigidos por las voceras Principales y miembros del Consejo Comunal La Guinea I, Marelfi Díaz y Milagros Reyes. En tal sentido, explicaron primeramente la conformación de los consejos Comunales y la importancia de estas instancias dentro de las comunidades, porque a través de ellas se les da participación activa a los ciudadanos para buscar soluciones a sus necesidades más apremiantes. Hizo mención sobre los artículos de la CRBV y la LOCC que respaldan legal y jurídicamente a los consejos Comunales. Y que es el poder constitucional quien baja los lineamientos para que el poder popular opere técnicamente en las comunidades. Expuso, que estas son instancias de participación, articulación e integración y constan de tres unidades: ejecutiva, financiera y contraloría. Igualmente, explicó de forma detallada los pasos para conformar un Consejo Comunal, y es necesario para su conformación tener sentido de pertenencia para beneficiar y solventar las necesidades.

Por su parte, la T.S.U. Milagros Reyes, explicó cómo se lleva a cabo el acto electoral para conformar los comités del consejo comunal. Resaltó que los ciudadanos (as), son quienes tienen potestad de tomar las decisiones en las Asambleas sobre las alternativas para la solución de su problemática. Hizo mención a la cantidad de vocerías, las que van a depender de las necesidades que existan en las comunidades. Dijo que el mecanismo funciona de esta manera: los comités presentan los proyectos a las instituciones correspondientes y , en función de las necesidades, éstas bajan los recursos.

En relación a los cuentadantes, manifestó que éstos tienen la responsabilidad de gestionar ante la banca y las instituciones para tramitar recursos para la ejecución de los proyectos.

Los Consejos Comunales han tomado fuerza dentro de las comunidades, ya que son los encargados de emitir una serie de papelería o documentación que anteriormente eran tramitados por los entes públicos.

El ciclo Comunal es el método para poder ejecutar los proyectos y el mismo consta de varias fases: Diagnóstico Comunal, Plan Comunal, Presupuesto Comunal, ejecución Comunal y Contraloría Comunal.

También acotó que son 90 días reglamentarios para la conformación del Consejo Comunal y que para que una asamblea de Ciudadanos (as) tenga validez se debe contar mínimo con el 10% de audiencia. Para motivar y educar a las personas de las comunidades para que participen, se les deben impartir charlas informativas entre otros medios.

Se dejó claro que los Consejos Comunales están adscritos a un Ministerio y a su vez 4 Consejos Comunales conforman una comuna, con lo cual se busca la integración de varias de estas instancias para el bienestar común.

Para pertenecer a un Consejo Comunal, solo se requiere que tenga deseos de trabajar por su comunidad, pertenecer a esa comunidad y ser mayor de 15 años. En Venezuela existe la Escuela de Fortalecimiento para el poder popular, el cual se encarga de preparar y educar a los miembros de los Consejos comunales.

Día Domingo 11 Septiembre 2011:

Este día se planificó el desayuno en el Mercado de Baber, rumbo al sitio la profesora Indira Boelvai, miembro del Comité de la Fundación Stripan, nos dio una detallada explicación sobre la Isla de Curazao, quien informó que tiene una longitud de 60 km, una superficie de 444 Km2, punto más alto: Christoffelberg 375 m, Idioma oficial: Papiamento, Inglés y Holandés, pero también hablan español, Moneda: Dólar y el Florín.

Curazao es la isla más grande y poblada de los que antes fueron las Antillas Holandesas. Está situada en el sur del mar Caribe, a 50 km de la costa occidental de Venezuela, junto con sus islas vecinas Aruba y Bonaire. La ciudad de Willemstad es el puerto principal y capital de la isla. Su área histórica, centro de la ciudad y puerto, fueron declarados patrimonio Mundial de la Humanidad por la UNESCO en el año 1997. Curazao tiene alrededor de 42 playas de gran variedad. Tiene una población de más o menos 140.000 habitantes, el grupo mayoritario es de descendencia africano. También hay gente de descendencia indígena, europeo, latino, americano y caribense. Curazao tiene un clima caliente y soleado todo el año. La temperatura media está sobre los 27ºC. Curazao está situada fuera de la ruta de los huracanes.

Posteriormente, nos dispusimos camino al Museo Tula. Un punto importante para resaltar, camino al Museo Tula, específicamente en la siguiente dirección Rust en Prad 20, nos detuvimos para conocer al señor Víctor Bartolomeo, de 82 años de edad y quien vive acompañado de su esposa y es el mayor productor de pan, especialmente de pan será. Es un personaje muy importante de Curazao por ser conocedor de las costumbres y cultura de la isla. Anteriormente, se dedicaba a la agricultura y, aunque ahora se dedica a hacer pan, conserva su conuco y muchas plantaciones, como Icaco, granada, uva, ponsigue, tamarindo, mamón, none, mango, guanábana, entre otros. También es muy famoso por ser especialista en CHIWEWE (Cuento o relato acompañado por canto),

Visita al Museo Tula:

Fuimos recibidos por su Directora, la Dra. Jeanne Henríquez. El Museo Tula abrió sus puertas en Mayo de 2007 como unidad adscrita a la Casa de la cultura, sin embargo, se está trabajando y gestionando para lograr a través de fundaciones donaciones o subsidios para ser autónomos y alcanzar total independencia.

Primeramente conocimos la parte externa del Museo donde se realizan plantaciones y poseen viveros, donde se tiene planteado ejecutar el "Proyecto Bonatera", el cual consiste en subdividir el terreno para darle participación al pueblo que vive a los alrededores del Museo para que los conuqueros hagan sus plantaciones y vendan los productos para su manutención.

Actualmente, la Sra. Senaida Albertus, es la encargada de impartir los talleres de agricultura y de mantener el vivero, donde pudimos apreciar las plantas de cilantro, tomate, lechuga, entre otras. En este momento, tienen convenios con organismos para dictar talleres a los agricultores y ellos le facilitan el abono. En tal sentido, la T.S.U. Milagros Reyes, se ofreció para dictar talleres sobre abonos orgánicos naturales, para la próxima fase del proyecto.

Se conoció que existen 15 Museos en Curazao, sin embrago, el Museo Tula es el único que tiene tarifas muy bajas y accesibles para sus visitantes.

Con respecto a la parte interna del Museo, observamos escrituras donde se enfatiza la cultura y tradición afrodescendiente, cultura criolla, cultura indígena. Los holandeses llegaron en 1634, a mediados del siglo XVII se establecieron los judíos sefardíes y, a partir de 1642, con el lanzamiento de la isla como importante centro comercial, el comercio de esclavos africanos se enfoca hacia la parte Norte de Suramérica y abre espacios para que tenga lugar en el interior de la sociedad isleña el proceso de la transculturación.

Pudimos apreciar a través de imágenes que, en los siglos XVIII y XIX, los techos de las casas eran construidos con pahi maishi u hojas de maíz, mientras que, en el siglo 20, cambia el techo y comienzan a elaborarlo con zinc, le hacían jardín a las casas, y para construir las casas utilizaban piedras, madera, bosta de vaca, y contaban sólo con 2 cuartos.

Igualmente, apreciamos fotografías de mujeres parturientas, acompañadas por la Partera y el Dr. Negro Partero, quienes atendían el parto y se encargaban de hacer los rituales de costumbres, (se usaba el azulillo en los pies, espalda y cabeza para proteger al bebé.) A estos médicos gineco-obstetras populares no se les pagaba con dinero, sino con productos, como pollo, y maíz, entre otros.

Las mujeres amamantaban a los bebés y, cuando querían dejar de hacerlo, se colgaban en el cuello un collar de corchos , el que devenía símbolo de no continuar lactando al niño (a).

Con respecto a los cuentos tenían descendencia africana y existían dos tipos de cuentos: unos eran los de Nazi, la Araña, donde se reflejaba que los animales pequeños eran mucho más inteligentes que los animales grandes y existía un rito al momento de contarlo y era que la audiencia debía participar y entonar cantos. El otro tipo de cuentos se refería a la creencia o mitos de que la gente podía volar, pero sólo lo podían hacer aquellos que no comían sal, esto tenía como moraleja y era que las personas debían abstenerse de lo material y limitarse a todo lo que explotaba al hombre.

La historiadora nos relató también que, en tiempos de la esclavitud, velaban a los difuntos en cajitas de paja y posteriormente las comienzan a construir de madera. Se acostumbraba a tener a una llorona al lado del difunto, que era la encargada de informar lo que le había sucedido al muerto, así como también tenía la tarea de hacer de terapista, pues explicaba a los familiares que debían expresar su dolor sacando todo lo subjetivo y que según ella nada tenía que ver con el muerto. Muchas veces la llorona formaba parte de la familia, en dado caso de no tener una, era obligatorio buscar una que se encargara de tal responsabilidad. Una vez que enterraban al difunto se realizaba el lavado de las manos, si en dado caso alguien había tenido un problema con el difunto y no lo consideraban digno de lavarse las manos, la llorona no le permitía que se acercara. Luego de 8 días acostumbraban a rezarle al 9no día sacaban todos los mobiliarios y los colocaban atrás de la casa boca abajo, porque era una manera de ayudar a que el espíritu alcanzara su elevación, pues según ellos el espíritu duraba 40 días en la tierra y con este ritual ayudaban de alguna manera a su elevación.

Se mostraron instrumentos de trabajo, como piedra y pilón, empleados para moler la sal y el maíz, así como también los utensilios de cocina, tazas, filtros, cucharillas, entre otros elaborados con calabazas.

Los cuernos de los animales se utilizaban como lumbreras: se les colocaba excremento de vaca, algodón extraído del cactus y se frotaban las piedras para hacer candela y permanecían encendidas por 7 ó 8 días. Las tinajas (KÓMCHI´ AWA) grandes eran utilizadas por la gente de recursos y las más pequeñas por los pobres para conservar agua fresca.

Existían dos formas de comercializar a los esclavos, una era que los hacendistas hacían contratos con los holandeses, otra manera de venderlos era mediante subastas. Los esclavos venían de diferentes naciones y lo sabían por las actas de nacimientos. Los esclavos eran clasificados por piezas de Indias, que eran los esclavos que estaban en total condiciones tanto físicas como mentales, y los discapacitados, vendidos por menos valor.

Cuando los esclavos intentaban huir y eran capturados, les colocaban un campanero guindado del cuello para ubicarlo en todo momento. Otros instrumentos de castigo consistían en mascaras y grilletes. La primera forma de castigo utilizada contra los esclavos era que los acostaban y estiraban hasta desprender todos sus miembros. En el siglo XIX, después de la rebelión en 1795, el gobierno creó una medida donde era obligatorio informar a través de un libro de registro el método a utilizar para castigar a sus esclavos, por tanto, sólo debían usar el método registrado. Cuando escapaban y no los podían capturar publicaban la pérdida por periódico colocando el nombre, las características y el nombre del cómplice en caso de tenerlo. Muchos huían porque eran vendidos a otras naciones y regresaban en busca de su familia.

Los dueños registraban todos sus movimientos de compra en libros financieros, en los cuales también se aprecia cuando realizaban la compra de un esclavo, lo cual nos demuestra que los esclavos eran tratados como objetos y no como seres humanos.

Pudimos apreciar durante el recorrido por el Museo Tula, una maqueta con el recorrido cuando la rebelión encabezada por Tula, comenzando el camino en Kenepa, luego avanzan hasta Santa Cruz y de allí hasta la Casa de Johanna Hisise, donde construyeron su cuartel, San Juan y Sint Christoffilberg. En la 2da batalla fueron asesinados muchos de los rebeldes y Tula junto a Bazjan Karpatar, principales líderes de la rebelión fueron capturados y decapitados.

En 1863, a raíz de la abolición de la esclavitud, los dueños de los esclavos fueron indemnizados, por lo tanto el gobierno pagó 200 fl por cada esclavo, pero para tal fin debían registrar a sus esclavos, el dueño entonces jugaba con su nombre y creaba un apellido para identificar al esclavo… de allí la invención de muchos apellidos.

Cuando los esclavos eran arrancados de sus naciones para ser comercializados no podían conservar sus pertenencias, por lo tanto, no podían mantener consigo sus instrumentos musicales, de allí que con los materiales de trabajo creaban instrumentos para hacer música, por ejemploe, el conocido por Chapi Kymanga o escardilla; utilizaban también calabazas, maderas y otros materiales. Los buques transportaban vinos en barriles los cuales utilizaban para hacer el tambor y cuando dejaron de transportarlos utilizaban madera y construían cajas para tocar. El Tambú era conocido como una canción de protesta, por ello crearon muchos reglamentos que lo prohibieron, sin embargo, sigue siendo importante para nuestra cultura. Asimismo, se pudo apreciar un instrumento musical conocido como Calta Di Orgel, el cual contiene muchos clavos y funciona dando vuelta a la manilla, emitiendo sonidos agradables.

En 1863, se creó un sistema donde los dueños les permitían a los esclavos tomar un pedazo de tierra, que delimitaban cercándolo con piedras y cactus y luego pagaban al dueño por medio de trabajo la tierra que obtenían, no obstante, se les concedían las tierras pero con muchas limitaciones y condiciones, pues estaban propensos a que el ganado de los dueños destrozara sus siembras entre otras cosas. De igual manera se pudo apreciar los yogodó (Djogodó), que eran los depósitos donde los dueños guardaban las cosechas durante dos años, los esclavos imitaban el modelo y construían los suyos más pequeños, con bejucos y hojas de maíz.

El Museo Tula cuenta también con otros espacios llamados almacenes, donde tienen altares, en representación de las casas que existieron y que tenían santos para los difuntos, los ancestros y los santos María Lionza y San Antonio porque eran los santos que esas personas veneraban. Poseen también registros de los 147 esclavos que vivieron allí y con los cuales han establecido comparaciones para conocer todas las familias que vivieron en esta casa. Reconstruyeron el árbol genealógico de las 16 Madres Ancestrales, responsables de 23 nombres de familias. Según las estadísticas reflejan que las parejas contraían matrimonio entre 40 y 46 años.

En los registros que se conservan y según la reconstrucción del árbol genealógico aparece un hombre de nombre Nicolás Van Spransa, quien se presume haya sido hermano de Tula. En tal sentido es necesario continuar con las investigaciones.

Pudimos observar un Manumisio (Carta de Libertad), el cual contenía el nombre de la persona que adquiría la libertad, el del dueño y el valor establecido. Muchas veces los dueños publicaban en periódicos los nombres de los esclavos para aclarar que éstos no podían obtener la libertad bajo esta carta por estar hipotecados.

Otros de los espacios, contiene pendones con demostraciones de siembras para concienciar a los jóvenes para la agricultura, pues es una región muy dependiente del exterior por lo tanto, la agricultura es de vital importancia para asegurar la alimentación. Asimismo, otro de los espacios está destinado a la conservación de los juguetes elaborados por ellos mismos, es decir, volantines, muñecas de trapo, carros de madera, maracas, esto con el propósito de concienciar para que haya socialización y no que nuestros niños y jóvenes estén conectados todo el tiempo a aparatos tecnológicos.

Acotó que el Museo Tula en la actualidad cuenta con una cooperativa integrada por 21 mujeres que elaboran muñecas de trapo y luego las venden. Cuando un hijo de alguna de estas mujeres cumple años, ellas organizan una fiesta educativa, donde relatan cuentos de Nazi, juegan volantín y juegos antiguos. Jeanne Henríquez, afirma que todo esto consiste, en educar sobre la cultura de Curazao con un sistema muy creativo.

Día Lunes 12 Septiembre 2011:

Este era el último día planificado para culminar la II fase del proyecto, se planificó un almuerzo en "Awa di Playa" de origen Sudanés, y donde los participantes del proyecto de Falcón agradecieron por la estadía, atención y ejecución de las actividades realizadas en pro de la consecución de los objetivos del proyecto, las cuales fueron alcanzadas con éxito. Igualmente el comité de la Fundación Stripan agradecieron por esta etapa del proyecto donde se puntualizaron ideas claves para consolidar los objetivos propuestos para ambos pueblos a través de este intercambio cultural. El Dr. René Rosalia hizo entrega de un libro al Sr. Mario Aular Cronista Comunitario del estado Falcón, sobre la cultura de Curazao, igualmente, el comité hizo entrega de un obsequio a toda la delegación de Coro de un símbolo de nuestra cultura como lo es el Tambor.

Planificación y opinión sobre el Intercambio:

❖ La T.S.U. Marelfi Díaz: Agradeció por la atención prestada y por el éxito de las actividades pasadas y resaltó la importancia de involucrar a las comunidades con los proyectos.

❖ La Licda. Yamira Chirinos: Destacó la importancia de los enlaces institucionales para lograr el apoyo y patrocinio para los proyectos de esta índole.

❖ La T.S.U. Milagros Reyes: Manifestó el éxito de la planificación y la programación llevada a cabo para este II encuentro y felicitó al Dr. René Rosalía por el interés de su proyecto y por su aportación que nos permite crecer como persona y como grupo.

❖ El antropólogo Lic. José Millet recalcó que la Fundación Stripan viene realizando un trabajo puntual y preciso, abarcando todos los aspectos. Sin embargo, enfatizó la importancia de contar con el apoyo del poder constituido, y resaltó el beneficio que esto ha traído a las comunidades en Venezuela. Planteó como propuesta para las próximas fases del proyecto, tomar en cuenta los pueblos originarios porque ellos nos dejaron su huella. En tal sentido, es de suma importancia conocer qué pasó con la población de Curazao, su música y su cultura originaria existentes antes de la llegada del conquistador europeo, analizar qué pasó con ellas durante y después del proceso "civilizatorio" a que fueron expuestas a partir de 1492.. Recordó que el tambú vino de África, sería interesante explicar el recorrido de cómo era su cultura, reconstruir la historia y buscarle un espacio dentro del museo para transmitirlo y darlo a conocer a través de un documental.

De igual manera, propuso que para la IV fase, antes de trasladar a la delegación de Coro a Curazao, es necesario llevar una muestra del Tambor: veleño, Cumarebero, de Tucacas, coriano y serrano. Para tal fin, manifestó hacer la propuesta al gobierno para el financiamiento y la autorización de los Ministerios que corresponda. Formuló también que al momento de presentar la muestra, se debe leer una breve reseña de los que se está ejecutando para mayor comprensión de los presentes sobre la historia del tambor, ya que somos una fusión de lo que sucedió en el Caribe y de esta fusión nació el hombre nuevo que lleva a cabo grandes cosas que nos permiten mantenernos unidos e integrados a pesar de las diferencias étnicas. Para organizar la mencionada muestra solicitó apoyo del Consejo Comunal La Guinea I en las personas de Marelfi Díaz y Milagros Reyes.

De igual manera, explicó que para las siguientes fases del proyecto se debe constituir o establecer un equipo interdisciplinario y un protocolo de investigación porque existe mucha inquietud tanto en los habitantes de Curazao como de Curazaíto y de otros municipio del Estado Falcón.

❖ El Sr. Mario Aular ratificó una vez más el compromiso y apoyo para los proyectos que se están ejecutando y los enlaces que se vienen realizando con el propósito de conocer el origen del Barrio Curazaíto. Otro punto importante y fundamental en el proyecto es la parte del Consejo Comunal, con el fin de contribuir al desarrollo de las propuestas de ambos proyectos, donde el motor principal sea el colectivo de investigación, crear al hombre esa conciencia nueva, más humana. El cambio que vive Venezuela en este momento sirve de experiencia para el resto del mundo.

Igualmente, manifestó que existe mucha necesidad de conocer sus raíces, por tal razón es necesario continuar visitando archivos y museos para fortalecer documentalmente el proyecto del origen del Barrio Curazaíto.

❖ Gisell: Trabaja con los jóvenes de Stripan y espera que las relaciones duren de por vida. De su parte este proyecto que comenzó y del cual ella forma parte, por pertenecer a la Directiva de la Fundación Stripan, continuará, porque seguirán trabajando arduamente para alcanzar las metas propuestas.

* ❖ Aisha: La historia es muy interesante y la idea es aprender estas historias y continuar investigando.
* ❖ Indira: El intercambio será muy fructífero, no es fácil pero es muy importante para la fundación y para la comunidad porque es de mucho beneficio para todos y por ello hay que ver el producto final. Felicitó a la fundación por el proyecto y la meta que se trazaron para conocer e integrar a los dos pueblos conociendo sus culturas.

Maureen: Felicitó al Dr. René por el dinamismo para llevar a cabo este proyecto.

milletjb2004@yahoo.com

Folleto 3

Alí Pimera

Cronología de su vida y discografía.

Padre cantor de Venezuela

Autor: José Millet

Ediciones Fundación Casa del Caribe, Los Teques, Estado Miranda, 2016
@ 2016, Ediciones Fundación Casa del Caribe, Registro Público del Municipio Miranda, Estado Falcón, con el Número 34, folio 145, del 19 de agosto del 2010.
Impreso en
Todos los derechos reservados. Prohibida la reproducción parcial o total de esta obra, por ningún tipo de medios, incluidos los digitales, sin el permiso escrito de su autor.

Millet Batista, José. Cuba, 1949- (Autor)
Alí Pimera, cronología de su vida y discografía.Padre cantor de Venezuela

Con la colaboración de Antonia "La Negra" Primera Rossell y su hijo Wilfredo Petit; Mireya Padilla Rossell; Héctor Hidaldo Quero; Porfirio "Pillo" y Wilmer Peraza; Mario Aular Chirinos; Enzio Provenzano; Oscar Lázaro; P. Eduardo Concepción, entre otros.

Libro electrónico
Número de Depósito legal: 2016000363
IBSN:

Incluye Bibliografía
1.- Venezuela-Música
3.- Alí Primera- Biografía
4.- Coro-Cultura
5.- Venezuela-Historia, 1941-2916
I.- Millet, José   II.- Título

Nota del autor-editor:

Ofrezco el texto del prólogo que redacté para la edición de mi libro Alí Primera, biografía documentada y testimonial, este año publicada por la Editorial El Perro y la rana, en soporte digital, en cuyo portal puede ser bajada libre y gratuitamente. De mi libro fueron suprimidos todos los textos que yo había inlcuido en mi obra original, de personas entrañables a quines conocí y compartí alegrías y sueños, como Sobeyda Jiménez La Muñequera; del Dr. León Calles; de Eudes Navas y hasta de Sol Mussete…Pero, luego de haberlo introducido en la Editorial del IPASME que finalmente no lo imprimió como era mi deseo para que llegara al pueblo, mi libro lo publiqué en varios sitios de internet, para que no se "quedara en eso." Lamentablemente, las fotos y textos auógrafos—oiriginales e inéditos-- que descrubrí en Cuba, fueron inlcuidos en un folleto que se imprimió en la Imprenta Omar Hurtado de Coro, pero no han sido incluidas en ninguno de mis libros publicados en soporte impreso. Tampoco los puedo inlcuir en la obra que tiene el lector en su vista—en soporte digital—y queda a la espera de una próxima entrega.
Los Teques, Estado Miranda, octubre 10, 2016.

Alí Primera, biografía documentada y testimonial.

José Millet

¿Un cubano el biógrafo de Alí Primera?
"Tengo una sola religión: la libertad." José Martí

El pasado día miércoles 20 de mayo, mi libro Alí Primera, Padre Cantor del Pueblo corrió la suerte de ser comentado en el artículo "La lista negra de Chávez", a la firma de la periodista Marianella Salazar, columnista del diario venezolano reaccionario El Nacional. Por él supe que este modesto aporte intelectual nuestro forma parte de las obras que se distribuyen para hacer realidad el Plan Nacional de Lectura, lanzado públicamente hace poco por el Comandante Hugo Chávez Frías, uno de los promotores del libro y su lectura más eficaces que he conocido, por ser él mismo modelo de voraz y crítico lector. De modo que resulta un alto honor poder contribuir con algo a este noble empeño de lograr convertir al venezolano en uno de los pueblos más cultos del planeta, anclado en el nivel alcanzado, primero mediante la campaña de alfabetización y, luego, las misiones educativas, programas ambos que han alcanzado reconocimiento internacional y hasta elogios de gente que no es precisamente "bolivariana" ni mucho menos "roja rojita." Prometo hacer un tiempo para ofrecer pruebas de mi vinculación con la Patria de Bolívar, la cual se remonta a tiempos que anteceden al actual proceso de transformaciones radicales, en todos los órdenes de la vida de la sociedad venezolana, que arrancó con pies firmes en el año 1999 con la actual Constitución de la República Bolivariana de Venezuela y se enrumbó con "viento en popa y a toda vela "con el acceso al poder precisamente de Chávez, en el 2000. Aclaro que no estoy en la "lista de Chávez" debido a ser uno de los enviados por alguna autoridad tipo Dios Supremo a hacer lo que estoy haciendo, ni asalariado de nada ni de nadie, sino porque desde que era apenas un niño de 13 años de edad asumí el compromiso con mi pueblo caribeño inmerso en una revolución campesina, adeudo que se fue extendiendo al de otros pueblos oprimidos del mundo hasta llegar al de este bello país en que resido como uno más de sus hijos. Estoy aquí, al pie del cañón, al lado de esta revolución bolivariana por mandato absoluto de mis sentimientos hacia Venezuela y siguiendo los dictámenes de mi conciencia, en la cual palpitan las palabras del Apóstol Martí que acuñó el concepto de Nuestra América, sintetizada en la expresión de que desde el río Bravo a la Patagonia no hay más que un solo pueblo.

Me veo obligado, no obstante, a ofrecer algunos datos para que, quienes lean la presente obra, sepan de dónde salió mi relación con Alí y por qué he tomado como una responsabilidad de honor aportar todo lo que esté a mi alcance a que Alí tenga su biografía veraz y oportuna, la cual, como mi libro comentado arriba y este otro, están a la orden para que sean puestos al alcance de todo el mundo y explicados por quienes los escribimos en el sitio y fecha en que nos lo pidan las comunidades y escuelas del país, sus destinatarios principales.

El presente libro no hubiera sido posible sin la entrañable amistad establecida con Carmen Antonia Primera Rossell, "La Negra", como cariñosamente le llamaba Alí en sus cartas y postales enviadas desde Europa. Esta relación se remonta a principios de los años noventa, cuando llegué a Barquisimeto cumplimentando una invitación de quien luego sería una de mis cuñadas y de la profesora Judith Guanipa, a quienes había conocido en una edición del Festival del Caribe realizada en Santiago de Cuba, en la cual habían presentado una ponencia acerca del tema de María Lionza, que ellas venían investigando en Yaracuy como parte de un trabajo de grado. En realidad, la primera vez que visité su casa en Cabudare no fue tras las huellas del más grande trovador revolucionario nacido en Venezuela, sino motivado por un plante de la Religión Yoruba al que habían asistido varios babalawos venezolanos que me habían invitado en mi condición de antropólogo especializado en el estudio de las religiones afrocubanas y del espiritismo en el Caribe. El hecho de haberme encontrado allí con su hijo Wilfredo Petit, lo dejo como asunto para una interpretación de quien lea lo que ahorita aquí escribo, porque a él lo conocería años más tarde por la referencia frecuente en la mencionada correspondencia familiar de Ali, hasta terminar por incorporarlo como un símbolo que, en su condición de referente iluminador, lo sitúa como que trasciende la relación de los numerosos familiares sencillos y creadores musicales del cantor paraguanero.

El amor por una muchacha nacida en los campos petroleros de Paraguaná, me hizo presente en Barquisimeto con cierta frecuencia, donde ella vivía con sus padres ,Diosa Montero, nacida en el simbólico poblado serrano Cabure y Juan José Acosta Bello, coriano "rajao" del barrio Pantano, fundador de la Casa de Falcón en Lara, en la cual cantó Alí Primera. Mi condición de escritor me condujo a trabar también una relación de camaradería con varios entrañables creadores artísticos, entre quienes destaco al poeta Wilmer Peraza Gutiérrez, promotor de la cultura popular de su comunidad a través de la incansable y constante labor realizada desde su querido Centro para la Cultura Popular "Guachirongo". Describo en uno de los artículos publicados en Internet cómo Wilmer conoció a Alí y compartieron con él debajo de un cují, vivo testigo que todavía permanece insomne pero henchido de recuerdos, en el patio de su casa familiar. Cierto día, hojeando un catálogo de una exposición de fotos hechas por su hermano, el fotógrafo y docente Porfirio "Pillo" Peraza, con texto del cantante Jesús El Gordo Páez , me adentré un poco en la vida del autor de "Techos de Cartón" y, al escuchar el cariño con el que hablaban ambos hermanos acerca de Alí, empecé a escuchar su música de un modo distinto y nació en mí el deseo de contribuir a difundirlo en mi "país natal", una isla en el Caribe donde descubrí, mucho más tarde, que él había estado a fines del año 1977.

El resto fueron cosas del azar, más propias de mi sustancia de pertinaz ser itinerante y andariego por los caminos del mundo y mi inquietud por conocer vidas y pueblos del planeta. En el 2004 abrimos el local contiguo a "Guachirongo" y, durante varios meses del año 2005, me dediqué a organizar la documentación acopiada durante muchos años por "Pillo" y atesorada en la Asociación Cultural Canción Bolivariana Alí Primera, empeñada en organizar otra edición del Festival Internacional de la Canción Bolivariana ese mismo año. Los hermanos Peraza me insistieron en producir un libro para promover el pensamiento político de Alí, pero yo, aficionado a la construcción y a la reconstrucción de "historias de vida", insistí en la necesidad de dar a conocer—sobre todo entre niños, adolescentes y jóvenes—los aspectos esenciales de su meteórico, intenso y brillante paso por el planeta Tierra. De allí nació el libro, editado por ellos en Barquisimeto, que lleva por título Alí Primera, entre la rabia y la ternura (2005), donde se incluyeron textos de ambos, del profesor Víctor Ramírez y de mi persona, además de una cronología comentada que dejé hecha antes de regresar a Cuba como parte de la biografía de Alí que ya tenía en mente, con la intención expresa de enriquecer y ordenar mejor la presentada en el catálogo de la exposición arriba mencionada. De regreso en Cuba, continué la indagación y descubrí una valiosa documentación, original y autógrafa, que di a conocer primero en Internet y luego publiqué en exclusiva en la revista impresa OIKOS (número 4, 2006), del Instituto de Cultura del Estado Falcón (INCUDEF), perteneciente a la Gobernación Bolivariana presidida entonces por el Lic. Jesús Montilla Montilla, y con la gerencia del poeta Simón Petit, quien me había juramentado como Jefe de su Centro de Investigaciones Socioculturales recién fundado e incluido en las modificaciones de la ley que creó este ente público. Tanto el artículo, con el título "Ali Primera en Cuba", como los documentos, originales autógrafos e inéditos, encontrados por mí en los archivos de la Presidencia de Casa de las Américas de La Habana, han sido incluidos en el presente libro.

Aquella larga estancia en la "ciudad de los crepúsculos" y capital del Estado Lara, me permitió entrevistar a numerosos cantantes, cultores populares y gente que se relacionó con Alí Primera en diversos escenarios y circunstancias, siempre pensando en mi aporte en la reconstrucción de su biografía, parte principal de la cual incluyo aquí en su versión escrita. Así fue como grabamos el testimonio del cantautor Carlos Ruiz, del periodista Ciro Alzola, el locutor chileno Jorge Ricardo Cisterna, del docente Pillo Peraza y de su hermano, el animador cultural y poeta Wilmer. A pesar de estar residenciado en Cabudare, al Jesús "El Gordo" Páez lo entrevisté mucho tiempo después en Punto Fijo, en ocasión de una de sus memorables actuaciones realizadas en la Península de Paraguaná. Debo reconocer la invaluable participación de la profesora María Eugenia Acosta Montero en todo este proceso, que incluyó la participación en el trabajo de investigación de campo, la transcripción y el tipeo de todas estas entrevistas, las cuales nos han servido para orientar desde entonces nuestra meta de escribir un libro acerca de la vida, la obra, la ideas y el carácter de Alí. A ella y a toda su familia les estoy infinitamente agradecido por su apoyo irrestricto porque, dicho sea bien "claro y raspao" por éste ni por ninguno de los innumerables trabajos de organización y promoción de la cultura venezolana y de sus figuras emblemáticas, quien suscribe percibió un centavo a cambio, menos tratándose del Padre Cantor de la Patria Venezolana cuyo espíritu me trajo esta vez a la tierra rebelde y creadora   de   Bolívar.

A ratos escapaba a Cabudare para visitar a La Negra, a quien pude entrevistar largamente en su casa, en presencia de sus familiares y, en ciertas ocasiones, del propio Wilfredo Petit y de Pillo. En una de ellas, me llevó a su cuarto y me sacó la maleta donde atesoraba importantes objetos y documentos de y relacionados con Alí, con la petición expresa de que los viera y nunca escribiera nada acerca de lo que me iba a confesar. Esa petición ha sido cumplida por mí con el respeto que me merecen Alí y absolutamente cada uno de los miembros de su familia, en primer término de La Negra. Cuando ella viajó a Santiago de Cuba en compañía de su hija para participar en el Festival del Caribe, dedicado a Venezuela y a Alí, varias personas se le acercaron a ella para proponerle que publicáramos en Cuba algún documento, como la cronología comentada que aparece en el libro mencionado recién salido de la imprenta de Barquisimeto, que permitiera al pueblo cubano conocer mejor a su hermano en toda su dimensión para poderlo apreciar, musicalmente hablando, del modo en que ella lo había presentado en su amena charla en la Casa de Venezuela recién inaugurada en la Ciudad Héroe de la República de Cuba, cuna del Titán de Bronce Antonio Maceo. Ella invariablemente me manifestaba la necesidad de que la documentación inédita, compuesta por originales autógrafos, que habían depositado ella, Sol Mussett y otras gentes en nuestras manos, fuese publicada cuanto antes para llenar tan lamentable vacío dentro y fuera de Venezuela.

Cuando ocasión de las actividades del Centro nacional de la Diversidad cultural, en el año 2006 preparamos en INCUDEF la exposición itinerante, bautizada por la Licenciada Nora Lobo con el nombre "Alí Primera, una vida en imágenes", no nos guiaba otra cosa que cumplir con la promesa que le hiciéramos a La Negra Primera, quien falleció mientras continuábamos en nuestro empeño de contribuir en algo a su pedido y, muy especialmente, en dar respuesta a la necesidad de que la mayoría de la gente tenga acceso a tan valiosa documentación y testimonios, enriquecida ahora con recientes documentos donados por la cantante Sol Musset, viuda del cantautor. Ha sido impactante disponer del acta de nacimiento de Alí, en la cual precisamos la fecha exacta y el sitio de su nacimiento y la edad que declaran tener sus progenitores ante los testigos que acuden al acto de presentación ante el Prefecto. También lo ha sido el acta de matrimonio con la propia cantante Sol y las copias de su cartilla militar y dos de sus pasaportes, en los cuales nos ha sido posible indagar acerca de los controles migratorios y sus viajes al exterior, no siempre suficientemente precisados.

Dada la habitual ansiedad con que manejo los asuntos importantes en que me involucro y, en ocasiones, debido a la dificultad por ver impresos en el tiempo deseado los hallazgos de nuestras indagaciones, he ido publicando algunos avances en internet, comenzando por las páginas de la revista digital Caribenet, cuya directora es mi entrañable amiga italiana Mariella Moresco Fornassier y de la cual fui con ella fundador y Jefe de redacción, así como también en la revista digital Encontrarte (www.aporrea.org) y en el sitio **www.archivocubano.org**, que edita el antropólogo Carlo Nobili desde Roma. Parte de la exposición Alí Primera, una vida en imágenes y uno de mis artículos fueron colocada en el sitio web de www.aporrea.org y otros escritos por mí en forma de libro digital en el importante sitio para la educación www.monografías.com, a cuyos editores agradezco expresamente su disposición de darlos a conocer fuera de nuestras fronteras nacionales y aun de Latinoamérica, como amablemente se ha dispuesto a hacerlo en estos momentos el importante sitio www.lycos.com, con links que conectan, muy eficazmente, a los interesados en estos temas.

Muchos municipios de nuestro Estado Falcón, estudiantes, profesores y gente interesada en la cultura los ha podido ver, apreciar y leer gracias a nuestro empeño de hacer de la comunicación social una de las vías más eficaces para divulgar y promover los resultados de nuestros estudios e indagaciones llevados adelante desde el Centro de Investigaciones Socioculturales del Instituto de Cultura del Estado Falcón INCUDEF) a través de diversas vías y medios, como los del mundo digital. He dicho en público, en numerosos escenarios, lo que ahora reitero: que nuestro Atlas Etnográfico Cultural del Estado Falcón-Venezuela y el Caribe no será verdad hasta que no lo veamos en manos de cada niño de nuestra región, luego de haber pasado por las de los docentes, que tienen el raro privilegio de convertirse en vivos modelos que siguen a pie juntillas sus educandos, a veces de forma más eficaz que los que ofrecen sus padres en materia de la motivación y el interés que orientarán su atención y conducta hacia asuntos a tomar en cuenta no sólo en sus estudios, sino incluso en sus vidas.

Desde nuestro Instituto de Cultura del Estado Falcón, el que enrumba con muy buen viento en la proa gracias al timón diestro del poeta Simón Petit y, ahorita, apoyándonos en la especial sensibilidad mostrada hacia la cultura por la Gobernadora del Estado, la licenciada Stella Lugo de Montilla, estamos trabajando para que este sueño se haga realidad, ya sea mediante algunas de las numerosas modalidades que ofrecen las modernas tecnologías de la información—como un multimedia-- o en soportes impresos. Lo ideal sería que lo lográsemos ajustados a los requerimientos de la didáctica, para lo cual se requiere del aporte de los pedagogos, en particular de aquellos profesores imbuidos en el espíritu de Simón Rodríguez, es decir, enfocados a la educación en la Naturaleza y adiestrados en el complejo arte o trabajo con los niños, como lo han hecho con excelentes resultados artífices de la dimensión de la Santa Sobeyda de las Muñecas de Trapo, en su extenso peregrinar por el mundo y, también mediante el juego, el artesano Pedrito Amaya con sus juguetes de madera y su Taller de Ingenio ne la modalidad de una ludoteca , por citar dos ejemplos cercanos que me han impactado e iluminado con sus creaciones vivenciales, en comunidades y escenarios disímiles. Ambos han demostrado las enormes posibilidades que ofrece el juego para instalar los mejores y más auténticos valores creados por el pueblo en el ámbito de sus tradiciones culturales y artes creadores, entre las que hay que incluir los saberes ancestrales, el pensamiento científico y las tecnologías populares, de los cuales tenemos el raro privilegio de contar con exponentes de talla mundial en nuestra región falconiana, como el cabureño Ibrahim López García.

Alí, con su vida sencilla y honesta, sembró en mi corazón un pequeño arbolito que ya tenía sus raíces antes de que él se me presentara en el camino: el amor por el pueblo venezolano y la espiritualidad muy acentuada que lo caracteriza. Sin amor por el terreno donde uno nació, no se es nadie ni se emprende nada que valga la pena en la vida. Eso lo aprendimos en el libro Herido de Vida, del poeta Héctor Hidalgo Quero, quien como nadie entre los intelectuales venezolanos me enseñó a entender a Alí, el significado de su canción y la dimensión universal de su talento, afincado en la tierra de Paraguaná, a pesar de haber nacido en Coro. En clara señal de gratitud, reconozco aquí el impulso inicial que me dieron en cuanto a sentimiento y admiración por Alí los dos hermanos guaros mencionados, Pillo a la cabeza de ellos, y este otro último estímulo recibido de tanta gente admirable aquí en el Estado Falcón, entre quienes resulta obligado mencionar al poeta y pintor Benito José Mieses, director de la Plataforma del Ministerio de la Cultura en la región.

Gracias a esta atmósfera de inspiración y estímulo de que me he visto rodeado en Coro y en Falcón, he continuado la labor de investigación de campo que nos ha permitido dar a conocer aspectos desconocidos de la obra y la vida de Alí, como los ofrecidos primero en mi libro Biografía ilustrada y testimonial de Alí Primera, aparecida en varios sitios de internet, como en monografías.comen la revista digital Encontrarte ; en mi

sistema de blog: (**http://www.blogger.com/home?pli=1&pli=1**) y hace poco en la página web dedicada a Alí: (**http://sites.google.com/site/atlasdelestadofalcon/Home/ali-primera-biografia-por-jose-millet**) perteneciente al sitio web dedicado a nuestro Atlas Etnográfico. Todo lo anterior lo resumí, muy especialmente, en mi libro Alí Primera, Padre
cantor del Pueblo (2008), editado e impreso por Ediciones de la Presidencia de la República, perteneciente al Ministerio del Poder Popular del Despacho de la Presidencia, con sede en el Palacio de Miraflores. Salvo que, imperdonablemente, no incluí la documentación referida, este último libro resulta el esfuerzo y plasmación más coherente y consistente para proporcionar una biografía de Alí Primera.

A este último noble empeño me he aplicado durante estos últimos cuatro años que llevo --de manera ininterrumpida-- en la Curiana ciudad " de bandera y misa", junto con los miembros del equipo de estudio de nuestro Centro de Investigaciones Socioculturales que fundé, entre quienes sobresale el compositor musical y escritor Pedro Eduardo Concepción Martínez, coautor de la investigación de campo y documental, en ese período de tiempo, entre cuyos resultados surgió su "Entrevista imaginaria", que junto con otros textos sustancian notablemente la presente obra que tenemos el honor de ver publicada por el Fondo Editorial del Instituto de Previsión y Asistencia Social del Ministerio de Educación (IPASME), que dirige el Lic. José Gregorio Linares. En justicia muchas otras personas han contribuido a que la misma haya alcanzado el cuerpo que hoy podemos poner a disposición del lector venezolano y, a través de internet, el de cualquier sitio del planeta: el cantautor Orángel Lugo nos ofreció valiosa información y el poeta Simón Petit, ambos conocedores de la vida de Alí en tanto cantaron con y se relacionaron con él, también nos dio acceso a fotos que incluimos en ella.

Otro granito de arena fue aportado por el incansable Mario Aular, cronista del barrio coriano Curazaito y La Guinea, quien nos ayudó a localizar la tumba de Antonio Primera, padre de Alí, la que muchos de los familiares de Balikia ubicaban en su natal Paraguaná. Los resultados de su acuciosa investigación de archivo echa por tierra mucho de lo escrito por prestigiosas personalidades del mundo intelectual acerca de la muerte del padre de Alí y es, para mí, el ejemplo más elocuente de que lo que está produciendo esta Revolución bolivariana en materia de desencadenar el talento y el trabajo creador de humildes ciudadanos de nuestro pueblo. Hemos incluido aquí los documentos encontrados por él en torno a las personas y a las circunstancias que se relacionaron con su muerte trágica a manos de uno de los reclusos de la Cárcel de Coro. Ha sido, asimismo, importante lo aportado por José Montecano en la identificación de personas que aparecen en algunas de las fotos y también la de su hermana Mireya Padilla Rossell, quien nos abrió las

puertas del hoy Museo Alí Primera, inaugurado en los terrenos del patio de la casa de Carmen Adela, donde se atesoran valiosos documentos y objetos, algunos de los cuales resultan de consulta obligada para quienes nos interesamos por reconstruir el árbol genealógico de la familia Primera-Padilla-Rossell, en primera instancia, para luego continuar haciéndolo con el resto de las familias con que se vinculó en orden de parentesco el genial trovador paraguanero.

No menos importante fue el testimonio o fe de vida y los aportes de otros familiares, vecinos de Coro y de otros sitios de la geografía aliprimeriana, a quienes queremos aquí agradecer su colaboración. Consignamos los nombres de María Magdalena Rossell, de su hija y de William Rossell El Abuelo, primos de Alí, y de la señora Paula Ramona Sánchez, de 84 años, vecina frente con frente de Carmen Adela, durante su estancia en este emblemático asentamiento del Gran Diao Manaure llamado Curiana, considerado por algunos reputados intelectuales como Primado de Suramérica y hoy incluido en su Lista de sitios que ostentan la condición de Patrimonio de la Humanidad por la UNESCO.

Motivada por sus estudios, desde Inglaterra viajó a Santiago de Cuba, donde yo residía, la británica Dashell Hersh, joven estudiante de Etnomusicología, a conocer a "el cubano" interesado y entregado al estudio de Alí Primera. Por sugerencia mía, visitó Falcón y me envió desde su país natal la copia en CD del fonograma De una vez, producido por una casa disquera de Alemania, durante el ciclo europeo del Cantor del Pueblo Venezolano, acompañado de sus respectivas carátulas, también incluidas aquí. Y a Santiago regresó a participar, en el 2005, en el Festival del Caribe dedicado a Venezuela y a Alí, donde presentamos con los guaros nuestro libro Entre la rabia y la ternura, con la presencia de los Ministros de cultura de ambos países, Farruco Sexto y Abel Prieto, del entonces embajador de la República Bolivariana de Venezuela en la República de Cuba, profesor Adam Chávez Frías y de la querida hermana Carmen Antonia La Negra Primera y de su hija Analy.

Para darle continuidad a la decisión de que en cada producción derivada del Atlas, y del Atlas mismo en su conjunto, participen la mayor cantidad de colaboradores posibles tanto del mundo académico como de las comunidades vinculadas a cada uno de los temas tratados en ellos, editamos e incluimos aquí los trabajos de varias personas vinculadas de una u otra forma a Alí, en vida o después de su siembra, como el folleto Lloviznas del Turupial, del poeta y cronista de Carirubana Guillermo de León Calles; fragmentos del libro Herido de vida, ya comentado; la crónica "Carmen Adela", del libro póstumo Entre coriano te veas, del escritor, pintor y músico Eudes Navas Soto, de quien incluimos aquí otros textos inéditos gracias a la gentileza de su esposa Lilia Josefina Camacho y de su hijo Eudes Navas Camacho; un texto escrito por Sol Musset y el testimonio de Sobeyda Jiménez, "La Muñequera", a quien el cantautor le dedicara una canción.

Sé que se nos escapan muchos nombres en los créditos colocados en algún sitio del presente Cuaderno de Avances del Atlas, pero la urgencia de que entren en imprenta nos permitirá el debido descargo. Ya saben que esta obra se la dedicamos al "vientre sonoro de Carmen Adela", La Parlamentaria, tal y como nos lo pidió ese otro poeta inconmensurable que se llamó su hijo mayor, el finado Asisclo Primera Rossell.

Lic. José Millet

Alí Primera en su órbita vital y creadora

Por José Millet

1.	Órbita vital comentada de Alí Primera

2.	Alí en su Diversidad Universal

A Carmen Adela, de este otro hijo, allende el vientre sonoro Caribe...

Estación de esperanza: Un pabellón anuncia en Coro: "Aquí nació Alí Primera." Se siente la emoción y el orgullo de ser cuna de tan insigne poeta. Una canción abarca la geografía toda de su país entrañable. El la condensa en un puño levantado con un clavel rojo. En este patio dio sus primeros pasos, junto al padre soldado que moriría pronto y a su madre que le enseñó el camino que debería recorrer sin detenerse, con la mirada puesta en el futuro y en la esperanza.

Estación del desguarnecido…espigado: Paraguaná, la de las lluvias que no llegan para apagar la sed y sentimental suelo en que sembró su corazón. En aquel paisaje desértico de San José de Cocodite sus pies descalzos palparon mejor la pobreza. Junto a sus hermanos y un borrico; a recorrer el campo árido, donde se anidan aquellos pájaros y las flores que se quedarán definitivamente en su verso. Allí brotó el rezo a la abuela Mama Pancha, de cuyas manos nacerán todos los niños de la patria. De la playa donde los gringos hacían lustrar sus botas al Alma Máter caraqueña, que afila su pensamiento. La policía en la Universidad: el panfleto político en sus manos y la cárcel, de la que germinará el canto revolucionario, sí, más radical: "Humanidad". La guitarra romántica no se cuelga, es que el cuatro rebelde le va a acompañar en su viaje de estudios por Europa. En aquellos países fríos nace el artista que vivirá por un arte: despertar a su pueblo. "Venezuela" y "De una vez", discos que vieron la luz en Alemania, a los que se unirán sus dos primeras niñas de genética nórdica, pero de alma venezolana:"Marimba" (María Angélica) y "Chimpi" (María Fernanda). Nuevamente la luz lo descubre en su canción solidaria: aquí al lado de los decimistas de la sierra movilizando a todos para defender el Cerro Galicia que quiere herirlo el dinero desalmado; allá, para denunciar la agresión al lago Maracaibo…Al lado de los pueblos que luchan en el planeta por su liberación sintetizados por el Tío Ho, Tamara Bunker y el Che. Caminando van brotando otras ramas de su cuerpo amoroso: Jorgito, y los hijos con Sol, cuyos nombres reflejan su militante pupila: Sandino, Servando, Florentino y Juan Simón.

Estación postrera, el accidente que es la vida: su regreso al Coro natal y nuevamente a Paraguaná, resumen de la tragedia de su pueblo: el chorro de humo negro hiriendo el color limpio del cielo; las transnacionales robándole a Venezuela el petróleo; los viejos pescadores alejados de sus peces; las mayorías hundiéndose en la miseria…Pero el puño levantado en alto con la ternura de su flor. El poeta no cambió de paisaje, sino que el paisaje ya no es el mismo: el chivo se volvió montaraz y echó al gringo de su corral; el petróleo ahora es de Venezuela y el canto del hijo del campo paraguanero ahora se escucha más alto que nunca. La sencillez con que siempre había vivido y soñado: el corazón vibrando en la tierra donde fue sembrado, junto al gallito rojo y las flores ensortijadas en su cabello rebelde. Un nombre, un solo nombre escrito por el pueblo para prolongar en el recuerdo y en el quehacer cotidiano a quien entregó lo mejor de sí para ser más libre y más pleno al ser humano.

José   Millet
Coro, julio 6 de 2006 a Marzo 14. 2008.-

I.- Orbita vital comentada de Alí Primera.-
1.- El 31 de octubre de 1941 nació un niño en el hospital de Maternidad Oscar Chapman de la ciudad de Coro, la de las casas de barro, de calles con piso de adoquines y con otros méritos que la hicieron merecedora del título de Patrimonio de la Humanidad, otorgado por la UNESCO, compartido con el famoso Puerto de La Vela, punto de desembarco de Francisco de Miranda. Le pusieron por nombre Alí Rafael, pero todo el mundo lo llamó siempre Alí.

2. Aquel niño era el hijo número siete del matrimonio de Carmen Adela Rosell y Antonio Isidro Primera, venidos de la Península de Paraguaná huyéndole a la sequía y a las penurias propias de una familia pobre.

3.- Alí tenía apenas tres años cuando muere su padre, quien era un hombre sensible: "uno de esos policías que animaban a los presos para que le hicieran juguetes de madera a sus hijos".

4.-Los miembros de su familia tienen que regresar a Paraguaná, donde viven en San José de Cocodite, sitio de alto simbolismo asociado al horcón mayor: la abuela materna Mama Chayo, fallecida en 1973 a los ciento seis años. Allí la familia se unifica ante las difíciles condiciones que la rodea y que hace necesaria que cada uno de sus miembros asuma alguna responsabilidad, comparta la carga. La solidaridad es hija de la pobreza.

5.- La suya era una familia de madera dura, cortada de un tronco donde se habían distinguido personas vinculadas a las guerras por la independencia de Venezuela. Su madre, Carmen Adela, era de semejante reciedumbre de aquel árbol.

6.- Sus allegados sanguíneos eran pues gente fuerte de carácter y espíritu forjado en la lucha con una tierra árida encima de la cual levantaban sus gajos espinosos, desafiantes al viento, las plantas donde anidaban pajarillos alegres y cantores.

7.- La madre accede a que el pequeño Alí se vaya a vivir con un pariente a un sitio nombrado El Milagro, cercano a los Taques. El niño Alí entra en contacto vivificante con el desierto de Paraguaná, con su vegetación xerófita de tunas, espinos, el jabo, el didive y donde el turpial, el cardenal, los gonzalitos, los chuchubes, chirritos, torcazas y guachas construían sus nidos y ensueños.

8.- La naturaleza curte la piel y el carácter del niño, que aprendió a arrear los chivos y a cortar y a cargar la leña necesaria para el fogón, mientras su vista se extasiaba en el paisaje, con horizontes infinitos y el mar como telón de fondo. Su espiga es de campesino y con los hombres de campo aprendió mucho de la vida.

9.-La madre vuelve a casarse y los hijos suman ahora diez, la mitad nacidos con la asistencia de la abuela paterna Mama Pancha, "partera y rezadora", a quien le dedicará el cantor Alí una de sus más tiernas canciones. Ella es la encargada de darle acabado al temperamento sensible de Alí, de terminar de forjar su espiritualidad y de sembrar valores, como el arraigo al terruño, al habla y a la sabiduría de la gente sencilla del pueblo ("La Mama Pancha había dicho que era varón, y fue varón Juan Simón").Aquellos principios sembrados en el niño, acompañarán siempre a Alí.

10.- Aquellas aventuras tenían lugar en un ámbito asociado a la escasez material y se imantaban de un encanto favorecido por el contacto con el terruño familiar, animales y árboles que se mecerán luego en el pecho del adolescente. Esto puede resumirse en el pasaje de Alí junto a sus hermanos a lomo del burrito "Tatico" o del pollino "Guarapo" rumbo a Caradacagua, a que don Benjamín Sierralta, el dueño de la tiendita en que hacían las compras o pedían el "fiao". El revoletear de los pájaros, el olor a tierra húmeda y el viento juguetón que estremece las plantas se convierten en paseo que ayudan a acomodar en la mente imágenes que luego serán plasmadas en las canciones del juglar falconiano.

11.- Paraguaná es la geografía donde la pies descalzos del niño Alí van hundiéndose para dejar la huella de su paso por la tierra: San José, Caja de Agua, El Pizarral y, de repente, Las Piedras, con sus pescadores que le enseñan el lenguaje del mar y del trabajo fatigoso del oficio de la pesca echa a mano, con medios elementales fruto de la tradición.

12.- Nuevamente las urgencias que impone una familia pobre obligan a Alí al ejercicio de ocupaciones como las de lustrar zapatos, cargar agua, vender dulces y lavar carros. En la conciencia de un niño dispuesto para el juego y el estudio, no para el trabajo, esto dejará una huella en el alma que luego se reflejará en el canto.

13.- El futuro artista tropieza con otro menester que será como el símbolo de su vocación de luchador: el de boxear, en cierta ocasión en un ensogado dirigido por un boxeador profesional apodado Kid Cataluña, según unos y, según otros, a manera de infantil pasatiempo, cuando lo hace con uno de sus hermanos en la playa.

14.- La situación familiar le impide comenzar el aprendizaje siguiendo el camino de un estudiante normal: aprende a leer con la monja que era su madrina de confirmación y escucha lecciones desde la puerta en una escuela de adultos con un señor funcionario de la Aduana de Las Piedras, quien impartía clases nocturnas a los pescadores. Cuando logra entrar en la escuela primaria, se gana el derecho de ingresar en el cuarto grado por lo mucho que sabia gracias a su tesón, inteligencia y dedicación autodidacta. Alí había tenido antes en el seno familiar por maestros a gente muy valiosa, como su hermano Asiclo, poeta natural como él.

15.- Concluye sus estudios iniciales o básicos en Caja de Agua en la escuela "Diego Ibarra" y, hasta su entrada a la Universidad, se destacará por su aplicación y alto rendimiento, honrando la educación recibida de parte de su familia y sobreponiéndose a las difíciles condiciones en que ella se desarrollaba en aquel tiempo de pena y pobreza generalizadas.

16.- Para concluir sus estudios secundarios, Alí llega a Caracas donde se respira la mezcla la atmósfera de los cambios que recorren a América Latina. Comienza la década de los sesenta, es tiempo de guerrilla y de rebeldías estudiantiles.

17.- También baten aires de diversos tipos de música; junto a la tradicional, se escuchan el rock and roll, los Beatles, Bob Dylan, la llamada "canción protesta" o de crítica social que reverbera en Cuba y se extiende a otros países.

18.- Se gradúa de bachiller en ciencias en el Liceo Caracas en 1963.

19.- Apenas concluido este nivel de estudio, de pronto se producirá el contacto de Alí con el mundo de los estudiantes universitarios, con quienes comparte su afición por la música y el canto, que en ese entonces el joven paraguanero lo concebía como pura romántica.

20.- En 1965, Alí ingresa en el área de Ciencias de la Universidad Central de Venezuela para estudiar Química, donde permanecerá hasta 1972, según su propia certificación personal. Entonces se hacía acompañar con su guitarra para cantar casi exclusivamente canciones románticas, ajustado a que concebía la música como entretenimiento, algo para "dar serenatas", para parrandear y alegrarse entre sus compañeros de estudios.

21.- Para esa época la policía allana el recinto universitario cada vez que se lo ordenan y, justamente, en el año (1967) del asesinato del Che en Bolivia, Alí es apresado junto a varios de sus compañeros y va a dar a las mazmorras de la DIGEPOL, donde sufre torturas y vejámenes hasta que lo liberan treinta y siete días después.

22.- El bautizo en la cárcel lo fortalece en sus valores y convicciones: allí escribe su primera canción, Humanidad, en la que ya el paisaje no es el protagonista, sino el hombre que sufre y se rebela enérgicamente frente a la injusticia social y la opresión. Nace el cantor revolucionario que ya no se apartará más de la guitarra como el mejor medio para contribuir a redimir a su pueblo.

23.- Ese mismo año de 1967 marca un viraje en su encuentro consigo mismo como creador. En lo adelante, el reconocerse como creador hará que su poesía vaya buscando un lugar esencial en su vida, al lado de cualquier otro tipo de inquietud social o política. Para entonces escribe la canción No basta rezar que interpreta en Mérida durante el Festival de la Canción Protesta organizado por la Universidad de Los Andes. En esa primera interpretación, el cantautor levanta de sus asientos a los asistentes, quienes confirman la calidad de la obra musical y del propio Alí como ser humano, que la canta con un éxito tan rotundo que lo convierte en un cantor que empieza, eso sí, cuesta arriba, a andar, sin proponérselo, el camino de la fama.

24.- Se gana la simpatía de los estudiantes que, a partir de ese momento, se convertirán en su público favorito, del cual ya no lo separará sino el imponderable inevitable de la muerte al final de su breve pero intensa trayectoria vital. A partir de ese preciso instante, caracteriza los espacios donde está presente el pueblo como los únicos en que se presentará con su canción de crítica al régimen.

25.- Las ideas del nuevo cantor se radicalizan y lo llevan a asumir una actitud de denuncia de todos los males que invaden, como parásitos, el cuerpo de la sociedad venezolana. Males como la pobreza, la falta de servicios de salud y de educación pública al alcance de la mayoría, la situación de los niños obligados a trabajar o lanzados a las calles, la inseguridad de la gente, la corrupción de los funcionarios del Estado, el engaño de los políticos. La conciencia de que hay que luchar contra todas esas injusticias lo lleva a afiliarse en la organización Juventud Comunista de Venezuela.

26.- La gente progresista se organiza para mantener viva la llama de la confianza en la lucha. Alí participa en el combate con su mejor arma: el canto. Se le conoce por sus famosas canciones Humanidad, Canción al Tío Ho Chi Minh y otra dedicada al Comandante Che Guevara.

27.- Casi en la alborada de la década siguiente, exactamente en 1969, aparecen sus discos Vamos, gente de mi pueblo y Canciones de protesta, producidos por el Partido Comunista de Venezuela, que lo selecciona para hacer estudios superiores en un país del denominado campo socialista. Y ese año comienza la carrera de Ingeniería en el Instituto de Petróleo de Rumania, donde permanecerá hasta 1973.

28.- Durante su estancia en Europa, aprende idiomas, como el rumano, el inglés e italiano y se adentra en costumbres nuevas; también, en base a su don natural, se le abren puertas a la amistad, elementos todos que amplían el universo de sus conocimientos. La experiencia de conocer otros pueblos y de compartir culturas ajenas, lo reafirmarán en su identidad como venezolano y hombre perteneciente a Latinoamérica. Escribe desde Bucarest (29.11.1969) a su hermana entrañable Carmen Antonia "La Negra": "Ya he aprendido el idioma/rumano/ y tengo muchos amigos, mi preferida es la doctora la cual me tiene bien cuidado respecto a mi enfermedad, es una gran mujer y muy linda. En diciembre vamos a ir a la montaña donde existen hoteles para estudiantes y campos para esquiar, voy a tratar de aprender."

29.- Desde allí envía cartas preocupándose siempre por su familia y en particular por sus sobrinos, en un estilo que transparenta su alma campechana y el trato cariñoso con las personas.

30.- En 1971 aparece Guerra Larga, disco suyo producido por el Partido Comunista de Venezuela y realizado en formato de 45 revoluciones por minuto.-

31.- Alí se reconoce a sí mismo como cantor: escribe la letra de y musicaliza varias canciones que se incluirán luego en su primer disco de larga duración grabado en Alemania que titula Gente de mi pueblo, en alusión a la tierra que lo vio nacer y a la gente que habita en ella. En su país natal, este disco es vetado por el gobierno adeco de Raúl Leoni y Alí se verá obligado por ello a crear su propia firma disquera que nombra Cigarrón, encargada desde entonces de la producción del resto de su producción discográfica, que alcanza doce acetatos.

30.- Europa contribuye decisivamente a darle mayor seguridad como cantor comprometido con la causa de su pueblo. Lo sitúa en una situación ventajosa para compartir los estudios con su quehacer artístico: escribe otras canciones, siempre tomando como motivo Venezuela. Con su canto recorre escenarios de varios países del bloque socialista, donde participa en festivales de la canción política en la República Democrática Alemana, en 1971 y 1972, e interpreta sus propias canciones en escenarios de Checoslovaquia, también en 1972. Ofrece recitales en universidades europeas importantes. Conoce Francia, Italia y Suecia, invitado por organizaciones estudiantiles y obreras.

31.- Justamente al año siguiente (1973) visita primero Suecia y luego Noruega para ofrecer conciertos Lo flecha el Dios del amor Cupido: se enamora de Tarija Osenius, una finlandesa criada en Suecia y graduada de enfermera. De esa unión nace María Fernanda el 26 de junio de 1973 en Estocolmo; Alí la apoda "Chimpi" y le compone "La piel de mi niña huele a caramelo", una de sus canciones más tiernas.

32.- Justamente, para esta fecha realiza un viaje a la República Federal de Alemania, donde grabará dos de sus discos. La productora alemana Verlag Plane saca a la luz en 1973 su disco intitulado Canciones del Tercer Mundo para un solo mundo.-

33.- Su ciclo europeo se complementa con la participación en varios congresos de estudiantes, precisamente invitado por organizaciones estudiantiles, como los que se realizan en Italia y Checoslovaquia. Esa confrontación es vital para lanzarse a comprobar sus puntos de vistas ideológicos e intercambiar ideas, muchas de ellas alcanzadas en su elaboración personal en base a la comparación de las realidades sociales a ambos lados del Atlántico. En Europa se hace firme su decisión de rechazar toda imposición que atente contra la calidad artística: lava platos para no vender su canto. En otra de sus cartas confiesa que el mundo "se le hace chiquito aun entre los latinoamericanos", aunque logra cantar en sitios donde se le respetaba su canción.

33.- La tierra natal lo llama, le echa de menos a tantas cosas de su terruño. Revela en una de sus cartas enviadas desde allá: "¡Coño, como me hacen falta las caraotas y las arepas y el olorcito a café que haces por la mañana! Te quiero, tuyo, Yiyo".

34.- En 1973 regresa a su país natal, pero será sólo para luego estar de regreso pronto en Europa y viajar a Suecia por razones familiares. También nace allí la pequeña María Angélica, "Marimba", a quien le regala su canción "Adonde me llevan los pies". La ruta europea lo lleva a dar otros recitales en diversos escenarios y países.

35.- Pero al año siguiente (1974), regresa definitivamente a su terruño natal, acompañado de sus dos hijas. Viene en disposición de asumir su compromiso con la patria que lo reclama. Es el año tal vez más pródigo en obra publicada: el sello venezolano Promus le producirá tres LP: Lo primero de Alí; Adiós en dolor mayor y Canción para los valientes.

36.- En 1975 el sello musical Cigarrón, recién fundado por Alí, le producirá su LP La patria es el hombre, al que sigue el año siguiente, Canción mansa para un bravo pueblo, con canciones escritas bajo el impacto del golpe fascista de Chile, las que lo llevan de la mano al choque del encuentro con la historia patria ("José Leonardo") y de ese otro con lo más tierno, como la dedicada a su niñita ("Los pies de mi niña".)

36.- En 1976 visita Ecuador para participar en un congreso de estudiantes e interviene en programas radiales. Al año siguiente (1977) Promus produce su LP Cuando nombro la poesía asiste al Festival del canto por la amistad, que se realiza en la URSS y actúa en varios programas televisivos y radiales. Para esta fecha, con mucha frecuencia es entrevistado por numerosísimas emisoras radiales, mas nunca por las televisoras, a las que ofrece una fuerte resistencia y crítica radical, por su capacidad de manipulación y sesgo altamente comercializador. Ya podemos hablar, no obstante, del fenómeno Alí Primera como un artista popular, sobre todo reafirmado por su carisma, su creación musical original y su estilo interpretativo peculiar, de gran aceptación por buena parte del gran público, en especial por los estratos más humildes de la población.-

37.- Precisamente el 8 de febrero de ese año (1977), de la unión con Noelia Pérez, le nace otro hijo, a quien bautiza con el nombre de Jorge, en honor al revolucionario Jorge Rodríguez, asesinado tres años antes durante el gobierno de Carlos Andrés Pérez. Lo apoda "Tupamaru", nombre de los guerrilleros urbanos del Uruguay.

38.- En marzo de 1977, conoce en Barquisimeto a la cantante Sol Musset en el programa "Los venezolanos primero", dirigido por Gerardo Brito.

38.- La familia de la apuesta novia vive en Acarigua, que es el pueblo indicado para celebrar la boda al año siguiente.

39.- De la unión de Alí con Sol nacen en Caracas cuatro hijos: Sandino Rafael, el 17 de marzo de 1979, en evidente alusión al General de Hombres Libres nicaragüense y a la lucha del Frente Sandinista por alcanzar su liberación de ese pueblo hermano de Centroamérica; Servando (en honor al poeta guerrillero falconiano Servando Garcés), el 27 de agosto de 1980; Florentino, el 31 de agosto de 1982 y Juan Simón, el 11 de noviembre de 1984.

40.- En 1977 participa en el Festival de la Canción Política realizado en La Habana, donde ofrece recitales en la prestigiosa institución Casa de las América, en el Parque Lenin y en la Colina Alma Máter de la Universidad de La Habana, donde comparte tan simbólico escenario con cantantes cubanos, como Omara Portuondo, los grupos Moncada y Mayohacán y también con Martha Jean Claude, de Haití...Ofrece conversa torios en centros laborales, como la célebre fábrica de tabacos H. Upmann...

41.- En el orden político, sus actitudes se radicalizan al punto de rechazar cualquier compromiso con organizaciones que, para lanzarse en campañas electorales, solicitaran en Venezuela procedimientos y métodos que condenaba públicamente, como ocurrió en 1978 con el Movimiento Al Socialismo (MAS), a continuación de lo cual manifiesta públicamente su posición política independiente en relación con un posible filiación a un partido que lo atara o comprometiera con procedimientos o actitudes para participar en un proceso electoral inadmisible.

42.- El autor de Techos de cartón se sentía atraído por la Naturaleza y, especialmente por el mar, que le recuerda sus días de infancia. En el arranque de los ochenta, se le ve frecuentar las playas de la Península Paraguaná en compañía de su familia.

43.- Ali sintió una atracción muy fuerte por los bebés, que lo movían al arrebato. También por los niños a quienes cuidaba y mimaba con mucha ternura. Así lo expresan sus palabras: "Yo siento el amor mas grande cuando nace por un niño y el más hermoso cariño se cobija en sus manitas, no hay como sentir un beso oloroso a golosina" .

44.- Ali sintió siempre un interés creciente por los jóvenes a quienes estimulaba a luchar y a incorporarse a la actividad creadora. Dedicó mucho tiempo y energías a seguir el curso de los estudios de muchos estudiantes, en cuya graduación de bachilleres participó en condición de Padrino, distinción que lo hacia sentirse muy honrado y que era compartida por los educadores. Fue memorable su presencia en Barquisimeto, en 1981, en uno de estos actos.

45.- El vate falconiano seguía el curso de los cantores y participaba en actos para estimular en ellos el poder de la creación. Es el caso de la cantante María Carlota, en cuyo bautizo de un disco de larga duración de ella se ve a Alí, en Acarigua Estado Portuguesa, al año siguiente (1982).

46.- En abril de ese año, participa junto con Lilia Vera y Rafael Salazar en el III Festival – Foro de la Nueva Canción Latinoamericana que se realiza en México. Intervienen Daniel Viglieti y Alfredo Zitarrosa, de Uruguay; Amparo Ochoa y José Colina, del país anfitrión y el tovador Noel Nicola y el musicólogo Argeliers León, ambos de Cuba. Lo aplauden más de 8 mil personas.

47.- - Alí se emocionaba al ponerse en contacto con los grandes cantores nacidos de la entraña del pueblo venezolano. Aquellos, como él, no tuvieron mejor maestro que la vida y ellos reconoce la entrega desinteresada y apasionada al arte musical. En numerosas ocasiones se le descubre compartiendo escenarios con músicos y trovadores anónimos que lleva a primer plano gracias a ese tacto exquisito que le acompañó siempre de develar el talento donde quiera que se manifestaba. En 1983 participa con cultores populares de la sierra coriana.-

48.- El poeta-trovador paraguanero conocía que en Barquisimeto podía apreciarse a flor de piel tesoros increíbles y se esforzó por encontrarlos. Uno de ellos fue Don Pío Alvarado, de quien escribió en una de sus canciones: Como ha lloviznado en Lara/ al lado de Pío Alvarado. /Que linda la madrugada/cuando ese gallo ha cantado". El encuentro con el cantor popular larense se produce en 1983.

49.- Alí sabía que el canto no moriría mientras pasara de manos de los maestros del pasado a manos de los nuevos retoños. Seguiría creciendo como un árbol frondoso mientras los padres cantores lo depositaran en las manos de las más jóvenes generaciones.

50.- Durante ese mismo año (1983), Alí participa en el III Festival de la Nueva Canción que se realiza en la Plaza de la Revolución de Nicaragua, donde se concentran más de 200 mil personas. Alí canta y también cantan Mercedes Sosa y el cubano Silvio Rodríguez. El poeta falconiano manifiesta su voluntad de rendirle un homenaje al Libertador Simón Bolívar en ocasión del bicentenario de su natalicio e invita muchos artistas a sumarse a este evento de alcance universal.

51.- Justamente ese año (1983), en el homenaje a El Libertador Ali emplea todos sus recursos como organizador de la cultura: no sólo pone a disposición de la celebración de la efemérides su dinero personal, sino que articula un movimiento de cantores que se agrupan en diferentes Estados de Venezuela para sumarse a la recordación. Es así como el canto convoca a miles de personas en Puerto La Cruz, Cumaná, Maracaibo y Barquisimeto, la ciudad musical que tanto amó Alí. En Caracas alcanza a reunir mucha gente en un acto que tiene como escenario el Nuevo Circo, justamente el 24 de Julio…

52.- Alí captó tempranamente la capacidad de resistencia del pueblo, manifiesta de sus poderes creadores. Es por ello que supo expresarse diáfanamente en los siguientes términos: "Creo en el canto, porque mi pueblo ha sobrevivido cantando siempre". Es por que se le ve participando en numerosos actos conmemorativos de auténticos exponentes de la canción o de la posía popular, como en la conmemoración de un año de la desaparición física de su gran amigo y compañero de luchas, el poeta falconiano Servando Garcés.

53.- Ali rompe con el estilo de las campañas usadas por los políticos para promover su candidatura en las elecciones. Su voz solidaria y su canto de hondo contenido humano, acompañados de una interpretación enérgica, estremece a las multitudes. Venciendo el prejuicio de que la cultura no da votos, su prestigio y estilo apoyan con alto grado de eficacia la campaña emprendida por gente honesta y revolucionaria, como es el caso de José Vicente Rangel en 1983.

54.- Alí es precursor en Venezuela de la preocupación por el cuidado de la Naturaleza y por la formación de movimientos de conciencia social alrededor del deterioro de las fuentes de agua, de lagos y ríos, de la agresión a las montañas. Así, lo vemos aportando su voz y su poder de convocatoria para denunciar la depredación del Río Tocuyo en 1984.

55.- En 1985 el luchador Alí marchaba rumbo a su estación postrera sin saberlo. Venía de regreso a casa de un ensayo de grabación de un disco. Era carnaval y en la madrugada caraqueña los carros cruzaban veloces y alegres; uno de ellos vuela por encima del separador y embiste la camioneta en que viajaba… "Los que mueren por la vida, no deben llamarse muertos". Ocurrió aquel 16 de febrero. Su hijo más pequeño iba a cumplir tres meses de nacido. "Yo amarré los recuerdos al árbol de la noche y fui en busca del sol..."

56.- Tuvo siempre bien claro que la función del canto consistía en fortalecer la conciencia del pueblo en los valores de que él mismo era portador; su capacidad de movilización conducente a lograr la unión entre la gente. Así, su canción devenía en el arma de combate más eficaz para desenvolverse en la lucha social. Ese fue y será el simbolismo principal de su acción a través del arte musical: su fusil cargado de amor, constancia y devoción; de ahí que lo ilustremos como su fusil de flores, listo para disparar, siempre cargado de ternura.

Como bien lo expresó en voz firme el autor de Humanidad: "Alguna vez iremos hasta la tierna herida de la Patria y se la cerraremos con un hermoso beso". …" Estas palabras proféticas de Alí no llegaron a convertirse en realidad mientras vivió. Pero se cumplirán, estamos en vías de que sus sueños amanezcan un día siendo realidades. El camino es largo y hay que aprestarse a emprenderlo con el mismo optimismo con que sonreía el poeta falconiano ante las adversidades. "…he recorrido bastante camino, por supuesto ese camino no tiene limite, hasta el ultimo aliento seguiré ese camino."

…………………………………………………………………………………………

Alí en su Diversidad Universal.

Alí es el ejemplo más alto del nuevo canto nacido en Falcón, a golpe de escardilla hiriente de una tierra semidesértica, pero que al preñarse da los frutos más preciados. Supo hurgar en los escondrijos de la canción en sus más diversas modalidades, tal como se daban en la región y en otros sitios de la geografía nacional, como la entrañable Lara, con el horcón mayor, Pío Alvarado, y el Zulia, última escala pocos días antes de morir trágicamente. Interminable la lista de los cultores populares que reconoció y en los cuales se inspiró para componer temas que le proyectaron a la aceptación de toda Venezuela, ejemplo elocuente: los Salveros de San Hilario, cuando lo de la canción solidaria con el cerro Galicia. Transitó por las grandes ciudades, en la patria y fuera de ella, pero hasta el último momento reivindicó su entraña de campesino paraguanero, de donde había aspirado el humus esencial de su vida llana, desenfadada y sincera, que alimentó una poderosa manera de asumirlo todo con la reciedumbre y valentía del hombre bueno del terruño; marca distintiva asimismo de su inicial trova soñadora y mañanera. A nada, sin embargo, fue ajeno, porque atento estuvo siempre a los latidos musicales de la Patria Mayor que es Latinoamérica, a cuyos pueblos entregó su militante cántico solidario.

No cabría, pues, mejor explicación para la presente exposición que el homenaje del Estado Falcón a la vida y a la obra del Padre Cantor del Pueblo Venezolano, en el marco de este Encuentro por la Diversidad Cultural, de la cual también Alí se redimensiona como símbolo, en tanto la trató no sólo refiriéndola a las manifestaciones del espíritu humano, sino también al respeto y a la defensa de la biodiversidad. Hombre y Naturaleza para él debían marchar al unísono. Mas su excepcional capacidad intelectual lo condujo a diseñar el programa más acabado y radical de la política cultural de un país, como Venezuela, en el cual soplaban ráfagas de cambios profundos inspirados en el pensamiento del Libertador, sostenidos por las masas populares cuyas creaciones asimiló y recreó con genial originalidad, las mismas que cantaron y bailaron al ritmo inefable de este poeta-cantor falconiano. Reivindicó al indio, instaló en su lugar la gesta de liberación nacional del negro extrayendo de ellos valores esenciales como el de la libertad y colocó el corazón del pueblo en su mano, para levantarlo como el verdadero puño que golpea las tinieblas.

Porque sabía como ningún otro artífice el precio y la función de las ideas en la lucha frontal de las masas explotadas contra la clase que le ha negado siempre el aliento, le dio al arte su rol decisivo en la organización de un movimiento cultural basado en los poderes creadores del pueblo, que se constituyera en la trinchera de primera línea en esa disputa y desde la cual se librara el combate por la unidad de la sociedad, más allá de los intereses de grupos políticos que, lejos de adelantarla, han dividido siempre a la gente para lograr sus fines. En ese pecho solidario se juntó la sangre toda de la nación, más allá de los orígenes de etnias y de "razas", a las que nunca mencionó por su contenido reaccionario, como en un haz de varillas múltiples de un entramado nacional que resume en un rayo de luz el arco iris del país que ahora se está fundando definitivamente. La unidad es en términos políticos lo que la identidad en términos de una cultura nacional, forjada en el proceso de liberación e independencia nacional, no excluyente de objetivos libertarios a nivel supranacional.

Es lo que hizo brotar de la garganta la música de su pueblo, cargada de sentimientos, aires melódicos y ritmos que recorren el cuerpo físico de toda Venezuela, cuyos intereses y necesidades expresivas y sociales interpretó magistralmente con la sensibilidad característica de un juglar pueblerino por cuya mente pasó un turpial diciéndole que en el cují se sintetizaba la dimensión universal del ser humano. Porque como Venezuela es resumen de la Humanidad, el canto de Alí aglutinó todas esas sangres para reconocer en cada cultor del pueblo el polen necesario para levantar la Patria bonita con que soñó y guerreó este coriano de pura raigambre. Uno en la diversidad, como su pueblo venezolano, el canto de Alí inspirado en lo múltiple y heterogéneo se suma a esta reflexión acerca de dónde venimos, cómo se forjó la identidad venezolana y hacia dónde deberemos conducir los pasos en este laberinto de pueblos y culturas con los que nos ha tocado convivir. Frente a este mundo donde el poder hegemónico de las potencias del Norte debilita nuestros sentimientos, niega la riqueza artística e innovadora de las localidades, comunidades y regiones para imponer un modelo de cultura global que es el nuevo instrumento de dominio, ahora con pretensión de ser establecido a escala planetaria, no hay respuesta más oportuna y eficaz que presentarle aquel puño poético y de claro pensamiento transformador, sólido y firme, que levantó Alí, con el respaldo de la conciencia plena del pueblo de que su saber más preciado permanece en el fondo ancestral del Hombre, dispuesto a enfrentarse a las tinieblas y con la voluntad de llegar al buen puerto, donde el hombre será hermano del hombre, más allá de cualquier distingo de procedencia étnica, color de piel, sexo o posición social.

Alcanzar la Humanidad que Alí visualizó y a la que le cantó, a la que aspiramos y por la que luchamos desde esta trinchera, una y diversa, humana y solidaria que es la cultura: he aquí la meta última y trascendente de nuestros propósitos.

Lic. José Millet

ALÍ PRIMERA, UNA VIDA EN IMÁGENES

Una explicación imprescindible.

Por José Millet

El presente texto no hubiera sido posible sin la entrañable amistad establecidacon Carmen Antonia Primera Rossell, "La Negra", como cariñosamente le llamaba Alí en sus cartas y postales enviadas desde Europa. Esta relación se remonta a principios de los años noventa, cuando llegué a Barquisimeto cumplimentando una invitación de quien luego sería una de mis cuñadas y de la profesora Judith Guanipa, a quienes había conocido en una edición del Festival del Caribe realizada en Santiago de Cuba, en la cual habían presentado una ponencia acerca del tema de María Lionza, que ellas venían investigando en Yaracuy como parte de un trabajo de grado. En realidad, la primera vez que visité su casa en Cabudare no fue tras las huellas del más grande trovador revolucionario nacido en Venezuela, sino motivado por un plante de la Religión Yoruba al que habían asistido varios babalawos venezolanos que me habían invitado en mi condición de antropólogo especializado en el estudio de las religiones afrocubanas y del espiritismo en el Caribe. La sorpresa fue encontrarme a Wilfredo Petit, hijo de La Negra, a quien conocería años más tarde por la referencia frecuente en la mencionada correspondencia familiar de Ali y a quien incorporé como uno de los hermanos más de la familia del cantor paraguanero.

El amor por una muchacha nacida en los campos petroleros de Paraguaná, me hizo presente en Barquisimeto con cierta frecuencia, donde ella vivía con sus padres y trabé también una relación de camaradería con varios entrañables creadores artísticos, entre quienes destaco al poeta Wilmer Peraza Gutiérrez, promotor de la cultura popular de su comunidad a través de la incansable y constante labor realizada desde su querido Centro para la Cultura Popular "Guachirongo". Describo en uno de los artículos publicados en Internet cómo Wilmer conoció a Alí y compartieron con él debajo de un cují, vivo testigo que todavía permanece insomne pero henchido de recuerdos, en el patio de su casa patrimonial. Cierto día, hojeando un catálogo de una exposición de fotos hechas por su hermano, el fotógrafo y docente Porfirio "Pillo" Peraza, con texto del Gordo Jesús Páez, me adentré un poco en la vida del autor de "Techos de Cartón" y, al escuchar el cariño con el que hablaban ambos hermanos acerca de Alí, empecé a escuchar su música de un modo distinto y nació en mí el deseo de contribuir a difundirlo en mi "país natal", una isla en el Caribe donde descubrí, mucho más tarde, que él había estado a fines del año 1977.

El resto fueron cosas del azar, más propias de mi sustancia de impenitente ser itinerante y andariego por los caminos del mundo y mi inquietud por conocer vidas y pueblos del planeta. En el 2004 abrimos el local contiguo a "Guachirongo" y, durante varios meses del año 2005, me dediqué a organizar la documentación acopiada durante muchos años por Pillo y atesorada en la Asociación Cultural Canción Bolivariana Alí Primera, empeñada en organizar otra edición del Festival Internacional de la Canción Bolivariana ese mismo año. Los hermanos Peraza me insistieron en producir un libro para promover el pensamiento político de Alí, pero yo, aficionado a la construcción y a la reconstrucción de "historias de vida", insistí en la necesidad de dar a conocer—sobre todo entre niños, adolescentes y jóvenes—los aspectos esenciales de su meteórico, intenso y brillante paso por el planeta Tierra. De allí nació el libro, editado por ellos en Barquisimeto, que lleva por título "Alí Primera, entre la rabia y la ternura", donde se incluyeron textos de ellos dos, de el profesor Víctor Ramírez y de mi persona, además de una cronología comentada que dejé hecha antes de regresar a Cuba como parte de la biografía de Alí que ya tenía en mente, con la intención expresa de enriquecer y ordenar mejor la presentada en el folleto de la exposición arriba mencionada. En Cuba continué la indagación y descubrí una valiosa documentación, original y autógrafa, que di a conocer por Internet y publiqué en la revista OIKOS, del Instituto de Cultura del Estado Falcó. Tanto el artículo, con el título "Ali Primera en Cuba", como los documentos encontrados en los archivos de la Presidencia de Casa de las Américas de La Habana, han sido incluidos en este libro.

Esa estancia en la "ciudad de los crepúsculos" y capital del Estado Lara, me permitió entrevistar a numerosos cultores y gente que se relacionó con Alí Primera en diversos escenarios y circunstancias, siempre pensando en mi aporte en la reconstrucción de su biografía, que todavía no he concluido. A ratos escapaba a Cabudare para visitar a La Negra, a quien pude entrevistar largamente en su casa, en presencia de sus familiares y, en ciertas ocasiones, del propio Wilfredo Petit y de Pillo. En una de ellas, me llevó a su cuarto y me sacó la maleta donde atesoraba importantes objetos y documentos de y relacionados con Alí, con la petición expresa de que los viera y nunca escribiera nada acerca de lo que me iba a confesar. Esa petición ha sido cumplida por mí con el respeto que me merecen Alí y absolutamente cada uno de los miembros de su familia, en primer término de La Negra. Cuando ella viajó a Santiago de Cuba en compañía de su hija para participar en el Festival del Caribe, dedicado a Venezuela y a Alí, varias personas se le acercaron a ella para proponerle que publicáramos en Cuba algún documento, como la cronología comentada que aparece en el libro mencionado recién salido de la imprenta de Barquisimeto, que permitiera al pueblo cubano conocer y disfrutar mejor a su hermano. Ella invariablemente me manifestaba la necesidad de que la documentación original, algunas de ellas consistente en originales autógrafos, que habían depositado ella, Sol Mussett y otras gentes en nuestra manos, fuese publicada cuanto antes para llenar tan lamentable vacío dentro y fuera de Venezuela.

Cuando en el 2006 preparamos en INCUDEF, con sede en la ciudad de Coro, la exposición itinerante, bautizada por la Licenciada Nora Lobo con el nombre "Alí Primera, una vida en imágenes", no nos guiaba otra cosa que cumplir con la promesa que le hiciéramos a La Negra, quien falleció mientras continuábamos en nuestro empeño de contribuir en algo a su pedido y, muy especialmente, en dar respuesta a la necesidad de que la mayoría de la gente tenga acceso a tan valiosa documentación y testimonios, enriquecida ahora con recientes documentos donados por la cantante Sol Mussett, viuda del cantautor. Dada mi habitual ansiedad con que manejo los asuntos importantes en que me involucro y, en ocasiones, debido a la dificultad por ver impresos los hallazgos de nuestras indagaciones, comencé a publicarlos en internet, comenzando por las páginas de la revista digital Caribenet, de la cual fui Jefe de redacción y en el sitio **www.archivocubano.org**, que regenta el antropólogo Carlo Nobili desde Roma. Parte de esa exposición fue colocada en el sitio web de www.aporrea.org y algunos de los artículos escritos por mí colocados en forma de libro en www.monografías.com, a cuyos editores agradezco expresamente su disposición de darlos a conocer fuera de nuestras fronteras nacionales y aun de Latinoamérica, como amablemente se ha dispuesto a hacerlo en estos momentos el importante sitio lycos.com, con links que conectan, muy eficazmente, a los interesados en estos temas.

Muchos municipios de nuestro Estado Falcón, estudiantes, profesores y gente interesada en la cultura los ha podido ver, apreciar y leer gracias a nuestro empeño de hacer de la comunicación social una de las vías más eficaces para divulgar y promover los resultados de nuestros estudios e indagaciones llevados adelante desde el Centro de Investigaciones Socioculturales del instituto de Cultura del Estado Falcón INCUDEF) a través de diversas vías y medios, como los del mundo digital. He dicho en público, en numerosos escenarios, lo que ahora reitero: que nuestro Atlas Etnográfico cultural del Estado Falcón no será verdad hasta no verlo en manos de cada niño de nuestra región, luego de haber pasado por las de los docentes, que tienen el raro privilegio de convertirse en vivos modelos que siguen a pie juntillas sus educandos, a veces de forma más eficaz que los del paradigma que ofrecen sus padres.

Desde nuestro Instituto y ahorita apoyándonos en la especial sensibilidad mostrada por la Gobernadora la licenciada Stella lugo de Montilla, estamos trabajando para que este sueño se haga realidad, ya sea mediante algunas de las numerosas modalidades que ofrecen las modernas tecnologías de la información—como un multimedia-- o en soportes impresos. Lo ideal sería que lo lográsemos ajustados a los requerimientos de la didáctica, para lo cual se requiere del aporte de los pedagogos, en particular de aquellos naturales adiestrados en el complejo arte o trabajo con los niños, como lo han demostrado artífices de la dimensión de la Santa Sobeyda de las Muñecas de Trapo, en su extenso peregrinar por el mundo y, también mediante el juego, Pedrito Amaya con sus juguetes de madera y su taller de ingenio ludoteca , por citar dos ejemplos cercanos que me han impactado e iluminado con sus creaciones vivenciales, en comunidades y escenarios disímiles. Ambos han demostrado las enormes posibilidades que ofrece el juego para instalar los mejores y más auténticos valores creados por el pueblo en el ámbito de sus tradiciones culturales y artes creadores, entre las que hay que incluir los saberes ancestrales, el pensamiento científico y las tecnologías populares, de los cuales tenemos el raro privilegio de contar con exponentes de talla mundial en nuestro Estado

Alí, con su vida sencilla y honesta, sembró en mi corazón un pequeño arbolito que ya tenía sus raíces antes de que él se me presentara en el camino: el amor por el pueblo venezolano y la espiritualidad muy acentuada que lo caracteriza. Sin amor por el terreno donde uno nació, no se es nadie ni se emprende nada que valga la pena. Eso lo aprendimos en el libro "Herido de Vida", del poeta Héctor Hidalgo Quero, quien como nadie entre los intelectuales venezolanos me enseñó a entender a Alí, el significado de su canción y la dimensión universal de su talento, afincado en la tierra de Paraguaná, a pesar de haber nacido en Coro. Por tanto reconozco aquí el impulso inicial que me dieron en cuanto a sentimiento y admiración por Alí los dos hermanos guaros mencionados, Pillo a la cabeza de ellos, y este otro último estímulo recibido de tanta gente aquí en el Estado Falcón, para que siguiéramos investigando y publicando aspectos desconocidos de la obra y la vida de Alí, como los ofrecidos en mi libro "Alí Primera, Padre cantor del Pueblo", impreso por Ediciones de la Presidencia de la República, perteneciente al Ministerio del Poder Popular del Despacho de la Presidencia, con sede en el Palacio de Miraflores.

A ese noble empeño me he aplicado durante estos últimos tres años, junto con el equipo de estudio de nuestro Centro de Investigaciones, entre quienes sobresale el compositor musical y escritor Pedro Eduardo Concepción Martínez, coautor de la investigación y de la presente obra que tenemos el honor de ver publicada por el Fondo Editorial del Instituto de Previsión y Asistencia Social del Ministerio de Educación (IMPASME), que dirige el profesor José Gregorio Linares. En justicia muchas otras personas han contribuido a que la misma haya alcanzado el cuerpo que hoy podemos poner a disposición del lector: el cantautor Orángel Lugo nos ofreció valiosa información y el poeta Simón Petit, ambos conocedores de la vida de Alí, también nos dio acceso a una foto que incluimos en ella. Otro granito de arena fue aportado por Mario Aular, cronista del barrio coriano Curazaito, quien nos ayudó a localizar la tumba del padre de Alí, la que muchos de los familiares de Balikia ubicaban en su natal Paraguaná. Ha sido importante asimismo lo aportado por José Montecano en la identificación de personas que aparecen en las fotos y de su hermana Mireya Padilla Rossell, quien nos abrió las puertas del hoy Museo, casa de Carmen Adela, donde se atesoran valiosos documentos y objetos, algunos de los cuales resultan de consulta obligada para quienes nos interesamos por reconstruir el árbol genealógico de la familia Primera-Rossell.

No menos importante fue el testimonio o fe de vida y los aportes de otros familiares, vecinos de Coro y de otros sitios de la geografía aliprimeriana, a quienes queremos aquí agradecer su colaboración. Consignamos los nombres de María Magdalena Rossell, de su hija y de William Rossell El Abuelo, primos de Alí, y de la señora Paula Ramona Sánchez, de 84 años, vecina frente con frente de Carmen Adela, durante su estancia en este emblemático asentamiento del Gran Diao Manaure llamado Curiana, considerado por algunos reputados intelectuales como Primado de Suramérica y hoy incluido en su Lista de sitios que ostentan la condición de Patrimonio de la Humanidad por la UNESCO.

Motivada por sus estudios, desde Inglaterra viajó a Santiago de Cuba la británica Dashell Hersh, joven estudiante de Etnomusicología, a conocer a "el cubano" interesado y entregado al estudio de Alí Primera. Por sugerencia mía, visitó Falcón y me envió desde allá la copia en CD de los dos fonogramas producidos por una casa disquera de Alemania, durante el ciclo europeo del Cantor del Pueblo Venezolano, acompañado de sus respectivas carátulas, también incluidas aquí. Y a Santiago regresó a participar, en el 2005, en el Festival dedicado a Venezuela y a Alí, donde presentamos con los guaros nuestro libro Entre la rabia y la ternura, con la presencia de los Ministros de cultura de ambos países, del entonces embajador de la República Bolivariana de Venezuela en la República de Cuba, profesor Adam Chávez Frías y de la querida hermana Carmen Antonia La Negra Primera y de su hija Analy.

Sé que se nos escapan muchos nombres en los créditos colocados en algún sitio de la presente entrega, pero la urgencia de que entren en imprenta nos permitirá el debido descargo. Ya saben que esta obra se la dedicamos al "vientre sonoro de Carmen Adela", La Parlamentaria, tal y como nos lo pidió ese otro poeta inconmensurable que se llamó su hijo mayor, el finadoAsisclo Primera Rossell.

Lic. José Millet
Jefe del Centro de Investigaciones Socioculturales de INCUDEF.
Coro, octubre 31
2008-marzo,2009.-

Nota del autor- editor:

Los textos que siguen los fuimos elaborando en el largo proceso de estudio de la vida y la obra de Alí Primera, desde que comencé la investigación en Cuba y luego la continué en Barquisimeto, donde en nuestro libro Alí Primera, entre la rabia y la ternura se incluye mi primera cronología comentada de su vida. En ella luego se incorporó el hoy licenciado Eduardo Concepción, quien me acompañó en esta ardua tarea de recopilar la documentación necesaria para hacer la biografía del Padre Cantor del Pueblo Venezolano una obra bien fundamentada. Fue así como concebimos producir una exposición que su hoy esposa, la Licenciada Nora Lobo, bautizó como alí Primera, una vida en imágenes. Allá en INCUDEF está todavía esa exposición, que montó el inquiero Luis Alexander "Alex" Torres, mi amigo entrañable a quien todos allí calificaron de "el loquito", porque dice lo que piensa y siente. Incluyo la nota que elaboró el poeta Simón Petit, ex presidente del INCUDEF, para esta expo que concebí como itinerante. Las fotos irán en la próxima edición del folleto insertado en nuestro libro de memorias de un cubano amante del pueblo de Venezuela y de sus mejores hijos, uno de los cuales es Alí

005.- Copia de la partida de nacimiento del poeta-cantor Alí Rafael Primera Rossell regalada por su viuda, Sol Mussett, al Centro de Investigaciones Socioculturales del Instituto de Cultura del Estado Falcón, INCUDEF. En ella aparece asentado con los nombres de "Ely Rafael", en lugar de Alí Rafael. Con este documento se disipa la polémica acerca de su año de nacimiento, al quedar establecido que Alí nació el 31 de octubre de 1941.

006.- Casa donde nació Alí Primera en la ciudad de Coro el 31 de octubre de 1941, donde funcionaba el Instituto de Maternidad "Oscar María Chapman", situada en la calle Falcón esquina con la calle Colón, inmueble que hoy sirve de sede a la Secretaría de Educación del Estado Falcón. Foto del año 2006.

007.- Placa colocada en casa de la calle La Paz Nº 33, en la ciudad de Coro, donde transcurrieron los tres primeros años de la vida de Alí. Parte inferior y a la izquierdcon fachada pintada de amarillo, imagen fotográfica del mismo inmueble tomada en el año 2006.

008.- Fachada de la casa de la calle La Paz Nº 33 en Coro, actualmente habitada por la familia Sánchez. Paula Sánchez, de 86 años de edad y quien vive enfrente, conoció a la familia Primera Rossell en aquellos años. En la parte inferior de la presente composición fotográfica, aparece el patio interno de la misma casa, ya remozada. Fotos del año 2006.

009.- Carmen Adela Rossell de Primera, madre de Alí. Foto tomada en el patio de su casa, actual "Museo Alí Primera", ubicado en el barrio "Alí Primera", Municipio Los Taques, Estado Falcón, cercano a Punto Fijo.

010.- Antonio Isidoro Primera, padre de Alí; oficial de policía del Estado Falcón. El padre de Alí fue baleado en un confuso incidente ocurrido el 31 de julio de 1944 en el cuartel de la policía de Coro, actual sede del Ateneo de Coro. Agonizó durante cinco días y murió el 5 de agosto de 1944. Foto tomada, posiblemente, en el año 1944. (Datos aportados por la investigación del estudioso coriano Mario Aular Chirinos).

 011.- Tumba de Antonio Isidoro Primera, padre de Alí, descubierta en el cementerio municipal de Coro por nuestro equipo de estudio, incluido Mario Aular Chirinos. Foto del año 2006.

012.- La viuda Carmen Adela Rossell de Primera acompañada por los hijos de su primer matrimonio con Antonio Isidoro Primera, todos vestidos de estricto luto. De izquierda a derecha: Asisclo, Ada, Carmen Adela con Héctor en brazos, Alí, Carmen Antonia ("Toña" o "La Negra"), Monche y Alfonso. Esta foto fue tomada en la casa Nº 33 de la calle La Paz, en Coro. Foto tomada, posiblemente, a finales de 1944 o a principios de 1945.

013.- A la izquierda "Mama Pancha", abuela paterna de Alí, inmortalizada en   una de sus más conocidas canciones. A la derecha María del Rosario "Mama Chayo", abuela materna de Alí.

014.- Ruina de la casa "Verapaz", de "Mama Chayo", abuela materna de Alí; ubicada en San José de Cocodite, Península de Paraguaná en el Estado Falcón. Allá se fue a vivir la familia Primera-Rossell después de la muerte de Antonio Isidoro Primera en 1944.

015.- Alí y su hermano Héctor, practicando boxeo en una playa de Paraguaná, donde vivieron el resto de su infancia y adolescencia. De esta foto se ha creado la leyenda de que Alí fue boxeador, rechazada por la mayoría de los contemporáneos suyos entrevistados por nosotros.

016.- Alí con su inseparable guitarra, en los jardines de la Universidad Central de Venezuela, Caracas, donde comenzó estudios de Química. Foto posiblemente del año 1965.
017.- Alí ejecutando la guitarra en un cafetín de la Universidad Central de Venezuela. Foto posiblemente del año 1965.

017-A.- Libreta Militar de Alí Primera, en la que se puede ver claramente que firma con el nombre de "Ely", en lugar de "Alí". Extraña en esta imagen el ceño fruncido de Alí, fruto quizás del estado de ánimo de un militante revolucionario obligado a cumplir con la exigencia de ese documento, en víspera de su viaje de estudio a Europa. Año 1969.
018.- Alí en Bucarest, capital de Rumania, donde cursó estudios de Tecnología del Petróleo, gracias a una beca otorgada por el PCV. Año 1969 ó 1970.
019.- Postales enviadas por Alí a su hermana Antonia ("La Negra"), desde Rumania. Año 1969. (Archivo de la Asociación "Canción Bolivariana Alí Primera", en Barquisimeto).
020.- Postal enviada por Alí a su hermana Antonia (La Negra), desde Rumania. En esta y en la anterior postal, puede intuirse ya la inmensa nostalgia que sentía Alí por su familia y por su terruño. Año 1970. (Archivo de la Asociación "Canción Bolivariana Alí Primera", en Barquisimeto).

021.- Carta enviada desde Bucarest por Alí a su hermana Carmen Antonia ("La Negra") el 29 de noviembre de 1969. A través de la lectura de sus cartas, podemos llegar a conocer el lado humano de Alí Primera. (Archivo de la Asociación "Canción Bolivariana Alí Primera", en Barquisimeto).

022.- Continuación de la carta enviada desde Bucarest por Alí a su hermana Carmen Antonia "(La Negra"). 29 de noviembre de 1969. (Archivo de la Asociación "Canción Bolivariana Alí Primera", en Barquisimeto).

023.- Continuación de la carta enviada desde Bucarest por Alí a su hermana Carmen Antonia ("La Negra"). 29 de noviembre de 1969. (Archivo de la Asociación "Canción Bolivariana Alí Primera", en Barquisimeto).

024.-. Carta enviada por Alí desde Bucarest, Rumania, a su   hermana Carmen Antonia ("La Negra"). En esta carta se puede sentir la angustia de quien se encuentra solo, fuera de su patria y con sentimientos de añoranza y gran extrañeza por su tierra natal. 25 de diciembre de 1970. (Archivo de la Asociación "Canción Bolivariana Alí Primera", en Barquisimeto).

025.- Carta enviada por Alí desde Estocolmo, Suecia, a su hermana Carmen Antonia (La Negra). 27 de noviembre de 1971. (Archivo de la Asociación "Canción Bolivariana Alí Primera", en Barquisimeto).

026.- Carta enviada por Alí desde Vasteras, Suecia, a su hermana Carmen Antonia (La Negra). Aunque desanimado por la muerte de unos amigos y por la enfermedad que aquejaba su garganta, en esta carta sentimos al tierno padre que siempre fue Alí al describir a su hija Maria Fernanda, de seis meses de nacida. 15 de agosto de 1973. (Archivo de la Asociación "Canción Bolivariana Alí Primera", en Barquisimeto).

026-A.- Pasaporte de Alí, expedido en febrero de1975.

027.- Alí en La Habana. Su aporte monetario reflejado en este manuscrito, es expresión de solidaridad con el Encuentro Mundial de los Jóvenes y Estudiantes a realizarse tiempo después y a quienes el intérprete venezolano siempre otorgó especial atención. Noviembre-diciembre de 1977. (Archivo de la Presidencia de la Casa de las Américas, Cuba).

028.- Alí en La Habana. Respuesta de Alí al cuestionario suministrado por la institución cultural cubana que lo invitó a participar en el Festival de la Canción Política que se realizó en la Mayor de las Antillas. Noviembre-diciembre de 1977. (Archivo de la Presidencia de la Casa de Las Américas, Cuba).

029.- Alí en La Habana.. Respuesta de Alí a cuestionario suministrado por la institución cultural cubana que lo invitó a participar en la Mayor de las Antillas. Noviembre-diciembre de 1977. (Archivo de la Presidencia de la Casa de Las Américas, Cuba).

030.- Alí en La Habana. . Respuesta de Alí a cuestionario suministrado por la institución cultural cubana que lo invitó a participar en la Mayor de las Antillas. Noviembre-diciembre de 1977. (Archivo de la Presidencia de la Casa de Las Américas, Cuba).

031.- Fotografía inédita de Alí durante su visita a La Habana en noviembre-diciembre de 1977, en el momento de su concierto en la sede de la prestigiosa Casa de Las Américas. (Archivo de la Presidencia de Casa de Las Américas, Cuba).

032.- Fotografía inédita de Alí tomada en su visita a La Habana en noviembre-diciembre de 1977, durante su encuentro con integrantes del Movimiento de la Nueva Trova, realizado en la sede de la prestigiosa Casa de Las Américas. (Archivo de la Presidencia de la Casa de Las Américas, Cuba).

033.- María Fernanda, "Chimpi", primera hija de Alí, nacida en Suecia el 26 de junio de 1973, fruto de su unión con la nórdica Taria Osenis. A esta hija le compone Alí la canción "Los pies de mi niña".

034.- María Ángela, "Marimba", segunda hija de Alí, nacida en Suecia también fruto de su amor con Taria Osenis. A ella le compone Alí la canción: "La piel de mi niña huele a caramelo"

035.- Jorge Primera Pérez, hijo de Alí con la venezolana Nohelia Pérez, nacido el 08 de febrero de 1977

036.- Boda religiosa de Alí con la cantante Sol Mussett, el 24 de junio de 1978 en Acarigua, Estado Portuguesa.

036-A.- Copia del Acta de matrimonio civil de "Ely" Rafael Primera Rossell y Sol Elena Mussett González, llevado a cabo en la ciudad de Acarigua, Estado Portuguesa, el 17 de Junio de 1978. Documento donado por Sol Mussett al Centro de Investigaciones Socioculturales de INCUDEF.

036-B.- Copia de la parte posterior del Acta de matrimonio civil de Alí y Sol Mussett.

037.- Los hijos del matrimonio de Alí con Sol Mussett; de izquierda a derecha: Juan Simón, Servando, Florentino y Sandino. Al centro el Profesor Porfirio "Pillo" Peraza, amigo de Alí y organizador de la primera exposición fotográfica relacionada con la vida del cantor falconiano, realizada poco después de la muerte del cantautor. Caracas, 1985.

038.- Estudio de grabación "Larrain"; de izquierda a derecha: el poeta Simón Petit; detrás, Jesús Azuaya y el director de orquesta Diego Silva, José Montecano y Alí. Año 1981, Caracas.

039.- Estadio Municipal de Coro, donde Alí ofreció un concierto como parte de su combate por la salvaguarda del Cerro Galicia, ubicado en la Sierra de San Luis, Estado Falcón. Año 1981.

040.- Cerro Galicia. Alí y José Montecano con los decimistas de Cabure, a quienes Alí incorporó como parte de su estrategia para defender la naturaleza herida por manos inescrupulosas, de políticos y comerciantes, que dispusieron de todos sus recursos para construir en ese emblemático monte, cercano a Curimagua, un complejo turístico, en detrimento del equilibrio ecológico de la sierra falconiana, uno de los reservorios de agua dulce más grandes de Venezuela. Año 1981.

041.- Alí con los cantantes decimistas de Cabure, durante la campaña en defensa del Cerro Galicia, ubicado en la serranía falconiana

042.- Recital de Alí en el III Festival-Foro de la Nueva Canción Latinoamericana, realizado en México. La prensa de entonces se hizo eco de la impresionante asistencia de público. Año 1982.

043.- Recital de Alí en el III Festival-Foro de la Nueva Canción Latinoamericana realizado en México en 1982.

044.- Actuación de Alí en Sanare, Estado Lara. Año 1982.

045.- Concierto de Alí realizado en el Primer Festival de la Canción Bolivariana, organizado por él, para conmemorar el Bicentenario del natalicio de El Libertador Simón Bolívar. Año 1983.

046.- Alí con Don Pío Alvarado, uno de los maestros de la tradición musical larense, a la que Alí respetó profundamente e incorporó a su canto de recia raíz popular. Ilustración: Consuelo Méndez. Estado Lara. Año 1983.

047.- Año 1983. Alí junto al cantautor falconiano Orángel Lugo, en el estadio Luis Aparicio "El Grande", en Maracaibo, Estado Zulia.

047-A.- Pasaporte de Alí, año 1984, en el que se registra su estadía en Argentina, entre el primero y el 10 de diciembre de 1984. Posiblemente su último viaje al exterior.

048.- Última presentación de Alí en su querido Estado Lara. Auditorio "Magdalena Seijas", del Pedagógico de Barquisimeto. Foto del año 1984.

049.- Comprobante de hospedaje en un hotel de Maracaibo, Estado Zulia, pocos días antes de su muerte; en ocasión de hacer en esa ciudad la última presentación pública de su vida. Año 1985.

049-A.-Última actuación de Alí Primera, cuatro días antes de su muerte, en la Plaza La Victoria de Maracaibo, Estado Zulia; en la conmemoración del 171 Aniversario de la Batalla de La Victoria, Día de la Juventud, en Venezuela.

049-B.- Copia del Acta de defunción de Alí, solicitada el 16 de febrero de 1985 por su hermano Ángel Alfonso Primera y donde se refleja como hora del deceso las 04.00 a.m. del sábado 16 de febrero de 1985.

050.- Entrada del ataúd con los restos mortales de Alí en brazos del pueblo, al Ateneo de Coro, justo el mismo sitio donde fue tiroteado su padre 41 años antes. Año 1985, 17 de febrero.

051.- Zobeyda Jiménez "La Muñequera", a quien Alí dedicó una hermosa canción, en la marcha fúnebre poco antes del entierro del cantor, en el cementerio de Punto Fijo, Estado Falcón. Archivo de la Asociación Bolivariana Alí Primera, en Barquisimeto. Febrero de 1985.

052.- Delegación de estudiantes de la Universidad del Zulia, presentes en el entierro de Alí. Febrero de 1985. (Foto: Omar Silva).

053.- Alí… en el corazón de su pueblo. Febrero de 1985.

054.- Cortejo fúnebre en marcha hacia el cementerio de Punto Fijo. En primer plano, José Montecano con su hija Alma Luz en brazos; a su lado, con un clavel rojo en las manos su hermana Alba María y, detrás, el poeta y artista de la plástica Héctor Hidalgo Quero, calificado por el propio Alí como "el cronista de mis canciones". Febrero de 1985.

055.- La Siembra. Tumba de Alí, poco tiempo después de su muerte. Año 1985.

056.- Tumba de Alí, sitio obligado de peregrinación del pueblo venezolano. Año 2006.

057.- Plaza Alí Primera en Coro, Estado Falcón. Año 2006.

058.- Alí… siempre Alí. La "tomuza" o melena batida por un fuerte viento, tal vez paraguanero; su acostumbrado pantalón jean y las botas vaqueras, tan gustadas por el Cantor. Foto tomada por Eduardo Concepción de un retrato colgado en un muro de la casa La Paz número 33. Coro, Estado Falcón.

059.- Foto de Carmen Adela, madre de Alí, y el Comandante Hugo Chávez, tomada el 07 de mayo de 1994, en ocasión de la visita de éste a la casa de Alí en el barrio "Alí Primera" de Punto Fijo, Estado Falcón.

060.- El 07 de mayo de 1994, Hugo Chávez visitó la casa de Alí Primera en el barrio "Alí Primera" de Punto Fijo, municipio Los Taques del Estado Falcón y dejó este testimonio en el "Libro de Visitas", cuyas palabras textuales son las   siguientes:

"Este día de reencuentro tiene para mí un significado especial. Venir a la casa de Alí Primera, al nido de Carmen Adela y sus sueños, es reconfortante y el calor que aquí pervive nos llena la sangre de fuerzas tremendas, espectrales.

Alí, tu canto siempre fue arma para la lucha, tu ejemplo y tu guitarra van grabados en nuestras banderas.

Carmen Adela, en este día de la madre, he sentido aquí, con la brisa fresca de tu Paraguaná seca, los besos de mi madre y el fuego sagrado de la patria.

Aquí estaremos, junto al canto y la esperanza, con Alí en vanguardia,

¡¡Por ahora y para siempre!!

Punto Fijo, 07 de mayo de 1994

Hugo Chávez Frías
Comandante"

061.- Nietos de Alí Primera: Valeria Fabiola y Sebastián, hijos de Servando; Diego Rafael, hijo de Florentino. Alí tiene otros dos nietos: Yolanda Beatriz, hija de María Fernanda y Susana Carolina, hija de María Ángela.

062.- Alí Rafael Vásquez, quien se auto-identifica como hijo de Alí; nacido luego de la muerte del cantautor, en Guarenas, Estado Miranda, el 17 de mayo de 1985.

063.- Siguiendo los pasos de su padre, Alí Rafael Vásquez, violinista.

064.- Portadas de algunos de los trabajos discográficos de Alí en Alemania. Cubiertas regaladas, y enviadas desde Inglaterra a Coro, por la musicóloga británica Hazel Marsh.

065.- Portadas de algunos de los trabajos discográficos de Alí.

066.- Portadas de algunos de los trabajos discográficos de Alí.

067.- Presentación del libro Alí Primera, entre la rabia y la ternura, publicado en Barquisimeto en el 2005. De izquierda a derecha, sus autores: el escritor y antropólogo José Millet y los hermanos Wilmer y Porfirio "Pillo" Peraza; a su lado, Carmen Antonia "La Negra", hermana de Alí en compañía de su hija Anali Petit Primera. Casa de Venezuela en Santiago de Cuba, durante el Festival del Caribe dedicado a la Patria de El Libertador y a Alí Primera. Foto tomada por la investigadora británica Hazel Marsh en el 2005.

068. Presentación del libro Alí Primera. Padre del Pueblo, del autor José Millet, junto con el Gobernador Lic. Jesús Montilla y el poeta Héctor Hidalgo Quero. Casa-Museo de Carmen Adela, en el barrio "Alí Primera", Los Taques, Estado Falcón. Foto: 2009.

Copyright: investigación y textos de José Millet.
NOTA SENCILLA PARA UNA VIDA EN IMÁGENES.

Dice Susan Sontag en un libro donde reflexiona sobre la fotografía, que esta es el mejor testimonio de nuestro paso en este mundo. ¨Son una gramática y, sobre todo, una ética de la visión… coleccionar fotografías es coleccionar el mundo¨. Tiene mucha razón; más aun cuando pasado el tiempo nos apropiamos de la imagen, porque aprendimos a verla fotográficamente. Es un momento plasmado para siempre. Nadie podrá borrar ese episodio y lo mejor de todo es que la gente común no compra la fotografía que le gusta como pudiera hacerlo con una obra pictórica, sino que la copia desde otra cámara, o ahora un celular, la recorta de un periódico, la roba en un afiche, la admira desde una vidriera, en fin, en nuestra memoria está la razón y en nuestro instinto el impulso de tenerla.

Esta muestra, es sólo un pequeño ejemplo de ese amplio catálogo y álbum que nuestro Padre Cantor Alí Primera tiene en su haber. La figura pública siempre está expuesta a que le tomen fotografías, y es como una meta particular de quien hace la foto, porque es para registrar la captura que confirma, en su momento, que él o ella, estuvo cerca de esa imagen conocida por referencia, y posteriormente con orgullo se las enseña al resto del mundo. Entonces, quizá Ud., haya podido ver y complacerse de otras fotografías de Alí; pero las que podrá disfrutar en las próximas páginas, son las menos mediáticas y "comerciales" porque son más familiares.

Este trabajo desplegado por el Centro de Investigaciones del Instituto de Cultura del Estado Falcón, es el compilado de algunos momentos íntimos del Cantor del Pueblo Venezolano. Es por demás uno de los capítulos de un volumen más extenso sobre la vida y obra de Alí Primera que está esperando su publicación y que lo haremos en su debida oportunidad.

A través del Atlas Etnográfico y Cultural de Falcón pudimos iniciar esa búsqueda de las fotografías y desde el 2006 se ha venido exponiendo en las salas y espacios no convencionales con las distintas tomas culturales que INCUDEF ha hecho en todo el estado.

Hay que destacar también la aportación espontánea de la familia de Alí y de sus amigos incondicionales quienes enriquecen el presente cuaderno. Sin ese invalorable aporte conjugado con la pasión de José Millet y su equipo hacia el genio y figura de Alí Primera, no tendríamos la oportunidad de apreciar estas imágenes.

Por supuesto, no puedo dejar de mencionar que esta publicación también es gracias a la gestión de la Gobernadora, licenciada Stella Lugo de Montilla, quien en su particular interés por el Atlas Etnográfico y su condición Alícista ha impulsado el proyecto para que todas y todos, tengamos el recuerdo permanente del Padre Cantor.

Simón Petit Presidente del INCUDEF

Discografía de Alí Primera

José Millet

Notas del editor.

Existe una confusión tremenda referida a la cantidad de discos, las fechas, el lugar y las firmas discográficas que los produjeron. Hasta en publicaciones prestigiosas como la Enciclopedia libre Wikipedia estos errores se repiten, una y otra vez, sin que nadie se digne a realizar el elemental cotejo de las fuentes en sus ediciones príncipes o en las subsiguientes. Queremos aportar algunas rectificaciones basándonos en lo aportado por el propio Ali y en documentos originales, algunos autógrafos que obran en nuestro poder y /o en el de prestigiosos archivos de Venezuela o en el de otros países, como Cuba.

1972: Según copia en CD acompañada de su estuche original en alemán enviado desde Londres por la estudiosa de Musicología británica Hazel Marsh, en Alemania el sello Plane le graba, en mayo de 1972, su primer disco titulado De una vez, en cuyo lado A se incluyen las canciones Cuando las águilas se arrastren, Techos de cartón, Yo no sé filosofar, El despertar de la historia, Tania y Black Power y, en el B, No basta rezar, Esconderse en la flor, Hay que aligerar la carga, Caminando sin huellas, Mujer de Viet Nam y Otra vez. Interesa apuntar que Alí es el autor de los textos, interpretados por él, quien asimismo interviene en la grabación del fonograma con la guitarra, el cuatro y la percusión, mientras que los arreglos corren a cargo del uruguayo Wilson "Yiyé" de Olivera, que también ejecuta la flauta y la guitarra, mientras que el contrabajo y la percusión intervienen dos músicos de Berlín Ocidental. Este elepé contiene los mismos temas que el fonograma Alí Primera. Volume 2, producido por el sello Cigarrón y distribuido por Promus C.A. al PVP Bs. 280,oo, según datos aparecidos en el estuche, impreso en la página 165 del libro A Quemarropa. Como se hará casi una norma obligada en cada uno de sus fonogramas, le incluye un texto de su autoría traducido al alemán, idioma en que aparecen todos los textos de las canciones.

Debemos aclarar que desconocemos si éste es el mismo referido por Alí en Cuba con el título Canciones del tercer Mundo para un solo mundo. El acucioso investigador y cronista Guillermo de León Calles, en su magnífico folleto "Las lloviznas del turupial" ofrece el primer testimonio de la existencia de este último disco al afirmar que "metido en un caja está el disco grabado en Alemania. Es severa la portada e incomprensible el sello que lo auspicia. "De una vez se llama" y, a continuación, enjuicia este fonograma en los términos más elocuentes: "El disco salta como una experiencia distinta. Pareciera el triunfo de una constancia y la rotación de una forma de vida, que a cada momento vuelve a sus comienzos. El canto se ha convertido en trotamundos."

Por último, existe otro disco, que obra en la biblioteca de Héctor Hidalgo Quero, producido por el Comité Slovenio (perteneciente a la extinta Checoslavaquia) de solidaridad con el pueblo chileno que contiene las canciones de Canción para los valientes, producido y distribuido en Venezuela por el sello disquero, Promus en 1974.

Por lo pronto, vamos a aportar una relación cronológica de los discos, según documentos autógrafos de Alí incluidos en el presente libro, donde él testifica que los siguientes son los discos que él declara haber producido hasta el mes de noviembre de 1977 en que se produjo su visita a Cuba:

1969. LP. Vamos gente de mi tierra. Producido por el Partido Comunista de Venezuela.

1969. LP. Canciones de protesta. Producido por la Juventud Comunista de Venezuela.

 1971   LP grabado en 45 rpm. Guerra larga. Producido por el Partido Comunista de Colombia.

1973. LP Canciónes del Tercer Mundo para un solo mundo. Verlag Plane. Alemania.

1974. LP. Lo primero de Alí. Promus, Caracas.

1974. LP. Adios en dolor mayor. Promus. Caracas.

1974. LP. Canción para los valientes. Produce y distribuye Promus, Caracas.

1975. LP. La patria es el hombre. Cigarrón-Promus, Caracas.

1976. Canción mansa para un pueblo Bravo. Cigarrón, Caracas.

1977. Cuando nombro la poesía. Cigarrón, Caracas. Producción: Alí Primera. Distribuye Nora Musical. PVP 30,oo.

Es decir, según confesión personal escrita por él, hasta la fecha de su visita a Cuba, Alí Primera tenía creados diez discos. Los discos que colocamos a continuación no aparecen, naturalmente, en dicha relación autógrafa suya, pero fueron producidos también por Alí Primera:

1980. LP. Abrebrecha. Cigarrón "Nuestro canto", Caracas. Promus PVP Bs 70,oo.

1981. LP. Al pueblo lo que es de César. Cigarrón "Nuestro Canto", Caracas. Distribuye Promus PVP Bs 40,oo.

 1982. LP. Con el sol a medio cielo. Cigarrón "Nuestro Canto". Distribuye Promus. Caracas.

1984. LP. Entre la rabia y la ternura. Cigarrón "Nuestro Canto". Distribuye Promus.Caracas.

Nota del editor:

El disco póstumo de Alí

El último disco que a continuación referimos, se encontraba en fase de grabación y terminación cuando se produjo la trágica muerte de su autor, quien es el autor de todas las canciones incluidas en él. Fue terminado por su hermano José Montecano quien canta junto con Alí una canción en el lado A del LP e interpreta las restantes de ambas caras como cantante solista. Los arreglos y la dirección musical corrieron a cargo de Alí Agüero. Resulta dato significativo la participación de Sol Mussett entre los miembros de los coros y en los coros infantiles las de sus hijos Sandino. Servando. Florentino y Juan Simón, además de Jorgito, hijo de Alí con Noelia Pérez y la de su sobrino Alí Alejandro. Por último, la propia Sol y el Gran Cuquivacoa se anotan una participación especial.

El fonograma apareció póstumamente en Caracas en 1986 con producción del sello Cigarrón "para Velvet de Venezuela S. A." y con la distribución de Sonográfica. S.A. a un precio de PVP Bs 60.00 cada ejemplar.

1986. LP. Por si no lo sabía. Alí primera y José Montecano. Impreso en el acetato lo siguiente "Hecho en Venezuela por Velvet S.A." y en la contraportada el sello "Cigarrón. Nuestro Canto.".

Nota del editor:

Las canciones incluidas en cada elepé

A continuación presentamos la lista del título de las canciones de cada elepé de Alí en soporte de acetato, donde se pueden leer la fecha en que aparecieron originalmente, según testificación autógrafa de su autor y el sello discográfico Promus o Cigarrón que los produjo o los distribuyó, según sea el caso. La fecha colocada en negrita en el borde izquierdo se reiere a la edición príncipe de cada uno de ellos y la puesta al lado derecho a la edición a la que hemos tenido acceso directo. Estos fonogramas revisados personalmente por nosotros son propiedad de la familia Emira de Rossell y del pintor y dibujante Antonio Donquis, residenciado en el sector Pantano Abajo, en la ciudad de Coro.

1973. Ali Primera. Vol. II (Reimpresión de De una vez, producido en Alemania)

Lado A

Cuando las águilas se arrastren

Techos de cartón

Yo no sé filosofar

Tania

Black Power

Lado B

No basta rezar

Esconderse en la flor

Ha que aligerar la carga

Vas caminando sin huellas

Mujer del Vietnam

Otra vez

1974. Lo primero de Ali Primera

Lado A.

Perdóname tío Juan

Basta de hipocresía

Alberto Lovera, hermano

Cuba es un paraíso

Yo vengo de donde usted no ha ido

Vamos gente de mi tierra

Lado B

Inolvidable Ho Chi Minh

Dispersos

Tierra sin culpa

Madre déjame luchar

Comandante amigo

América latina obrera

- 1974. Adiós en dolor mayor.

Lado A

Paraguaná

Alma Máter

Canción panfletaria

Me lo contó Canelón

Los dos pichones morenos

Lado B

Ruperto

El cantor de Bolivia

Juanita la lavandera

Napoleón

En Yunta

1974- Canción para Los valientes.

Lado A

Canción para los valientes

Solo para adultos

Dios se lo cobre

Cunaviche adentro

Tu palabra

Lado B

Mama Pancha

Hacen mil hombres

José Leonardo

Los pies de mi niña

Esclavos de esclavos

1975- La patria es el hombre.

Lado A

La patria es el hombre

Canción en dolor mayor

Tonada de un pueblo amaneciendo

Pío Tequiche

Se está secando el pozo

Lado B

La canción de Luis Mariano

Amor en tres tiempos

La canción del tiple

La Guerra del petróleo

El bachaco fundilluo

- 1976. Canción mansa para un pueblo bravo.

Lado A

Un guarao

Cuando llueve llora el sol

La piel de mi niña huele a caramelo

Humanidad

Esquina principal

Lado B

Canción mansa para un pueblo bravo

Reverón

Coquivacoa

El Coro triste de mi canción

Los que mueren por la vida

Ahora que el petróleo es nuestro

1977. Cuando nombro la poesía.

Lado A
Cuando nombro la poesía
Paraguanera
Frutal el amor
Zapatos de mi conciencia
Panfleto de una sola nota

Lado B
Flora y ceferino
Borincana
Es de noche
La soga

* 1980. Abrebrecha

Lado A
Abrebrecha
El que cantó con Zamora
Tin marin
Canto oriental
Blanquísima gaviota

Lado B
Canción Bolivariana
El gallo pinto
Doña Josefina

Mi pueblo me hace cantar

Trigo y Molino

- 1981. Al pueblo lo que es de César

Lado A

Sangueo para el regreso

Cielo despejado

Al pueblo lo que es de César

Don Samuel

Canción para acordarme

Lado B

Tía Juana

El sombrero azul

La sirena de este tiempo

La noche del Jabalí

1982. Con el sol a medio cielo.

Lado A

Con el sol a medio cielo

Estar cerca del riachuelo

Caña clara y tambor

La tonada de Simón

Lado B

El derecho al derechito

Isla y piragua

Piraña con dientes de oro

Abran la puerta

- 1984. Entre la rabia y la ternura.

Lado A

La Patria Buena

Falconía

Vístanse de Fiesta

Zobeyda la Muñequera

Con el martillo dando

Lado B

Canción Cumanesa

Agua clara Nicaragua

Cuando llegue el tiempo de soñarte

Canción para Mercedes

Camarada

. 1986. Por si no lo sabía

Lado A

El lago, el puerto y la gente

Los que hacen falta

Digo que Paraguaná

La canción caliente

Esequibo II

Lado B

La canción del lunerito

Palabra de Luz

Amarnos en el agua

Guatemala es corazón

Nota del editor:

Textos de Alí Primera colocados en el estuche de cada LP

En cada uno de sus discos, Alí acostumbraba a colocar de puño y letra un texto de su autoría que reflejara las ideas y sentimientos que lo inspiraron o lo llevaron a producirlo. O simplemente desarrollaba reflexiones filosóficas dirigidas a iluminar el pensamiento y a estremecer la conciencia de quienes sabía serán los "consumidores" natos de sus obras. O simples crónicas desgarradoras ante la tragedia de un pueblo, como el chileno, víctima del zarpazo fascista a lo Pinochet o por la partida repentina de algunos entrañables compañeros. De modo que prestaba especial atención a la exposición de ideas y a la comunicación verbal como lo hacía a menudo en sus propias interpretaciones en vivo de su repertorio o en lagunas de sus canciones, a veces habladas, recitadas o ,incluso, dramatizadas. Que sepa, fueron presentados por primera vez en su versión facsimilar en el libro A quemarropa y ahora ofrecemos su transliteración o versión en caracteres a partir de lo aparecido en esta última magnífica obra de Andrés Castillo y de Grisel Marroquí.

Lo primero de Ali Primera

Que mi canto no se pierda.

Canción a canción, lucha a lucha
iremos formando la canción que cante

al pueblo que nos ha cantado siempre.
Mientras tanto, demos nuestras manos
y voces para que el corazón de
los hombres que andan en su propia
búsqueda no se caiga en el camino
hacia la definitiva barricada.
Toma tu guitarra. Empuña tu conciencia
y canta. Apunta tu compromiso contra
quienes hacen que exista gente de
nuestro pueblo viviendo solo un poquito
mejor que los animales (del toro de lidia
no hablemos, aunque su muerte es más vistosa).
"No cantar es perdernos" escribió
un poeta amigo, hacen millones de balas.
Sospechando que algunas canciones
(de las nuevas) se pueden detener
en una mera "reflexión epidérmica."
Habrá que "armar" nuestras canciones
con nuestra propia conducta. No con
frases rebuscadas en entrevistas
Caer en poetización pretenciosa es
perdernos.

Que mi canto no se pierda.

Ali Primera.

Ali Primera. Volumen II

Si el cantante no es militante

de la misma lucha a la cual canta,
se convierte en simplemente
un comediante de su propio espíritu.
Los pueblos que cantan
estas canciones, son los mismos
que por siglos se mantuvieron callados.
SI CAE LA MORDAZA.
es más fácil romper las cadenas

Ali Primera.

Canción para los valientes.

Septiembre: A veces pienso si nuestras
canciones no son excesivamente
cautas. He pensado también si no hemos
sido más que hombres, movidos por el
instinto, a sobrevivir en un cosmos estable.

Septiembre: Basta ya de intentar conocer
al pueblo como a una
nécdota más. Como quien llena un
requisito previo para entrar a las
tertulias de la "izquierda divina"
facilota ella, a lo piano-bar, ella.

Septiembre: ¡Solidaridad es un arma!
¡Solidaridad es un arma!!

Hay que dinamitar nuestra conciencia.
Sin callar los poemas en la garganta,
busquemos con nuestras manos la mejor
canción contra las bestias

 Septiembre. 1973: Un pueblo larguirucho
y nuestro, bajo del lomo
de Los Andes, violentas metáforas para
forjar un poema de valientes.
Flaca, amor. ¿No es linda la canción
Que nos canta la "gallá"…   ?
Afinaitas, guitarra y puntería.

                              Ali Primera.

La patria es el hombre.

ELO CANTO NO ES NEUTRO

De repente, el cantar se convierte en una acción
Vital. Inexorable. Se va poblando.
De cantos al mundo. Arrinconadas,
las bestias, lanzan feroces zarpasos para evitar
que el canto y las manos que se alzan
con él, hagan posible el más humano
de los trueques:

LA BOMBA POR EL ARADO.
Cantar y sentirse dispuesto a ofrecer la (tu)

piel y (la) tu guitarra

para que ese canto tuyo (nuestro)

se convierta en unos de tus hechos concretos,

hacen que lo anecdótico se convierta a veces en

algo maravilloso. Va de cuento: Un día.

tratando de ganarle la partida a mi ronquera,

conocí al viejo Hermenegildo,

el hacedor de leyendas y mas preguntón del pueblo.

Conocí de su filosofía convertida

en décimas: supe entonces que su canto era

el mío y que el pueblo era el GRAN POETA.

Al despedirme del viejo:

pensé si lo de la "brecha generacional"

no sería el más grande

de nuestros auto-chantajes

Al alejarme le oí gritarme;

blandiendo su cuatro en la mano izquierda:

¡Acuérdate del hombre que preguntaba!

Si, el hombre y su pregunta por todos.

Prisionero, solitario, a oscuras en su

celda – castigo. A quien de pronto

le dejan pasar (como una puñalada)

un rayo de luz:

y aumenta su agonía al saberse vivo.

¿Vida como haré para vivirte siempre?

Dos hombres, en un breve descanso,

Comían su pan sin Cristo

(El se ha retardado siempre, dijeron)

Soy feliz al saberme de todos

Y también mi propio dueño, por lo tanto

me arriesgo a escribir

algunas de mis propias conclusiones:

> Hay que luchar para que el hombre viva

una sola época: la humana

> Lo principal no debe ser la tradición.

Entonces ya no es válida la ecuación

BANDERA+ HIMNO + ESCUDO = PATRIA

> Me es sospechoso el primero que dijo:

"el himno no se aplaude "

> Amo a la mujer que busca desesperada

al hombre, no al macho. Ella es la patria.

> Los que, evadiendo "lugares comunes"

caen en el lugarejo de la evasión total, es decir,

los hombres tangenciales

lamentablemente también son la patria

> Siento más aprecio por el enemigo

ideológicamente justificado que por

el hipócrita que se dice mi amigo

> Si solo yendo con la "vanguardia"

no deseo tomar "El cielo por asalto."

> "El niño Jesús clandestino"

al que Gloria puso su verso y su voz

para contarle es, más que nunca, la Patria

> No creo en el revolucionario

que busca solo su propia redención

como tal

➤   El árbol cuando florece siempre

descubre su sitio y enseña su nombre.

A EMIRO DELFÍN CUYA SENSIBILIDAD
MUSICAL HA LLENADO DE FUERZA MI
CANTO

Cuando nombro la poesía

Al entrañable recuerdo de Aquiles Nazoa

"Si no hay verdad

en los cantores;

entonces no habrá verdad

ni en el canto ni en la esperanza."

Dijo el pueblo en su diálogo

Con los árboles y los pájaros.

No por cantar debemos eludir

el hermoso deber de estar presentes

en la definitiva barricada.

La paraurata es pequeña y se

enfrenta al chiriguare…

Alí Primera

Canción mansa para un pueblo bravo

Creo en el canto

*Porque mi pueblo ha sobrevivido, siempre.
*Para que no llenen de silencios la esperanza.
* Porque siempre ha navegado las venas de
esta tierra.

Creo en el canto

*Por la necesidad de multiplicar y hacer inmenso
El grito de los humildes.
*porque no será verdad si no son verdad los
Cantores.
*Porque el canto no es accesorio sino brazo
Hermano en las luchas de los pueblos.

Creo en el canto

* Porque no creo en la degradación de la poesía
si ésta "busca" el pueblo.
*Porque los que opinan lo contrario no son más
Que cultos comediantes.
*Porque su elemento esencial tiene su raíz
En la sensibilidad del pueblo.

Creo en el canto

*Porque el hombre es indivisible en sus partes
Revolucionaria y humana.

*Porque a la lucha debemos ir de buena gana
Y sin amarguras.
*Porque tiene la sonoridad del río, del viento
En las montañas y de las entrañas abiertas
De la tierra seca.

Creo en el canto

*Porque nunca será un guerrero preso dentro
De si mismo.
*Porque ha ayudado a crecer el vientre de
Esta tierra quje espera el Gran Parto.
*Para que no nos quiten la memoria.

Creo en el canto luminoso y solidario
En el nombre del pueblo, de sus manos callosas.

Creo en el canto
Alí Primera

Al pueblo lo que es de César

"LA CANCIÓN NECESARIA"

Tal vez no llegue a dirigir los batallones,
Pero ayudará a formarlos.

La canción necesaria anda en boca de todos

Nosotros.

Tiene tantas formas la canción necesaria como
Flores cubren la piel de los campos.

Dicen que la canción necesaria es jinete y
Cabalgadura. El jinete es el verso. Dicen
Que este jinete tiene recias manos pero
Su corazón es una rosa abierta cuan-
Do los gallos cantan su última canción para
La noche.

La cabalgadura es la semblanza sonora de
Nuestra identidad. En sus cascos resuenan
Todos los tambores de las fiestas de junio y
En sus brisas se pulsan, como en mágicas
Cuerdas, todos los aires que mueven el
Árbol musical de nuestra tierra.

Dicen que jinete y cabalgadura andan
En busca de la canción de la victoria.

La canción necesaria es lengua
Del pueblo

Alí Primera

Abrebrecha

Es verdad

Me preguntan por qué digo que

Mi pueblo es bravo y contesto:

Porque es verdad, pero no lo

Pone en paráctica, me dicen;

Y respondo: También es verdad.

Las cuerdas del cuatro son diferentes

En eus sonido. Eso es verdad.

Y es verdad que en el charrasqueo

el cuatro se oye más fuerte y

más sonoro que en el punteo.

No será porque en el charrasqueo

Todas las cuerdas suenan juntas

Y al mismo tiempo?

Dicen   que la mejor forma de defender

El amor es amando: y la también dicen

Que no por pequeño deja de volar

el pájaro. A la berga¡¡ También es

verdad.

De la tierra de los Mayas, de

Farabundo Martí y Monseñor Romero

Viene un aire caliente.

Qué pasaría si, súbitamente, la

Nieve que aprisiona nuestro cóndor

Por las patas se derrite?
Verdad que sería bueno tomarnos
De la mano para ser capaces
De resistir los aletazos del
Cóndor en su vuelo? Ya es
Tiempo de estar a la altura
Del tiempo.

No hay palabras más duradera
Ni más alta que la que sostiene
El pueblo.
                    Verdad es.
                    A.P.

ADIOS EN DOLOR MAYOR

Entre el sombrero y el Chaguaramas dijo la radio. Unos golpes en la puerta del cuarto, un llanto después. Una madre, dos, tres, cuatro madres aferradas a la posibilidad de una noticia equivocada.

Pero todo había sido puntual y trágico; dolorosamente exacto; la noche anterior lo absurdo salió de pronto en el camino por donde transitaban cuatro jóvenes sonrisas.
Después del estruendo mecánico sólo nos quedó, a familiares y amigos la certeza de llorar y recordarlos para que no se nos fueran del todo.
"Ahora todos en cuclillas, extendiendo los brazos". Hablaba el Pepe. Flamante profesor de los "carajitos judokas". Enseñaba lo que había aprendido entre caídas y brazos enyesados. Pepe: el hermano que entre discusiones sobre la ciudad de todas las tendencias dentro de la izquierda ("Hay que organizarse desde ahora, lo demás es paja") demostró que la hermandad no es exclusividad de afinidad umbilical.

Todos de pie, abran los brazos. Abracemos a Pepe para que no se nos vaya. Es temprano todavía.

Nos fuimos mirando en silencio, mientras se fue llenando de cinturones negros el tatami.

Te recuerdo en los pasillos de las Universidad, Enrique tú con tu clarinete viejo y yo con el cuatro, cuando cantábamos las parodias del "Cojo" José: "Yanqui fuera de Cuba", y tú que me decías que Pompeyo no salía más" (celebrando la audacia de nuestros camaradas cuando le abrieron un hueco a la represión.)

Ahora veo la razón de ese acorde triste y ronco del arco en el bajo cuando grabábamos nuestro último disco, O la melancolía que flotaba en los "sostenidos" de la flauta.

(Su sangre era un poema y abrazó su corazón.)

Pero coño, Enrique, me duele encontrar en qué traste de tu guitarra pulsó la noche su canción de muerte.

No pude ver tu cara, pero me atrevo a asegurar que había una sonrisa en ella. La misma con que enfrentaste la vida.

Adios, hermanos, seguiré cantando. Sólo que con el nuevo acorde que me dejaron al partir.

Mi nueva canción.

Cantata en dolor mayor.

A.P.

ENTRE LA RABIA Y LA TERNURA

Les puedo jurar que nunca he escrito una canción adrede. Que jamás he cantado una canción como encargo visceral de mi posición ideológica. Algunas veces mi canción anda dando brincos en el pedregoso camino del panfleto, otras, tiene el humilde vuelo de una sencilla poesía, sin más pretensión que comunicar mi solidaridad con el ser humano. A veces sucumbo ante la rabia con la misma fuerza que lo hago ante la ternura, pero siempre como una respuesta espiritual y no como una reacción endocrina ante la realidad.

Rabia y ternura estimulan mis ganas de combatir y en el tío-vivo de la vida siempre me han gustado el caballito azul del amor y el blanco de la libertad. Por ellos, siempre cabalgaré en el caballo rojo del combate.

A.P.

CON EL SOL A MEDIO CIELO

Con el sol a medio cielo
le escribo un epitafio a la amargura.

Al canto le doy la vida
y el canto me da la vida
para vivirla cantando.

Es así de simple, hermanos.
Cuando recibo golpes, alzo la
frente y canto.

Los que sueñan y combaten me
animan a cantar por ellos y aún,
los que de hinojos, se enamoran
de la mansedumbre, me arrancan
del alma un doloroso canto.
Oh¡ cuánto amo a los que van
faltos de amor, llorando.
Dios mío¡¡ Cuánto amo a los que
de tanto amar, van llenos de fe en
los seres humanos.

Hay un profundo impulso en la esperanza.
Alguna vez iremos todos hasta la tierra
herida de la Patria y se la cerraremos
con un enorme beso.
Por eso canto y le escribo un epitafio
a la amargura.
Yo soy un militante de los sueños.

      A.P.

Por si no lo sabía

Querido Balikia:
Hermano, cantar contigo por la vida,
Venezolano y de tu misma sangre
Siempre será mi mayor orgullo
Amé y admiré mucho la sensibilidad humana,
a esa fe inquebrantable del
amoroso pueblo en su cantor.
Mamá y todos nosotros lloramos mucho
querido Alí.

Pero nos alivia, embelleciendo el alma
pensar que en el inmenso paisaje humano
y natural de la vida, sentimos cantar tu
presencia y la de nuestro querido sembrador
de semerucos Bagueto¡
Llevaré presente en mi lucha por conseguir
el amor y la solidaridad humana, lo que

me escribiste en el primer disco:"El cantor,

hermano, no se "hace" como cualquier

mueble. El cantor se forja al claor de los entrañables

brazos del pueblo.itando a nuestros campesinos, apuntastes:

Aprende a identificar, es decir, saber

Donde espantan para pasar rezando.

Cómo no responderte, hermano,

si me distes mi nombre, el canto,

y un camino digno para ir con el pueblo

por la Patria Buena.

Un abrazo,

Monte

Nota del editor

El disco en defensa del Cerro Galicia de Falcón

Cantar y cantores de Falcón fue el título dado por Alí a una producción discográfica de su sello Cigarrón dirigida a apoyar la lucha en defensa del Cerro Galicia, víctima de la depredación, voraz e irresponsable, de los mercaderes de la IV República, en contubernio con los gobernantes de turno. Era una acción más de las que llevaba a cabo el trovador paraguanero en todo el país, en defensa del medio ambiente, del equilibrio del ecosistema y del cuidado de la naturaleza en su conjunto. Formaba parte de ella el involucrar a artistas de cada localidad como un medio de promover sus talentos y, en el caso de nuestra región, logró descubrir gente muy valiosa, como su hermano José Montecano, La Chiche Manaure y nuestro amigo Orángel Lugo, según se consigna en los créditos del acetato y lo refiere éste en un libro de memorias publicado recientemente por el Fondo Editorial IPASME.

Varios artistas y luchadores sociales falconianos nos han ofrecido su testimonio acerca de cómo se llevó a cabo aquella batalla, la cual se libró gracias a la energía poderosa desatada por un grupo de compañeros, entre quienes estaban los pertenecientes a Arte en escena, Simón Petit y Eudes Navas Soto, cuya casa se convirtió en el "cuartel general" donde se recibían cada noche las comunicaciones de Alí y se reunieron los organizadores de aquel memorable concierto que tuvo lugar en el Estadio de Coro en noviembre de 1981. Alí pernoctaba en casa de Eudes, según nos lo han referido su viuda, Lilia Josefina, e hijo recientemente, mostrándonos documentos, como fotos, de gran significado para nuestro trabajo. El diseño artístico de este fonograma es obra del autor del libro Entre corianos te veas.

En el texto autógrafo de Alí que acompaña el fonograma llama poderosamente la atención el dominio que tenía nuestro biografiado de la historia regional, del entramado étnico que yacía tras de bastidores y del proceso de formación de una cultura local, rica y diversa, signada por la confluencia de batientes provenientes de pueblos de lejanas latitudes del planeta. Asimismo, Alí subraya la conciencia de la historia que debía tener el cantor popular para hacer valer, eficaz y convincentemente, su mensaje entre la gente. En él, como en su canto, debía enseñar su punta la herencia de resistencia, rebeldía y lucha que caracterizó al coriano, desde tiempos del Daio Manaure, el revolucionario José Leonardo, la heroína Josefa Camejo, el poeta Servando Cabrera… hasta los del guerrillero Chema Saher.

CANTAR Y CANTORES DE FALCÓN

Ah, mundo, una canción contra la sed

Si la solidaridad es un arma, la canción también lo es. Y más aún si es lengua del pueblo, si tiene la rusticidad y ternura con que el hombre sencillo ama a su tierra. De esa canción quiero decirles unas pequeñas cosas. Decirles que su música nace del coito ancestral de la tierra falconiana con sus carrizos y guoruras chaquetíos, en amoroso abrazo con la música que llegó en los grandes bergantines junto al aventurero blanco, junto al negro esclavo y a la Cruz de San Clemente. Hay una temática central en estos cantos de hoy: La defensa del cerro que cobijó en sus entrañas la hermosa conjunción de tambores y gritos libertarios con el canto de guacharacas y chuchubes.

Porque los negros fueron llevados a la sierra coriana y allí, entre la dura faena de cañaverales y cacaotales y los latigazos del capataz, tomaron los troncos de los árboles y del cuero del matacán, la forma de recortar los cantos del África Madre y de librar una batalla contra la mansedumbre.

Los pájaros volaron azorados cuando empezaron a sonar los tambores y se elevaron las voces, una cálida noche de junio.

Primero como una oración quejumbrosa; después el quejido fue creciendo y se hizo un hermoso estruendo en la boca de José Leonardo Chirino. Esa hermosa canción libertaria es nuestra herencia. No se puede ser cantor sin llevar en el alma ese grito de combate.

Hoy, los cantores de Falcón acuden a esa herencia y marchan en defensa de la vida. Marchan en pos de las profundas huellas de nuestra identidad cultural. Van cantando y llamando al pueblo a unirse en un solo grito.

¡No te dejaremos morir, viejo y querido Cerro Galicia¡¡

¡¡Eres nuestra canción contra la sed¡¡

Dicen que los pájaros de la sierra acompañaron siempre a José Leonardo; porque el zambo libertario cantaba una canción contra las jaulas.

(firma autógrafa de A. P.)

BIBLIOGRAFÍA

A.- Impresos:

Buscando tu nombre. Origen y significado. Argentina, Nombres y apellidos Ed. 2005.

 La canción de Alí. Cancionero para cuatro-Volumen I, II y III
Carúpano, Estado Sucre, Fundación Cultural "Alí Primera", 1991.

Castillo, Andrés y Grisel Marroquí: Alí Primera. A Quemarropa.
[Caracas, Fondo Editorial Febrero Rebelde. Ediciones OPSU. S/F[

_______________: El Sonido de una huella. 2000.

Garcés, Servando: Antología poética. Coro, Fondo Editorial Servando Garcés, 2006.

Hernández, Jaime: Huella profunda sobre esta tierra. 1991.

Jiménez, Zobeyda: Autobiografía de una muñeca cimarrona. Píritu, Portuguesa, 2001.

León Calles, Guillermo de: Las Lloviznas del Turupial. Punto Fijo, Península de Paraguaná, FUNDALÍ, 31 de octubre de 1985. Folleto.

"La tierra en el cuatro de Alí Primera" en Isaac López: Rostros de Paraguaná. Fundación cultural Josefa Camejo. Mérida, Venezuela, 2002, p. 179-186.

Lugo, Orángel: Memorias de tiempos idos. Coro, UNEFM, 2008.

Martínnez, Evelín et al.: "Historia y cultura del caserío San José de Cocodite", en Isaac López: Memorias del IV Coloquio de Historia Regional y local Falconiana. Dedicado a los pueblos de Paraguaná. Mérida, Venezuela, 2005, p. 275-279.

Millet, José: Alí Primera, biografía ilustrada y documental.

__________: Alí Primera, Padre Cantor del Pueblo. Caracas, Ediciones de La Presidencia de La República, Palacio de Miraflores, Caracas, 2008.

__________: "Alí Primera en Cuba". Revista Oikos. Coro, INCUDEF, nro. 4, 2006, p-67-70.

__________: "Discografía de Alí Primera"

__________: Texto introductorio a la exposición fotográfica y documental itinerante "Alí Primera, una vida en Imágenes". Coro, Instituto de Cultura del Estado Falcón, 2006.

Montilla, Alexander. Alí, enemigo a muerte de la corrupción. Reportaje. Semanario "Las Verdades de Miguel". 11 al 17 de febrero de 2005.

"Carmen Adela" en Eudes Navas Soto: Entre corianos te veas. Coro, Universidad nacional Experimental Francisco de Miranda, 2005.

Obregón Muñoz, Hugo: Alí Primera o el poder de la música. Maracay, Universidad Pedagógica Experimental Libertador, 1996.

Paz, Miguel Ángel: La Poesía en La Voz de Un Cantor. 1990

__________: Alí Primera.Vigencia del Canto Redentor. Coro, MECAVENCA, 1997.

Peraza, Porfirio, José Millet, Wilmer Peraza y Víctor Ramírez: Alí Primera: entre la rabia y la ternura. Barquisimeto, Asociación Cultural Canción Bolivariana "Alí Primera", 2005.

Pirona, Manuel: Tocando el cuatro con Alí Primera. 1998.

Royston Pike, E.: Diccionario de religiones. México, Fondo de Cultura Económica, 1960.

Weber, Israel: Para Alí. Amalgama de cariño. Punto Fijo, 1986.Folleto mimeografiado.

Zapata, Sandra. Alí Primera. Que mi canto no se pierda. Euroamericana de Ediciones, 1992. Cancionero.

B.-Orales:

Entrevistas realizadas entre el 2004 y el 2008 en Cabudare, Barquisimeto, Coro y Punto Fijo por José Millet a: Carmen Antonia "La Negra" Primera, Wilfredo Petit Primera, José Montecano, Mireya Padilla, Ciro Alzola, Carlos Ruiz, Jorge Ricardo Cisterna, Porfirio y Wilmer Peraza Gutiérrez, Jesús "El Gordo Páez" y, en Coro y abril del 2006, por Eduardo Concepción, Oscar Lázaro y Orlando Moreno a: Paula Sánchez, Magdalena y William Rossell y Emira González de Rossell.

Entrevistas telefónicas con Sol Musset e intercambio de información, mediante cuestionarios por Internet, con María Ángela Marimba Primera Osenius y Sandino Primera.

Mario Aular. Investigador falconiano. 2009.

C.-Audiovisuales:

Millet, José: Alí Primera. Consejo Legislativo del Estado Falcón. 2007.

Video en Carora.

Figueroa, Patricia; Betsy Ceballos,y Daniel Castro: Alí en cinco compases. Reportaje audiovisual. 2006.

Alí Primera Discografía [**editar**]

Año	Título	Discográfica	Temas
1969	Gente De Mi Tierra	Independiente	
1973	Lo Primero de Alí Primera	Cigarrón Promus (Venezuela)	1. Perdóneme Tío Juan, 2. Basta de hipocresía, 3. Alberto Lovera hermano, 4. Cuba es un paraíso, 5. Yo vengo de donde usted no ha ido, 6. Vamos gente de mi tierra, 7. Inolvidable Ho Chi Minh, 8. Dispersos, 9. Tierra sin culpa, 10. Madre déjame luchar, 11. Comandante amigo, 12. América Latina obrera
1974	Alí Primera, Volumen 2	Cigarrón Promus (Venezuela)	1. Cuando las águilas se arrastren, 2. Techos de cartón, 3. Yo no sé filosofar, 4. El despertar de la historia, 5. Tania, 6. Black power, 7. No basta rezar, 8. Esconderse en la flor, 9. Hay que aligerar la carga, 10. Vas caminando sin huellas, 11. Mujer de Vietnam, 12. Otra vez

Año	Álbum	Sello	Canciones
1975	Adiós en dolor Mayor	Cigarrón Promus (Venezuela)	1. Paraguaná, 2. Alma Mater, 3. Canción panfletaria, 4. Me lo contó Canelón, 5. Los dos pichones morenos, 6. Ruperto, 7. El cantor de Bolivia, 8. Juanita la lavandera, 9. Napoleón, 10. En yunta
1976	Canción Para Los Valientes	Cigarrón Promus (Venezuela)	1. Canción para los valientes, 2. Sólo para adultos, 3. Dios se lo cobre, 4. Cunaviche adentro, 5. Tu palabra, 6. Mama Pancha, 7. Hacen mil hombres, 8. José Leonardo, 9. Los pies de mi niña, 10. Esclavos de esclavos
1977	La Patria Es El Hombre	Cigarrón Promus (Venezuela)	1. La Patria es el Hombre, 2. Canción en dolor mayor, 3. Tonada de un pueblo amaneciendo, 4. Pío Tequiche, 5. Se está secando el pozo, 6. La canción de Luis Mariano, 7. Amor en tres tiempos, 8. La canción del triple, 9. La guerra del petróleo, 10. El bachaco fundillúo
1978	Canción Mansa Para Un Pueblo Bravo	Cigarrón Promus (Venezuela)	1. Un Guarao, 2. Cuando llueve llora el sol, 3. La piel de mi niña huele a caramelo, 4. Humanidad, 5. Esquina Principal, 6. Canción mansa para un pueblo bravo, 7. Reverón, 8. Coquivacoa, 9. El Coro triste de mi canción, 10. Los que mueren por la vida, 11. Ahora que el petróleo es nuestro
1979	Cuando Nombro La Poesía	Cigarrón Promus (Venezuela)	1. Cuando nombro la poesía, 2. Paraguanera, 3. Zapatos de mi conciencia, 4. Frutal del amor, 5. Panfleto de una sola nota, 6. Flora y Ceferino, 7. Es de noche, 8. Borincana, 9. La soga
1980	Abrebrecha	Cigarrón Promus (Venezuela)	1. Abrebrecha, 2. El que cantó con Zamora, 3. Tín Marín, 4. Canto oriental, 5. Blanquísima gaviota, 6. Canción bolivariana, 7. El gallo pinto, 8. Doña Josefina, 9. Mi pueblo me hace cantar, 10. Trigo y molino
1981	Al Pueblo Lo Que Es De César	Cigarrón Promus (Venezuela)	1. Sangueo para el regreso, 2. Cielo despejado, 3. Al pueblo lo que es de César, 4. Don Samuel, 5. Canción para acordarme, 6. Tía Juana, 7. El sombrero azul, 8. La sirena de este tiempo, 9. La noche del jabalí
1982	Con El Sol A Medio Cielo	Cigarrón Promus (Venezuela)	1. Con el sol a medio cielo, 2. Estar cerca del riachuelo, 3. Caña clara y tambor, 4. La tonada de Simón, 5. El derecho al derechito, 6. Isla y piragua, 7. Piraña con dientes de oro, 8. Abran la puerta
1984	Entre La Rabia Y La Ternura	Cigarrón Promus	1. La Patria buena, 2. Falconía, 3. Vístanse de fiesta, 4. Zobeyda la muñequera, 5. Con el martillo

		(Venezuela)	dando, 6. Canción cumanesa, 7. Agua clara Nicaragua, 8. Cuando llegue el tiempo de soñarte, 9. Canción para Mercedes, 10. Camarada
1985	Por Si No Lo Sabía	Cigarrón Sonográfica (Venezuela)	1. El lago, el puerto y la gente, 2. Los que hacen falta, 3. La canción caliente, 4. Esequibo II, 5. Palabra de Luz, 6. La canción del Lunerito, 7. Amarnos en el agua, 8. Guatemala es corazón, 9. Digo que Paraguaná
1986	Alí ¡En Vivo! (álbum póstumo)	Cigarrón Promus (Venezuela)	1. Los que mueren por la vida, 2. Mama Pancha, 3. Caña clara y tambor, 4. Canción mansa para un Pueblo Bravo, 5. Tin Marín, 6. Abran la puerta, 7. Gloria al Bravo Pueblo

En el blog Al Sur del Río Bravo:

Lo primero de Alí Primera (1973)

1. Perdóneme Tío Juan
2. Basta de hipocresía
3. Alberto Lovera hermano
4. Cuba es un paraíso
5. Yo vengo de donde usted no ha ido
6. Vamos gente de mi tierra
7. Inolvidable Ho Chi Minh
8. Dispersos
9. Tierra sin culpa
10. Madre déjame luchar
11. Comandante amigo
12. América Lati2. Basta de hipocresía
3. Alberto Lovera hermano
4. Cuba es un paraíso
5. Yo vengo de donde usted no ha ido
6. Vamos gente de mi tierra
7. Inolvidable Ho Chi Minh
8. Dispersos
9. Tierra sin culpa
10. Madre déjame luchar
11. Comandante amigo
12. América Latina obrera
1. Perdóneme Tío Juan
2. Basta de hipocresía
3. Alberto Lovera hermano
4. Cuba es un paraíso
5. Yo vengo de donde usted no ha ido
6. Vamos gente de mi tierra
7. Inolvidable Ho Chi Minh
8. Dispersos
9. Tierra sin culpa
10. Madre déjame lu11. Comandante a2. América Latina obrera

Volumen   2   (1974)
1.   Cuando   las   águilas   se   arrastren
2.   Techos   de   cartón
3.   Yo   no   sé   la   filosofar
4.   El   despertar   de   la   historia
5.   Tania
6.   Black   power
7.   No   basta   rezar
8.   Esconderse   en   la   flor
9.   Hay   que   aligerar   la   carga
10.   Vas   caminando   sin   huellas
11.   Mujer   de   Vietnam
12.- Otra vez

Adiós   en   dolor   mayor   (1975)
1.   Paraguaná
2.   Alma   Mater
3.   Canción   panfletaria
4.   Me   lo   contó   Canelón
5.   Los   dos   pichones   morenos
6.   Ruperto
7.   El   cantor   de   Bolivia
8.   Juanita   la   lavandera
9.   Napoleón
10. En yunta

Canción   para   los   valientes   (1976)
1.   Canción   para   los   valientes
2.   Sólo   para   adultos
3.   Dios   se   lo   cobre
4.   Cunaviche   adentro
5.   Tu   palabra
6.   Mama   Pancha
7.   Hacen   mil   hombres
8.   José   Leonardo
9.   Los   pies   de   mi   niña
10. Esclavos de esclavos-

La patria es el hombre (1977)
1. La Patria es el Hombre
2. Canción en dolor mayor
3. Tonada de un pueblo amaneciendo
4. Pío Tequiche
5. Se está secando el pozo
6. La canción de Luis Mariano
7. Amor en tres tiempos
8. La canción del tiple
9. La guerra del petróleo
10. El bachaco fundillúo

Canción mansa para un pueblo bravo (1978)
1. Un Guarao
2. Cuando llueve llora el sol
3. La piel de mi niña huele a caramelo
4. Humanidad
5. Esquina Principal
6. Canción mansa para un pueblo bravo
7. Reverón 8. Coquivacoa
9. El Coro triste de mi canción
10. Los que mueren por la vida
11. Ahora que el petróleo es nuestro

Cuando nombro la poesía (1979)
1. Cuando nombro la poesía
2. Paraguanera
3. Zapatos de mi conciencia
4. Frutal del amor
5. Panfleto de una sola nota
6. Flora y Ceferino
7. Es de noche
8. Borincana
9. La soga

Abrebrecha   (1980)
1. Abrebrecha
2. El que cantó con Zamora
3. Tín Marín
4. Canto oriental
5. Blanquísima gaviota
6. Canción Bolivariana
7. El gallo pinto
8. Doña Josefina
9. Mi pueblo me hace cantar
10. Trigo y molino

Al pueblo lo que es del César   (1981)
1. Sangueo para el regreso
2. Cielo despejado
3. Al pueblo lo que es de César
4. Don Samuel
5. Canción para acordarme
6. Tía Juana
7. El sombrero azul
8. La sirena de este tiempo
9. La noche del jabalí

Con el sol a medio cielo   (1982)
1. Con el sol a medio cielo
2. Estar cerca del riachuelo
3. Caña clara y tambor
4. La tonada de Simón
5. El derecho al derechito
6. Isla y piragua
7. Piraña con dientes de oro
8. Abran la puerta

Entre la rabia y la ternura (1984)
1. La Patria buena
2. Falconía
3. Vístanse de fiesta
4. Zobeyda la muñequera
5. Con el martillo dando
6. Canción cumanesa
7. Agua clara Nicaragua
8. Cuando llegue el tiempo de soñarte
9. Canción para Mercedes
10. Camarada

Por si no lo sabía (1985)
1. El lago, el puerto y la gente
2. Los que hacen falta
3. La canción caliente
4. Esequibo II
5. Palabra de Luz
6. La canción del Lunerito
7. Amarnos en el agua
8. Guatemala es corazón
9. Digo que Paraguaná

Alí en vivo (1986)
1. Los que mueren por la vida
2. Mama Pancha
3. Caña clara y tambor
4. Canción mansa para un Pueblo Bravo
5. Tin Marín
6. Abran la puerta
7. Gloria al Bravo Pueblo

Portal Sabor Gaitero:

Según el portal usuarios.lycos.es:

Mipunto com:

Página web Alí Primera El Cantor del Pueblo en geocities:
Discografía de Alí Primera, según el portal Directorio Warez W:

Ensamble Alí Primera: hazaña de su triunfo nacional en el certamen Explosión Cultural Bicentenaria

Por José Millet

Escribo esta nota on line todavía con la emoción saltándome entre el teclado y el mouse, con el nervio de esta tecnología que llamamos computadora. Doy cuenta de la hazaña de una agrupación musical nacida apenas hace unos pocos años, con el antecedente de otra--Tierra de Futuro-- que marcó pauta a nivel regional, todo enmarcado en esta nueva época que vive el pueblo venezolano. Competir y alzarse con el primer lugar en el Municipio Miranda y luego ser galardona con igual premio al medirse con agrupaciones musicales de un territorio donde florece la música en cada palmo...comienza a apuntalar el calificativo de epopeya con que la encabezo el presente comentario. Representar al Estado Falcón en el certamen Explosión Cultural Bicentenaria, a que convocó por primera vez el Ministerio de la Cultura y someter a evaluación su calidad frente a grupos musicales de 23 Estados de la República Bolivariana de Venezuela...constituye la segunda parte de un hecho que me atrevo a calificar de heroicidad. Ajustándose a las bases del concurso, el Jurado, integrado por especialistas muy competentes, con suficiente tiempo de antelación, tuvo en sus manos el dossier de nuestro "Ensamble Venezuela Alí Primera" y nos especificó los puntos que serían determinantes para la presentación final en la sede caraqueña de la Casa del Artista: que el o los temas que se someterían a evaluación tuviesen relación con la Fiesta patria por los doscientos años de la firma del Acta de la con que se inició un capítulo importante del proceso por la Independencia de nuestros pueblos; las virtudes artístico-musicales que se mostraran en la presentación y el dominio de los integrantes en su puesta en escena...

El sábado pasado día dos, tuvimos el privilegio de ver desfilar en la sala Juana Sujo a grupos de muy alta calidad que representaron a cinco Estados con tradiciones musicales reconocidas, nacional e internacionalmente. A Lara lo representaba el magnífico "Wiliams A8 cuerdas" y a Mérida "Cañamiel", que impactaron al público que llenaba el anfiteatro. Con la muestra de estos Estados que teníamos ante nuestros ojos, pudimos apreciar las dimensiones del certamen y nos sentirnos muy dueños de nuestra decisión de triunfar en una justa donde debía prevalecer el sentido creador de cada uno de quienes emulábamos en ella. Fue decisiva la entrada con el tema "Décima a José Leonardo", de la autoría de Eduardo Concepción, quien hizo el debut con una brillante introducción y un arranque con su propia voz de solista que supe serían decisivos a la hora de la decisión por cuáles grupos votarían los jueces. A continuación, vendría "Ondina", un canto coral con la intervención de casi de todos los miembros del Ensamble, en homenaje a la bandera nacional…aquel tricolor traído por el Almirante Generalísimo Francisco de Miranda, precisamente por La Vela de Coro…Creo que fue determinante la ejecución de esta pieza, con una letra de excelencias poéticas y seguida de voces que se acoplaron como casi nunca ocurre ante la tensión que impone una lid…El remate corrió a cargo de "Polo al Bicentenario", canción con letra del investigador y escritor Simón Cazorla, la que constituyó el broche que le dio cierre magistral a nuestra actuación, realizada en un género—el polo coriano—cuyo rescate es un valor agregado de alto quilate que, seguramente, el Jurado tomó en cuenta al otorgarnos el segundo lugar…

Creemos útil apuntar el trabajo realizado por nuestro Ensamble enfocado a fortalecer su espíritu de cuerpo como agrupación con características propias, que la distinguen de otras con formatos semejantes y a incrementar su repertorio, afincado en varios géneros musicales que colocan a nuestro Estado como uno de los de Venezuela que puede enorgullecerse de mostrar variedad y riqueza en su cultura y, muy especialmente, por las excelencias de sus creadores y agrupaciones musicales. Al final, como ocurre en la mayoría de los certámenes, se impuso el talento y la calidad artística, sobresalientes en la mayoría de los integrantes del Ensamble, algunos de quienes son artistas versátiles y experimentados, como es el caso de nuestro director, el folklorista Luis Cazorla, que se mueve con propiedad en cualquiera de los escenarios en que nos hemos presentado. Justo aquí es reconocer el talento de muchos otros, entre los que sobresalen Oscar Lázaro en el ejecución de la mandolina y Aura Zavala, por las excelencias de su voz como solista…sé que este reconocimiento no ofenderá a nadie más de los que integran nuestra agrupación, porque en todos reconozco talento y arduo trabajo para hacer valer la calidad del grupo y la cultura regional, cuyos valores más arraigados nos esforzamos en promover con nuestra interpretación, haciéndole honor al nombre del Cantor del Pueblo que lleva nuestro grupo…

Somos conscientes de la importancia de haber sabido afincarnos en la identidad cultural de la región coriana donde hacemos vida, principal triunfador en este concurso por el que felicitamos al Ministerio de la Cultura y a sus gabinetes estadales, quienes se aplicaron a que alcanzara el éxito del que ahorita todos participamos y celebramos. En lo institucional, hacemos llegar nuestro agradecimiento a cada uno de los organizadores del evento, comenzando por el gabinete del Estado Falcón que preside la Lic. Merlyn Rodríguez y finalizando por los organizadores de la gran final que tuvo lugar en Caracas, entre quienes se destacaron por su trabajo profesional varios compañeros que resumo en el nombre de Aliana Manzanillo; del Gabinete estadal del Distrito Capital, de la Misión Corazón Adentro y de la Plataforma de Artes escénicas, musicales y Diversidad cultural.

En el orden profesional y humano, este sentimiento de gratitud alcanza al profesor Simón Cazorla por su valiosa y oportuna asesoría; a nuestros compañeros de la faena cotidiana, Fernando Jiménez y Ramón Revilla, quienes siguieron durante varios meses nuestra preparación que mejoraron con sus observaciones muy cimentadas en su profesionalidad como músicos; y al actor Alfredo Medina, quien ayudó con gran sentido de la dirección escénica a que nuestro Ensamble pudiera sentirse más seguro en escena e, incluso, diera sus primeros pasos en la dramatización del pasaje contrapuntístico recitativo de un género musical en extremo complejo, como lo es polo coriano…A los bailarines del Taller Experimental Cartujíí y a su directora, la profesora Minerva Lugo, hacemos extensivo este agradecimiento y reiteramos nuestro compromiso de tomarlos en cuenta en próximas actuaciones…   Gracias también a los artistas corianos que aceptaron acompañarnos en condición de invitados del Ensamble: al guitarrista Alirio Mindiola, al maraquero Rembrandt Daal y al tamborero José Gregorio "Goyito" Delgado…

El pueblo del Estado Falcón se alzó con este triunfo; los integrantes del Ensamble, todos trabajadores del Instituto de Cultura del Estado Falcón, que preside el poeta y músico Simón Petit, brindamos con él, como lo hacemos con las agrupaciones de todos los Estados que participaron en esta primera edición del concurso Gran Explosión Cultural Bicentenaria…Levantamos la totumita del cocuy para festejar juntos este premio, muy especialmente con los talentosos integrantes de "Son Guamontey", de Cojedes, ganador del primer premio y de "Wiliams A8 Cuerdas", del Estado Lara, por el tercero. Volveremos a vernos y a compartir juntos días de alegría con todos los creadores musicales de la patria de Simón Bolívar, cuya espada de luz seguirá iluminándonos para salir cada vez más enriquecidos con la participación en las próximas ediciones de este certamen…

Coro, 4 de julio del 2011.

Nota: José Millet (milletjb2007@gmail.com) es miembro fundador del Ensamble Venezuela Alí Primera, su representante artístico y biógrafo del Padre Cantor del Pueblo Venezolano. Escritor y antropólogo cultural, especialista en culturas populares. Ver su web site:

Folleto 4:

Coro y su tambor coriano. La Vela, Cumarebo, Tucacas.

Venezuela musical

José Millet
Autor-editor

Ediciones Fundación Casa del Caribe, Los Teques, Estado Miranda, 2016.

José Millet autor-editor
En colaboración con el investigador Lic. Mario Aular Chirinos, el TSU Enzio Provenzano, Lic. Oscar Lázaro, Orlando Moreno, Lic. PE Concepción.
Libro electrónico:
Coro y su tambor coriano. La Vela, Cumarebo, Tucacas. Venezuela musical
Número del Depósito legal: 2016000364
ISBN

Coro y su tambor coriano. La Vela, Cumarebo, Tucacas. Venezuela musical
Por José Millet

El Tambor Coriano

La Señora Olga Camacho afirma que la legendaria María Chiquitín era una curazoleña descendiente de africanos que llegó a Coro en fecha no precisa y en donde ya existía el tambor. Siente mucho dolor porque en aquellos tiempos no existían los medios tecnológicos ni el apoyo actual que hubiese hecho posible el registro de tan valioso legado artístico y humano. Desde otros sitios, como Cumarebo y La Vela, venía la gente a parrandear con el tambor coriano, cuyo estudio científico deberá ser iniciado con el rigor y sistematicidad que amerita el caso.

Los viejos del barrio La Guinea refieren que el día 30 de noviembre se escuchaba el toque de tambor como un signo de inicio de las celebraciones de la navidad. En particular, en la tarde de ese día se respiraba un ambiente de alegría como claro mensaje de bienvenida a tan esperada ceremonia popular; así, las canciones alegres y bonitas incitaban al baile entre quienes se encontraban o unían en aquellos días de ambiente festivo.

Se ha hecho un lugar común la afirmación relativa a que, en la tradición del tambor coriano, parece haber un enlace o relevo femenino que va desde María Chiquitín a Olga Camacho, cuya agrupación, hace unos años bautizada con el nombre de "La Camachera", ha sabido arropar en Coro los rasgos más emblemáticos o significativos de las expresiones musicales, danzarias, del canto, el vestuario y la gracia que envuelven a este rico complejo cultural asociado con el tambor. Muchos otros personajes y personas se esforzaron por rescatar y preservar esta tradición, pero ha sido la familia Camacho la que la ha conquistado con mayor plenitud y trascendencia en virtud de su trabajo y dedicación constantes y sostenidos. De ahí que se hayan convertido en la referencia obligada de la vida cultural no sólo de Coro, sino de todo Falcón, hasta el punto que no hay visitante, por poco avisado que sea, que no transporte en su morral el poder conocer o presenciar alguna de sus actuaciones.

Nos parece muy importante la información y el enfoque que nos ofrecen Rafael Sánchez y José Pero* en su libro Coro, aspectos históricos, en el que afirman que, para el año 1585, en el Sur de Coro existía un barrio de negros --africanos o loangos-- denominado barrio de Guinea en recuerdo a los pobladores procedentes de las islas de Curazao, Aruba y Bonaire, inmigrantes a quienes estos autores atribuyen su fundación. Por ello a continuación vamos a glosarla a fin de que los lectores tengan la oportunidad de evaluar lo expresado por estos acreditados autores.

* Sánchez Rafael y José Pero: Coro, aspectos históricos (volumen II), Coro, ediciones corianidad [1991]

Olga Camacho, la Reina del Tambor Coriano

En 1575 existía un poblado de igual nombre en la serranía de Coro. Conforme a real cédula del 27 de abril de ese mismo año, el asentamiento se extendió desde Curimagua hasta Coro. En tiempos del adelantado Heredia, predominaban unas casitas con forma de ranchitos de paja y otras construidas de bahareque, o sea, de paja, bejucos y barro en forma cuadrada tipo panela. Los referidos negros serranos visitaban el cantón de Coro los fines de semana en que tenían lugar bailes y canturías con predominio del ritmo del tambor entrelazado por lánguidas canciones en "lengua primitiva". A fines del siglo XIX existió en Coro una colonia curazoleña, procedente de esa isla neerlandesa, donde también se repicaba el tambor y se cantaba en papiamento.

Los pobladores de Curazaito se reunían los días viernes, sábados y domingos para cantar y bailar. Entre ellos, los Stekman, los Faneite, los Arion, los Penso, los Curiel y muchas otras familias de origen curazoleño dejaron una huella en la memoria colectiva del coriano la que, poco a poco, se ha ido desdibujando hasta el punto de estar corriendo el peligro de desaparecer.

Entre los repicadores del tambor han sido salvados del olvido los nombres de María, Jacobo Arion, Francisco Polo, el Negro Yulio, Camilo Pirona (padre de la señora Ana Lucía, a quien hemos entrevistado y citamos en el presente trabajo) y la Negra Katriche, presuntamente de La Vela, según Gustavo Ricaurte y los dos mencionados autores que hemos citado.

Ya a la altura de la década de los veinte del pasado siglo, María Chiquitín formó su grupo de tambor, el que parece haber contado con cantantes y bailarinas, entre los que se recuerda a Victoriano Veroes, la Negra Leonor, Carmen Yánez, Panchón Faneite, "Chinto" Marte y otros. María Chiquitín lo denominó tambor coriano y, al parecer contribuyó a que afianzara el día dos de enero como el Día del Comerciante, que era cuando terminaba el repique del tambor que comenzaba el primero de diciembre. Un grupo de empresarios corianos se habían organizado para pautar ese día como de asueto, ocasión en que tanto niños como adultos usaban sombreros de pajilla, que para esa época costaban dos bolívares y medio, es decir, cinco reales o dos chelines (un chelín equivalía a 25 céntimos.) para el año 1923, siendo Gobernador el General Aguaje, fue alcanzado tal logro. Durante tal jornada festiva, los comerciantes cerraban sus negocios y la gente incitaba a sus familias que quebraran los sombreros para obligar a que fuesen comprados otros al día siguiente.

El tambor coriano parecería haberse silenciado después de la muerte de María Chiquitín. Se le escuchaba repicar esporádicamente, casi sólo en ocasión del primero de diciembre y del dos de enero. No obstante, lograron sobrevivir algunos grupos musicales, como los de José Morillo, Changó Stekman, Panchón Faneite, Hermenegildo Riera, Juan Ramón Piquito, "El Chino" Abraham Padilla, Jacobo "El Chuco" Valdés, "Chucho Cabeza", Teófilo Tizo Faneite, Lino Palmora y Goyo Tabareco.

En la historia del tambor coriano hay una mujer singular que se ganó por muchas razones un sitio privilegiado en la historia de esta tradición musical. Se ha llegado a afirmar que ella fue una de los artífices de su renacimiento y, en efecto, Olga Camacho supo llenar con creces el vacío que sobrevino a aquel período en que tanto brillo alcanzó dicha práctica asociada al tambor gracias a la magia y a la gracia de aquella curazoleña fallecida antes reseñada. Olga lo revivió a golpe de constancia y de creatividad puesta a toda prueba; supo trasladar ese impulso a tamboreros calificados y dotados de gran excelencia y de la talla de Miguel Lugo, Joncho Manzanares y de Benigno Pachano quien, con su furro, que no es originario del tambor coriano, le imprimió más ritmo y más entusiasmo.

El propio Rafael Sánchez refiere haber sido el promotor de la señora Olga Camacho a nivel nacional a través de la televisión venezolana, en la que la presentó en varias ocasiones; asimismo, fue él quien grabó su primer disco, intitulado "El negro Katanga", obra responsable de haberla hecho popular en todo el país.

La aparición de los barrios colindantes al denominado centro colonial de Coro obedece al proceso migratorio del campo a la ciudad que se produce en toda Venezuela y que, por lo demás, es propio de los países mal calificados de subdesarrollados. Su flujo es perfectamente visible de 1554 en adelante, con períodos de alza acentuada entre los años de 1779 a 1833-1834, asentamientos que más adelante darían origen a los del barrio Pantano y Pantano Abajo, los barrios de Cabudare, algunos de los cuales quedaron establecidos entre huertas erigidas por barquisimetanos inmigrados a Coro.

Según los dos autores cuya obra hemos glosado en esta sección*, La Guinea se formó con negros que habían adquirido su libertad gracias a las riquezas acumuladas con su trabajo, amparados por una real cédula del 27 de abril 1579. En una de sus páginas se reseña la sublevación de esclavos ocurrida en Coro y la fuga de esclavos procedentes de Curazao hacia las costas corianas.

Otros autores también han afirmado que los barrios La Guinea y Curazaito fueron fundados por esclavos africanos procedentes o traídos de las denominadas Antillas Holandesas. Generalmente tales expertos carecen de documentación histórica de respaldo y sus afirmaciones son tomadas como verdades convertidas por la gente ya en tradición que nadie pone en duda. Algo parecido sucede en lo relacionado con el origen y evolución del tambor coriano. Para nosotros hoy se trata de un reto validarlas o enmendarlas a partir del estudio y las investigaciones en curso. Es lo que sucedió con la mítica María Chiquitín, de quien se afirma haber llegado a La Guinea procedente de Curazao y se afanó en constituir en el barrio su grupo de tambor al que puso el nombre de "Los Enanos", con el cual llegó a desfilar por sus calles no sólo el 30 de noviembre, sino también los días 24, 25, 28 y 31 de diciembre.

En un artículo aparecido el 28 de agosto de 1986 en el periódico El Nacional se afirma que "el tambor veleño [sic] deja de escucharse por más de 20 años, hasta que Olga Camacho lo rescata y hoy en día puede escucharse en varios sectores de Coro". Categóricamente se refiere a la existencia de un solo tipo de tambor, que es acompañado por el güiro, el cacho de venado, el cuatro, el furruco, las maracas y la charrasca. Existen tres formas de ejecutar el tambor: el golpe, el quiebre y repique.

La historia de algunos habitantes del barrio La Guinea a veces se transforma en canciones del tambor coriano. Así había un extraño personaje nocturno que aparecía en las huertas o en las siembras provocando que más de uno de los menguados corianos se quedara sin aliento a consecuencia de que a tal figura se le atribuía el haberse llevado a algunos de los paisanos. Alguien lo bautizó con el mote de "El demonio" y así pasó a esta canción:

*Estos autores citan a Miguel Acosta Saignes para amparar sus afirmaciones Vida de los esclavos negros de Venezuela. Valencia, 1984, página 268.

Temporá, temporá

Allá viene temporá

¿Qué será de mis muchachas?

Cuando llegue temporá.

El tema "Magdalena" está compuesto en versos que improvisan los cantadores durante las parrandas. Refiere la existencia de un señor que gustaba bailar todo tipo de música y para destacarse en el baile lo hacía pirueteando en un solo pie.

Magdaleno, Magdaleno

Bigote de escabellón

Prepárate Magdaleno

Pa que barras el fogón.

Ahí estaba yo

Bailando no sé qué

Y el tiempo de bailar tango

Lo bailaba en un solo pie.

En casi todas las canciones se percibe el humor y el gracejo propio del pueblo, más remarcados aún en la siguiente, en la que se lleva a términos de burla, con tintes de picardía, a la novia que asiste al acto solemne de las nupcias en la iglesia:

Cuando yo me fui a casar

A la iglesia por completo

El señor cura me dijo

Aquí tiene su esqueleto

Hueso no más tenía mi novia

Hueso no más.

María Chiquitín

Inicialmente, se afirma que María Chiquitín se residenció en una de las calles de lo que hoy erróneamente se conoce con el nombre de Las Panelas, distante a seis casas de donde residía "El Enmochilao", excelente tamborero que se la pasaba lavando carros en el sector. La familia de los Steckman, durante mucho tiempo, interpretó sus instrumentos musicales con el Maestro Miguel Lugo, a quien se le reconoce como el introductor de los "diez sones" en el tambor coriano. El marido de María Chiquitín le había introducido variantes y modalidades a este singular arte creador, en este caso asociado con un instrumento musical de origen africano que había hecho su entrada, según algunos de nuestros informantes, a través precisamente de Curazao.

Refiere la señora Ana Lucía Pirona que María Chiquitín conoció a su abuela en Curazao. María Chiquitín vivía en una casita al lado de la casa de sus padres, que es la misma que habita Lucía actualmente .Era una excelente repostera, por lo que esa calificación le permitió trabajar de cocinera en la casa de Ana Jatar. Hacía sus labores de doméstica hasta el mes de diciembre, cuando empezaban las fiestas de navidad. Nunca habló castellano, según su vecina "puerta con puerta", la propia Ana Lucía, quien afirma que la vio hasta poco antes de su muerte. Según ella, María Chiquitín vivió también en la calle El Sol.

Los prejuicios sociales persiguen a los artistas, quienes, por su condición de seres especiales, logran la aclamación o la mala fama. Para María Chiquitín el tambor era su vida. Le apasionaba ese instrumento y le gustaba también beber "caña".

Calle Federación con calle Nueva, donde se afirma vivió María Chiquitín.

Refiere nuestra informante que el doctor Mario Jacobo Penso escribía muy bien, pero en uno de sus libros aparece una foto de María Chiquitín, que no es la de esa destacada mujer.

María Chiquitín sacaba el tambor de su casa y lo paseaba por las calles del barrio. En cierta ocasión incluso lo hizo pasar cerca del Club Bolívar. Durante cierto tiempo la sociedad fue tolerante con esta tradición. Según varios testigos, las esposas de los señores godos atizaron los ánimos para poner a la sociedad en contra de que el tambor continuase desfilando por los espacios públicos próximos a la zona residencial donde ellos vivían. Una atmósfera semejante había contribuido, en 1903, al dictado de un decreto de la Alcaldía que prohibía la salida del tambor coriano.

Cuando esta popular innovadora muere, existe el criterio en el barrio de que se apaga el tambor de Curazao, importante referente musical que orientaba el desarrollo de un tambor propio de Coro. En efecto, desde nuestro punto de vista, en la cultura los espacios vacíos o débiles son rellenados por otros más fuertes que los dominan y esto ocurriría cuando se dibujaba la circunstancia que acabamos de mencionar .El auge de la gaita y el boom del petróleo coinciden con el fenómeno de la inmigración de zulianos a Falcón. Se impone, pues, estudiar cómo la música del Estado Zulia influyó en la local, de manera particular debe indagarse en este caso su repercusión en el complejo músico-danzario denominado tambor coriano Desde tiempos remotos, el cacho de vaca había sido el rústico instrumento que acompañó al tambor, que no se tocaba entonces con furro ni con charrasca.

Miguel Lugo: Maestro del tambor coriano

Cuando se hable del tambor coriano hay que hablar del Maestro Miguel Lugo. Nacido en La Negrita, hace sesenta y nueve años, lleva en sus manos la energía indispensable para golpear el cuero y extraer de él esos sonidos y tonos que caracterizan a este instrumento, todavía sin estudiarse competentemente. Vamos a glosar lo que nos manifestara en varias entrevistas que le hicimos en su residencia del sector Cruz Verde a partir del pasado día primero de enero. Dice que al tambor hay que golpearlo con el sonido del cuatro. Confirma que los del tambor se producen tres golpes fundamentales. "Cuando haya un furro volveré a repicar mi tambor", nos dice con esa jovialidad que aleja el calendario.

"En Monteverde es donde están los guerrilleros", sostiene con firmeza para significar que por ese sector de La Guinea comenzó la historia de este tambor y es por donde se introduce un núcleo esencial de esta tradición. Se lamenta de que, sin embargo, "allí no hay nada. Están *quedados"*, concepto con que manifiesta que la gente no se dinamiza lo suficientemente como para rescatarla del fondo donde ha sido dejada caer y en remembranza (no exenta de nostalgia) de la etapa en que en aquel sector brillaron los talentos más sobresalientes. Critica la forma en que actualmente algunos ejecutan el tambor. "Que no se toca sentado encima de la caja del tambor. El hijo de El Negro, hijo de la comadre [Olga Camacho] es quien sabe cómo se toca. El tamborero tiene que tocar sentado su tambor en una silla apropiada. Antes es necesaria una preparación física", que para él consiste en golpear una pared todo el tiempo posible para darle fortaleza en las manos, rechaza colocarse algo en ellas en el momento de la ejecución.

El Maestro Miguel Lugo en su residencia del barrio Cruz Verde

Lugo se remonta al pasado para recordar cuando agarraban a las mujeres y las enseñaba fino el arte del tambor; se lamenta de que los hombres casi todos se han casado, igual que sus hijas que están cargadas de muchachos. Eso le impide por lo visto, volver a organizar su grupo musical. Pero al final de la entrevista se compromete a lograrlo en las próximas semanas.

Lugo fue uno de los mejores peloteros, llegó a conseguir el título de doble A; era la época de Peñalver. También fue boxeador, profesión de la que tuvo que retirarse después de que lo hospitalizaran por un puñetazo que le dio un contrincante súper grande. Perteneció al equipo "Los Criollos de la Vela". Entonces existía la cervecería Las Rocas. Miguel Lugo perteneció a la categoría de los lanzadores de "que las tira como un limón". Trae a colación una anécdota relativa a Paraguaná donde una vez se involucró en una apuesta con El Maracucho Ridan Bell; cada uno disponía de cinco cajas de cervezas para el juego urbano. Miguel Lugo se desempeñó como pitcher, en el estadio Tato Amaya, a quien ponchó varias veces, pero esta vez metió un jonrón (home run). Para la época fue a parar a las manos de un contratista de la construcción, con quien consigue vagones de piedra que debía depositar con un camión. En ese trabajo duró tres meses. Tiene familia en La Cruz de Taratara. Juan Ramón Lugo fue copeyano. "Nano" Lugo jugó pelota.

Miguel Lugo cuenta que él llevaba consigo 4 ò 5 borradores a las reuniones para evitar que lo golpearan sus oponentes políticos. Carlos Ortega le tenía "chismeao" en Caracas; refiriéndose a él nos dice: "esa broma no sirve".

Alcanzó una diputación con cuarto grado de enseñanza. Le llegaba a la gente preguntándole directamente por su situación económica: "¿estas pasando hambre?" y, al conocer la situación precaria de alguien, se enfrentaba a los patrones, a quienes decía: "métalo por tres meses a trabajar". Estuvo 36 años en el MINFRA y en otros organismos, como el MOP, MTC, FOPE. Para incorporarse a la cultura necesita que le apoyen con alguna contribución o algo parecido a lo que le dan a Olga Camacho, como una especie de subsidio. No recomienda a algunos de sus hijos para su trabajo por considerarlos "malandros" y porque no permitirá que lo hagan quedar mal.

El tambor con el parche mayor y de mayor altitud es el que suena más alto; en cambio, el tambor pequeño se emplea en este conjunto instrumental para el acompañamiento del primero. Para Lugo, lo más importante es saberlo repicar. "Julio César Arteaga tiene un casete grabado con los repiques míos", nos manifiesta Miguel Lugo con la seguridad propia de un oficio que se domina a ciencia cierta y dejándonos entender que existe una zona común a la forma de ejecutar el instrumento, pero hay otra en la que predomina la individualidad o el sello personal.

María Chiquitín tenía sus tambores. Vivía en Chimpire. El Negro Yule tocaba el güiro metálico. Las taparas hay que meterlas. Entonces Lugo tenía 18 años y vivía en el barrio La Guinea para abajo. El quería aprender para preparar un conjunto de música folklórica, pero para entonces no existía Casa de Cultura y, sin apoyo ni recursos, confiesa que él, Olga Camacho y su esposo Benigno Pachano, fueron quienes introdujeron en el "tambor coriano" otros instrumentos musicales.

El Negro Yule, "Chindo" Páez y "Panchón" Faneite, de "raza curazoleña", fueron quienes le enseñaron a Miguel Lugo el secreto del tambor. El aprendizaje lo hizo en silencio: viéndolos tocar. Con ellos estudió de ese modo: aplicando la atenta observación y registrando en su cerebro los diversos modos empleados por ellos en la ejecución del tambor. Esta confesión es de importancia excepcional, porque nos permite apreciar hasta qué punto el tambor coriano le debe al tambor curazoleño en cuanto a su nacimiento, desarrollo y situación actual. Sin este dato revelador es imposible reconstruir su historia, sustentada casi exclusivamente en la tradición oral.

Según él, su compadre Benigno Pachano era terrible, se le aparecía en el sitio donde había ido acompañado de su comadre Olga. Era cuando Lugo tenía dos buses y dos camionetas en que llevaban a los músicos a los diversos escenarios en que ellos hacían sus presentaciones. Entonces el partido Acción Democrática le tenía rabia a Lugo por haber sido guerrillero cuando Chema Saher (en la etapa en que al Gato, hijo de Chindo, lo mataron en la sierra coriana.)

Chango Faneite vivía en la calle Buchivacoa, como Miguel Lugo; nos aclara que aquel sitio pertenecía al barrio Chimpire, como le decían antes; menciona además al Negro Yule, que habitaba en calle Ampíes. Llega a proporcionarnos la siguiente precisión: vivía en el comienzo de la urbanización Ampíes. Stekman vivía por donde cruza el Hospital para acá, cerca de un local donde vendían o venden lotería. Era contratista. El Negro Yule también vivió en Chimpire. Panchón Faneite con la familia de la gente que vivía, o vive en la Avenida en un sitio donde vendían lotería. Chango también andaba por esa época.

Nos afirma Lugo: "cuando comenzamos a tocar ya había muerto María Chiquitín; en aquella época, ella salía con su tambor, cantadores y bailadores".

Lugo opina que inicialmente debieron ser dos al menos los tambores integrantes del tambor coriano; luego llegaron a ser cuatro. Hace siete años el urólogo Pulido Bueno le pidió a Olga que le repicara el tambor.

En la sierra el tambor lo tensaban con bejucos. En Coro se templaba el cuero del tambor con la candela de unos papeles que se quemaban.

Existió el tambor de salve, que se percute con palitos.

Lugo afirma haber minado de tambores el sector Monteverde. Pero lamenta la actual situación existente allí. "Uno los va enseñar y se arma la verguera". Solicita la construcción de tambores grandes y pequeños para emplearlos en la enseñanza a nivel de la propia comunidad que los vio nacer y pasearse por sus calles. Esta acción contribuiría al reintegro de este símbolo de la corianidad al propio sujeto que lo creó y recreó durante tanto tiempo. Para el pueblo constituiría asimismo otro medio más empleado para su dignificación. De este modo la cultura tradicional popular de Coro y de Falcón daría un paso más hacia delante; de cambios radicales e irreversibles como el que se ha puesto en movimiento en la República Bolivariana de Venezuela.

De numerosos lugares venían a ver el repique del tambor coriano. Por ejemplo, de La Vela, Dabajuro y El Mene muchas personas pudieron llevarse una imagen de primera mano de lo que se estaba produciendo en Coro. Resultaba una manera de contrarrestar las deficiencias del Estado de entonces, ante manifestaciones de la cultura tradicional popular, a las que apenas se les asignaban escasos recursos y poco apoyo para que se desarrollara.

En el conjunto musical "tambor coriano" puede haber dos furros, según Miguel Lugo. "El mío es el primero", confiesa y recuerda que su comadre Olga Camacho bailaba cuando iban a tocar a diferentes ciudades, como San Cristóbal, Valera, Trujillo…. Más tarde, en fecha que necesitamos precisar, Lugo se separó del grupo de Olga por no compartir algunos procedimientos; "no voy a cobrar por lo que no tiene precio. Toco el tambor para divertirme y echarme un palo", nos confiesa en tono escueto, llano y sincero. Para entonces organizó nuevamente su conjunto musical integrado por él y sus hijos. Finalmente, cuando se jubiló, dejó en manos de éstos el encargo de que le diesen continuidad a su tambor, es decir, que no muriera esa bella tradición.

Por causas que no me comunicó, el grupo de Lugo se extinguió; tampoco sabemos si el Maestro Lugo logró transmitir a sus hijos los conocimientos poseídos por él de fuentes tan sabias como las que hemos mencionado más arriba. Podemos hacer algunas inferencias sobre este asunto a partir de lo que nos manifiesta en relación con el tamborero principal que su comadre Olga Camacho tiene en su grupo "La Camachera". A propósito dice categóricamente:"el folklore nace de uno mismo y "Joche" casi no me oyó". Las veces que repique [el tambor] son distintos repiques", manifestó. Lugo ha intentado hacer entender que esa riqueza en la ejecución del tambor no fue transmitida a los jóvenes, ni por tanto, aprendida por parte de la generación que ha debido relevar a la generación suya. A través de la reflexión de este viejo tamborero, se nos está proporcionando el cuadro de que estamos enfrentados a una situación crítica por cuanto se nota más empobrecimiento de aspectos tan importantes como las técnicas de ejecución del instrumento por la falta de la adecuada y oportuna transmisión de los conocimientos y habilidades a las personas que los debieron recibir en su momento.

Lugo nos contó que cuando estaba grabando su disco, él repicó fuerte el tambor, cuyo parche se rompió. Eso lleva a un análisis de las técnicas constructivas que deben ser aplicadas a los instrumentos musicales. Hay que saber preparar el parche para que no suceda esto. Nos enseña que el parche hay que meterlo en cal, en agua y finalmente dejarlo en la caja.

Lugo aprendió los toques de cada uno de los tipos de tambores existentes en el Estado Falcón; el de Cumarebo, el de La Vela. Y apunta el hecho de que la gente de La Vela era la que más contactos tenía con Curazao y fueron veleños quienes trajeron los toques aprendidos por él. Narra la anécdota de cuando libró un duelo cordial con el tamborero veleño Galo Guanipa, quien ganó la primera vez, pero luego no fue así "¿Quién le da más?", se trató de una competencia sana. El dato nos permite evaluar cuán estrechos eran los vínculos entre los tamboreros de Coro y los de otros sitios del Estado Falcón, especialmente con los de La Vela, lo cual no se aprecia en el presente.

Lugo aporta un valioso testimonio acerca de su aprendizaje. El no le preguntaba a aquellos viejos curazoleños, sino que los escuchaba y observaba atentamente. Había focalizado su atención en el tambor para evitar que otros elementos que nos rodean pudieran alejarlo de lo principal. Para él de lo que se trataba era de aprender las técnicas de ejecución y los diferentes tipos de toques de este instrumento de percusión. Así andaba tras de los viejos buscando los tonos del tambor; eso lo confirma en su llamado a que se enseñe todo lo relacionado con el tambor. Insta a su comadre Olga a que enseñe más a tocar el tambor coriano. En lo personal, sus conocimientos no se los va a llevar al cementerio porque "me los van a ensuciar". Debe enseñársele los secretos del instrumento a esta generación como único medio de garantizar que no desaparezca la tradición del tambor coriano.

A Chango Stekman lo apodaban "Peleco", es decir, zambo.

Joel Arion, los Stekman, los Jatar, procedían de Holanda – en realidad de Curazao. Según Lugo, Ela Petit era una "maestra de corazón", de La Vela.

Luís Alfonso Bueno vive en Paraguaná.

"Gonzalo Márquez Yánez ha sido el periodista más peculiar que hayamos conocido. Era un carajo que llegó a Coro en un barco y aquí se quedó para ser sembrado y es por eso que nadie lo olvidará nunca". También existió "Radio Pantano", un personaje popular que solía presentarse como "la única emisora que trabaja sin luz eléctrica".

Tambor coriano—Tipología

Tambor serrano

¿Por qué no hay tambor serrano con el ardor y vehemencia del tambor coriano? En gran medida a consecuencia de la represión que sucedió al aplastamiento sangriento del conato insurreccional iniciado por José Leonardo Chirino el 10 de mayo de 1,795. Los caminos de la cultura tradicional popular coriana transcurrirían de modo particular a partir de este hecho, que debe ser tomado como un elemento importante al analizarlo en su dimensión histórica. Los contenidos, el ritmo y el significado de las canciones serranas así nos lo evidencian.

El Chino Solís considera que la tamborita serrana tiene un tejido en forma de doble v (W) o doble parche, lo que, según él, es típicamente africano. La tamborita es usada en Barlovento durante las celebraciones de la Cruz de Mayo.

Tambor cumarebero

El tambor marinero de Cumarebo es el más parecido al tambor curazoleño. El tambor veleño procede de Puerto Cabello debido, sobre todo, al contacto frecuente que existió desde el período colonial entre ambos puertos; de allí que en la Vela se convirtiera en una tradición la festividad con motivo del día de San Juan. Al tambor coriano se le introduce el cuatro como un añadido de pura creación nacional del pueblo venezolano.

Tambor veleño.

Se afirma* que hay diferencias entre los tambores de la costa y el propiamente coriano, que asocian e identifican con la tierra firme o el interior o, en todo caso, lo opuesto al tambor marinero. Ejemplifiquemos con el tambor veleño, que tiene su toque propio y su propio vestuario. En este último, los tocadores visten franelas y blue jeans. El tambor veleño está compuesto de dos tambores: uno que hace la prima, que dirige el quiebre y el otro de segunda, que hace de fondo y marca el ritmo.

Aun cuando los dos instrumentos son ejecutados simultáneamente, cada cierto tiempo uno se sobrepone al otro, que termina por acallarse. Este relevo permite darle rienda suelta a la energía y a la vitalidad de cada uno de los tocadores. Los tambores son acompañados por el furro, güiro, charrasca y cuatro.

Muchas personas creen que la presencia exclusiva de mujeres en el baile se debe a que, en La Vela, los hombres no son proclives a la danza, razón poco convincente, pero entendible. Creo que esta afirmación o creencia más bien se corresponde con la versión del grupo Parranda veleña, que se cita en los artículos** que estamos reseñando; fundado en 1985 por Lino Pajarito Nerey, su repertorio inicial se basaba en la música serrana y venezolana, pero con una preponderancia del tambor, el cual ha terminado por ser el más fuerte de todos los instrumentos.

ANEXOS

El tambor coriano

Por José Millet*

Existe un fondo inexplorado en la historia del tambor coriano. De lo que se trata entonces es de desvelar la trama, los hilos de esta tela de araña que nos permitan conocer cómo era aquel instrumento cuando surgió y cómo, cuándo y por qué evolucionó hasta llegar a su situación presente. Tengo la presunción de que en sus inicios el "tambor coriano" era un solo instrumento, que era percutido por una sola persona y luego se fue socializando lentamente hasta ser ejecutado por varias personas que se relevaban en el toque durante algún evento familiar o de mayor alcance colectivo, como el de una festividad religiosa. En el principio constituyó un vínculo, un canal de comunicación con el África ancestral de la cual había sido desarraigado el negro reducido a la condición de esclavo mediante el engaño y la violencia; luego se convertiría en un factor de unión para enfrentar en tierra extraña las adversidades propias de la situación del destierro.

El propio nombre con que se le bautizó y permanece hasta el presente apunta en esta dirección. "El tambor coriano" y no "el baile coriano" nos lo indica notoriamente con claridad meridiana. El maestro coriano Miguel Lugo nos lo confirma con una afirmación categórica: "bailar el tambor coriano no vale nada, sino el repicarlo". Sin menospreciar cualquier otra expresión artística añadida o resultante de una evolución o circunstancia a la que se ha llegado, no obstante la tradición está señalando con esto su núcleo principal de partida, que es a su vez el foco centrípeto en el que se confluye y en el que subordina al resto de las expresiones artísticas que giran en torno de sí. De ahí que en el habla común, tanto como en ese fondo inescrutado e inexplorado, reviente la palabra "tambor "como elemento de referencia simbólica, a la vez que remitente a un pasado ancestral y a un núcleo aglutinador de personas sometidas a la aculturación y al despojo violento de todo arsenal de símbolos connotativos de un origen.

Asumiendo esta perspectiva, el tambor coriano tal vez deba ser interpretado como el grito desesperado del oprimido que agarra en las manos el medio más eficaz con que sobrevivir ante una situación de violenta deculturación. El baile podría ser visto así como lo que se le añade posteriormente, en medio de un proceso de transculturación enmarcada en ese proceso agresivo. Tambor remite a África ; África es sinónimo de esclavitud para el colonizador y esclavo significa ser carente de cultura ante sus ojos y los ojos de los grupos sociales que continuarán ejerciendo el dominio colonial y que lo prolongarán durante las denominadas *Repúblicas* .Era necesario, pues, desdibujarlo, debilitarlo o hacerlo desaparecer si fuese conveniente, más sobre todo a partir del conato de insurrección liberado por José Leonardo Chirino, en la sierra coriana, a mediados de la década de los noventa del siglo dieciocho.

El tambor tendría que negociar con la cultura dominante su status y ubicación en la sociedad colonial y postcolonial para garantizar su sobre vivencia. Se adaptaba a las exigencias del colonizador o desaparecería: tal era la dramática disyuntiva a la que se enfrentaría .En el juego con el poder que lo negaba, aparecerían estrategias de resistencia; de una de esas estrategias se derivaría el crecimiento del número de tambores de la agrupación instrumental y la incorporación de otras expresiones artísticas, como la danza de carácter étnico y luego otras formas de representación escénica, que incluían el baile. Como resultante, en lo relativo al contenido de esas ricas expresiones escénicas, éste se desarrollaría hasta concretarse en un campo semántico cada vez más amplio y abarcador. En lo adelante, decir tambor en cualquier sitio del actual Estado Falcón significaría corianidad, que es como actualmente se le percibe y recibe en la gente común, no sólo en los vecinos de los barrios marginados de la ciudad. Es lo que nos manifiesta el joven docente de percusión Gustavo Ricaurte cuando se refiere a que, para el conocedor, tanto el tambor veleño, como el marinero o cumarebero, o aun el serrano, se le califica con ese linaje.

Un cerco racista y contracultural habría sido impuesto por la clase dominante desde la colonia para impedir el reconocimiento de los valores creados por el pueblo en lo relativo a su espiritualidad. La clase social dominante, primero los oligarcas y luego los burgueses, se propondrían como estrategia de dominación en el campo de la cultura descalificar al complejo cultural denominado "tambor coriano" para impedir que se siguiera manifestando como lo había hecho en el pasado .No se trataba de una acción aislada. Todo lo contrario. Esta descalificación formaba y forma aún parte de la plataforma de dominio que abarca un conjunto de actos dirigidos a colocar en primer plano a la "cultura oficial, con la que siempre se ha impuesto la imagen de la que debe entenderse por cultura. Todo lo demás, si no carece de valor para este punto de vista, cuando más, es subalterno: está en segundo plano y, como tal, debe tomarse como algo secundario, que en cualquier momento puede ser colocado a un lado.

En el transcurso del siglo XX los curazoleños asentados en Coro desempeñaron un papel muy importante en la reafirmación del tambor como signo emblemático de la expresión artística de la cultura tradicional popular que había sido negada y excluida durante mucho tiempo .Hemos mencionado los nombres de algunos de los personajes más destacados en esta labor. Ellos posibilitaron que en la memoria colectiva del barrio La Guinea de la ciudad de Coro se mantuvieran presentes algunos elementos que remitían al pasado ancestral, en particular aquellos que siempre quisieron borrar. Volvamos a recordar los bailes del tambor que tenían lugar en La Guinea en el período de la insurrección de José Leonardo Chirino, nunca olvidemos cómo se dejaba traslucir en sus cantos lo que se estaba gestando en la sierra coriana en relación con la insurrección encabezada por aquel hombre mestizo, pero que contaba con la adhesión de esclavos, negros y mulatos libres y de parte de la población aborigen.

Asimismo los curazoleños abrieron el camino para que se estudiaran y aprendieran nuevamente las claves del tambor, debilitadas o relegadas durante un tiempo. A su lado, compartiendo un espacio cultural entendido peyorativamente como *"folklore*, se situaron algunos corianos que habrían de adquirir los conocimientos indispensables para que el tambor coriano no muriera. En páginas anteriores hemos proporcionado sus nombres, que deberán ser objeto de investigación por los estudiosos y cronistas de las localidades. Cuando logremos materializar nuestro proyecto de Museo del Barrio La Guinea, al pie de sus retratos o fotos deberá colocarse la síntesis de sus biografías para que la comunidad conozca sus méritos y, tanto niños como jóvenes, tengan en ellos dignos modelos con que orientar la comprensión de su pasado y su comportamiento actual.

Mucha gente ignora el lugar en que se tenían a aquellas numerosas y ricas expresiones de la cultura tradicional popular .Debe estimularse para que se active la memoria colectiva, en especial en aquellas zonas en que se ha producido una manipulación en el inconsciente para que no afloren los recuerdos. El tambor coriano no sólo fue menospreciado y colocado en espacios marginales de la sociedad neocolonial, sino también fue excluido y perseguido durante mucho tiempo hasta períodos recientes previos al actual proceso de la revolución bolivariana .Disponemos de testimonios de vecinos del barrio La Guinea-Curazaito que dan cuenta de cómo las "señoras damas, esposas de la godocracia" local veían con malquerencia a las muchachas pobres que se sumaban a los desfiles del tambor por algunas calles de Coro durante diversas celebraciones festivas, como las del inicio de las Navidades. Estas damas estaban animadas no de un natural celo por sus parejas masculinas, sino motivadas en su inconsciente por arraigados prejuicios sociales que las predisponían a rechazar y alejar del espacio social en que ellas se desenvolvían (léase el actual mal denominado casco histórico o centro colonial de la ciudad mariana) a la música de aquellas personas de barrio que necesariamente había que mantener a "distancia."

Fue así cómo esas señoras lograron promover un estado de opinión dirigido a movilizar a las autoridades gubernamentales del municipio en contra del tambor coriano. Según obra en el Archivo Histórico de la actual Alcaldía Miranda*, se promulgó entonces un decreto del jefe militar y civil Gabriel A. Reyes, en que se califica al tambor o mabil de "espectáculo que desdice en alto grado de la cultura y civilidad de los pueblos" y en él se discurre que con semejante espectáculo se ofende la moral pública. En consecuencia, mediante tal instrumento legal se ordena prohibir "semejante baile en las partes céntricas de la población".

La represión no se quedó en semejante acto de marginación o exclusión, sino que iría más allá; así, en otra de sus medidas, obligaba a la gente humilde de los suburbios donde ese instrumento era guardado celosamente y se realizaban tales celebraciones asociadas a él a obtener previamente el permiso correspondiente de la primera autoridad del Distrito, que era como se llamaba entonces al Municipio.

* Libro de resoluciones y decretos de la gobernación del Distrito Miranda Años 1903-1906.Documento II, folio 11-12. Alcaldía Miranda .Archivo Histórico.

Comprobamos con ello cómo se determinaba, sin decirlo explícitamente en el texto del mencionado decreto racista, su prohibición: se exigía, como requisito indispensable, que dicha solicitud se hiciera "en papel sellado de la clase sexta y con estampilla de instrucción de 50 céntimos, comprometiéndose el solicitante a responder del orden", mientras se celebraran las fiestas populares en el barrio al que se le confinaba.

Faltaba dar todavía una última vuelta de tuerca para estrangular al humilde, que era precisamente la más fuerte, la de tipo económico: el solicitante debía pagar previamente diez bolívares, que era un capital en la época ¡y si, contravenía lo dispuesto, diez o veinte bolívares o arresto correspondiente". La espada de Damocles era colocada en la cabeza de la gente humilde a la que se arrinconaba en sus guetos, en los que podía divertirse y reafirmar su identidad local sólo si cumplía con requisitos que no estaban al alcance de los bolsillos de gente pobre, negra, mulata y sin recursos materiales, quienes sólo disponían de lo más elemental para mantenerse en un nivel de sobre vivencia.

*José Millet: escritor e investigador, director-fundador del Centro de Investigaciones Socioculturales deL INCUDEF

Anexo 2 Tambor de Cumarebo

Por Juan González Pérez

Para comenzar debemos ubicarnos; Puerto Cumarebo es una población que según el último censo, tiene 21.808 habitantes, 10150 varones, 11.152 hembras, asentados en 4.520 hogares. El Municipio tiene en total 29.045 habitantes.

Puerto Cumarebo es la capital del Municipio Zamora desde 1.989; anteriormente fue capita del Distrito Zamora y antiguamente Cabecera del Cantón Cumarebo.

Puerto Cumarebo no tuvo fundador, su origen se remonta a finales del siglo XVII, cuando por la estratégica situación de su Bahía y la cercanía. de las Antillas Holandesas y la inexistencia de. poblamiento, los indígenas vivían en las zonas más propicias, donde abundaba el agua; esta circunstancia era aprovechada por los piratas y filibusteros, quienes después de cometer sus fechorías en alta mar, se refugiaban en la bahía cumarebera, que por ser despoblada, no tenía vigilancia alguna.

Luego serían los contrabandistas, que utilizaban su costa para introducir sus mercancías ilegales y de aquí distribuir al resto de la región.

Con el correr del tiempo se fueron estableciendo, primero rancherías a la orilla del mar, y más tarde, se va formando una población un tanto cosmopolita, con gentes venidas de distintas partes del mundo, comercialmente activas, por eso decimos que Puerto Cumarebo surgió del contrabando.

Precisamente esas personas que fueron poblando la Bahía Cumarebera, fueron las que iniciaron la relación con las Antillas y se estableció una comunicación más fluida y es esa la relación que da origen al "TAMBOR". Los holandeses de color, con ancestros africanos nos legaron la tradición del Repique del Tambor".

Luis Arturo Domínguez, insigne investigador del folclor venezolano y latinoamericano, con respecto al Tambor Cumarebero, nos dice lo siguiente: "En Puerto Cumarebo, a las doce de la noche de la víspera del mes de Diciembre, los "holandeses", o sean los negros oriundos delas islas de Curazao, Aruba y Bonaire, compuestos en su mayoría por marineros, recorren las calles del Puerto luciendo trajes de colorines, anchos sombreros de cogollo, de los cuales penden cintas de variados colores Utilizan para acompañar sus cantos el tambor y el triángulo. El membranófono que usa esta gente sólo tiene un parche, que bien puede ser de piel de ovejo o chivo, el cuerpo del instrumento es un pequeño barril en el cual se pueden ver diversos dibujos de color verde o rojo. El parche. casi siempre se clava con tachuelas y para "templar" el "tambú" lo ponen al sol o haciendo una hoguera, colocan el tambor oblicuamente de manera que el resplandor de la hoguera lo reciba indirectamente el cuero, y con suaves golpecitos dados con los dedos o la mano, van probando el temple del instrumento. A los holandeses los acompañan también mujeres de color, estas se entregan frenéticamente al baile del tambor, se "cangan" las enaguas sobre el cuadril, sujetándolas con un enorme pañuelo a cuadros, mientras los hombres al son del tambor y el triángulo, palmotean y acompañan los movimientos voluptuosos y cantan alusivos versos en papiamento.

Personajes célebres del "loango tambú" fueron: la "Negra Katrinche, Antonia Demey y Nicolás Quero".

Esto lo escribió Luis Arturo Domínguez. hace exactamente 50 años, fue publicado en 1.953 en el libro "POLIANTEA DEL DISTRITO ZAMORA", de los hermanos Ismael y Rafael González Sirit.

Como podemos apreciar, la tradición del tambor la trajeron los "holandeses". Dudo que alguno de los presentes haya conocido a la "Negra" Katrinche o a Antonia Demey, es posible que conocieran a Nicolás Quero, pues durante muchos años fue, junto con Gollo Zamora, los matarifes del Mercado Municipal y era muy frecuente verlo por las calles vendiendo "bojoticos" de mondongo amarrados con cabuya y cuyo valor era de un real o 0,50 de bolívar.

La tradición oral, que es la que permitía antes que las tradiciones se fueran transmitiendo de generación en generación y así se conservaran, es la que nos permite relatar a ustedes acerca del origen y evolución del Tambor Cumarebero. Como bien lo apuntó Luis Arturo Domínguez, al principio eran sólo el tambor y el triángulo y poco más atrás la escardilla, luego se le fueron agregando: el cuatro, furruco, charrasca, maracas y cacho rayado.

Los más insignes tocadores de tambor que se recuerdan, aparte de los holandeses, que nos legaron la tradición y cuyos nombres no se recuerdan, fueron, en orden cronológico:

Conde Martínez, Nicolás Quero, Bartolo Álvarez, Agenor Hoyer, Epifanio García, Benito Lisir, Mundo Arias, Chico Estredo.

De las mujeres que bailaban tambor con alegría y entusiasmo: La "Negra" Katrinche, una holandesa de elevada estatura, Antonia Demey, que al decir de los que la conocieron era un remolino de pasiones que despertaba la admiración de todos. También se destacaron como bailadoras: Juanita Estredo, Rafaela Semejal, Narcisa Estredo, Mirta Hernández, Narcisa Semejal, Maria Ricarda Estredo, y la última que conocimos y que fue la que por más tiempo nos deleitó con sus contorsiones fue Rosalía Musset, la "Negra Challa".

La formación del Grupo "TAMBORES DE CUMAREBO" le dio al Tambor Cumarebero un segundo aire, hay que reconocer que Jesús Higuera, Santiago Santelíz, Amador Musset y otros, se propusieron y lo lograron, grabar dos discos de Larga Duración que son prácticamente la Memoria del Tambor Cumarebero.

Existen otras agrupaciones que cultivan el género del Tambor como "LA PARRANDA CUMAREBERA" y "GRAN ZERPA"; pero a decir verdad, han recibido influencias ajenas a la originalidad que ha mantenido, a través de los años el Grupo "TAMBORES DE CUMAREBO", por eso son los mantenedores de la auténtica tradición y son por lo tanto los Embajadores del folclor cumarebense.

La importancia que para Cumarebo tiene la vigencia de la agrupación "TAMBORES DE CUMAREBO", es el mantenimiento de la tradición, que sabemos no se perderá pues han sembrado en niños y jóvenes el apego a la tradición, y la semilla sembrada en tierra fértil germina con buenos frutos.

Dos fueron los discos de Larga Duración; en el primero Titulado "EL PESCADOR", los "TAMBORES DE CUMAREBO" hacen una recopilación de temas de Cumarebo, Curazao, el Litoral Central. Para esta primera grabación, la Agrupación estaba integrada por: Henry Reyes (cuatro), Rafael "Coca" Lisir (tambor), Andrés "Deche" Álvarez (tambor y cantante), Demócrito "Chuchú" Henríquez (tambor y cantante), Jesús "Chua" García (furro y coro), Eugenio "Ñeño Martínez (Güiro), Douglas Semejal (cantante), Eric "Keka' Estredo, (güiro), Juan "El Tuqueque" Hoyer (escardilla), Tomás "Sipotón" Estredo, (escardilla), Alexis Ordóñez (coro), Rafael Semejal (coro), Amador Musset, (cantante), Rafael Gómez (cantante), Tulio José (coro), Santiago "Calpache" Santeliz (cantante), Jesús "Chucho" Higuera (cantante).

En el segundo trabajo discográfico, titulado: "LOS CINCO JUANES", se incluyen temas locales, folclor de los Estados Carabobo y Nueva Esparta, también incluyen temas de Oswaldo "Guaro" Cayama, y se introduce la innovación del coro femenino integrado por: Mayela Páez, Kelly Gutiérrez y Gladis Flores; resultando un producto más acabado.

En la actualidad el Grupo se mantiene gracias a la voluntad y tesón del Lic. Douglas Semejal, que se ha empecinado en no dejar morir la tradición. Es de hacer notar que el tambor cumarebero se diferencia del coriano y el veleño, en que se mantiene en su forma original, sin recibir influencias extrañas, siendo el único grupo que utiliza la escardilla como instrumento musical y que en su ejecución se emplean varios pasos, a saber: arranque, quiebre, pausa, tramao y entreverao.

Fue registrado como "TAMBORES DE CUMAREBO" en la Oficina Subalterna de Registro del Distrito Zamora del Estado Falcón el día 07 de diciembre de 1993, bajo el Nº 44, Folios 149-150, Protocolo Primero, Tomo II.

Los integrantes actuales de la Agrupación son: Douglas Semejal (Director-Cantante), Ángel Semejal (güiro), José Semejal (tambor), Miguel Semejal (güiro), Oswaldo Arias (tambor), Edgardo Arias (cuatro y coro). Edgardo Arias Jr. (Coro), Jesús García (furro), Eddy Blanco (furro), Demócrito Henríquez (tambor y cantante), Rómulo Mencías (tambor), Luis Mencías (güiro), Príamo Guillén (escardilla), Héctor Medina (coro), Orlando Arias (coro). Compositor: Oswaldo "Guaro" Cayama.

Junta Directiva:

           Douglas Semejal   Director
        Edgardo Arias   Secretario
        Sótera de Bustillos   Tesorera.
           Raúl Jiménez   Coordinador

Registrada el 25-09-2.002. N⁰. 10 Tomo VI —Folios 21 y 22, Oficina Subalterna de Registro de Puerto Cumarebo.

Puerto Cumarebo — Falcón. Marzo 2003.

Folleto 6

San Benito, otras fiestas, tradiciones.

José Millet, autor-editor

José Millet autor-editor
Libro electrónico:
San Benito, otras fiestas, tradiciones. Coro, Venezuela, 2016.

En colaboración con los licenciados Mario Aular Chirinos, Oscar Lázaro, Eduardo Concepción, TSU Enna Zavala, Br. Luis Cazorla y el TSU Enzio Provenzano Clark.

Incluye Bibliografía.

Depósito Legal MI2016000365
ISBN

Fundación Casa del Caribe
Avenida Alí Primera, Calle Principal, casa 29,
Sector La Cruz, Los Teques, Municipio Guaicaipuro,
Estado Miranda, República Bolivariana de Venezuela
0416-2168703 y 0412-5960330
José Millet: milletjb3000@gmail.com

AGRADECIMIENTOS ESPECIALES A:

Familia de Trina Curiel, Josefina y Goyo Curiel, Henry Curiel
Lic. Mario Aular Chirinos, cronista del barrio Curazaito
Fundación San Benito
Judith Rojas
Lic. Joel Chirinos
Olga Camacho, su familia e integrantes del Tambor Coriano La Camachera
Club social y deportivo "La Guinea", de la ciudad de Coro
Francisco "Chico" Rojas, Profesores "Chendo" Chirinos y Willy Marín
Familia del Bachiller e investigador Luis Cazorla.
Fundación Los Locos de La Vela de Coro
Margarita Díaz, Leonel Vera, Jhomar Loiza y familia de Galo Guanipa y su Tambor Veleño
Casa de la Diversidad Cultural y a su directora, la arquitecta Mercedes Medina
Críspula Chávez, La Duquesa, Parroquia El Charal, Municipio Unión
Fundación José Cecilio Salas, comunidad San Pedro, Parroquia Mapararí, Municipio Federación; capataz Rodolfo Garcés, reina_______________, José Castillo, Santos Colina
Nasser Navarro, parroquia Mapararí, Municipio Federación
En Cuba: al Instituto Cubano de Antropología (ICAN), en las personas de su director, el finado Jesús Rafael Robayna Jaramillo y al Centro de Estudio y desarrollo de la cultura cubana "Juan Marinello" y al Dr. Jesús Guanche.

San Benito, otras fiestas, tradiciones. Coro, Venezuela, 2016.

"Yo vi a San Benito dar
Un beso a María Bonita"-

Alí Primera

FUENTE FIESTA FECHA LUGAR PARROQUIA MUNICIPIO

José Millet Religiosa-Popular 26 y 27 de Coro San Antonio y Santa Ana Miranda.

La fiesta dedicada a San Benito en Coro consiste en una alegre marcha por las calles de algunos barrios, al son de los tambores chimbángueles y el rociar a la imagen de bulto del santo con ron, whisky o cocuy.

La tradición oral afirma que fue Trina Curiel (1904-1990) el personaje fascinante que instituyó en Coro la fiesta de San Benito. Según Francisco "Chico" Rojas, vecino del barrio La Guinea, la primera fiesta de San Benito la llevó a cabo Trina Curiel en diciembre de 1957 y en la misma participaron Frank Castro Elías, El mismo "Chico" Rojas y "Chindo" Páez como único tamborero (no había chimbangleros) además de otro hombreque él no recuerda. Las mujeres que participaron en esa primera procesión entre la iglesia de San Antonio y el mencionado barrio fueron: Esther Chirinos, Mencha Rojas, Melquides Leal, Carmen Rojas y la propia Trina Curiel. Actualmente la organización de la festividad está confiada a la Fundación Comunitaria Cultural "San Benito de Palermo", formada por personas del barrio La Guinea y zonas aledañas. Comienza con la llamada "víspera" que lleva a cabo el llamado Comité Organizador "San Benito de Palermo", el día 26, con la actuación de diferentes grupos musicales y de danza en una tarima que se monta en la calle Monzón del mencionado barrio, colocándose la imagen del Santo en la tarima.

El 27 de diciembre a las 9am, se ofrenda una misa en la Catedral de Coro (a veces se ha efectuado la misa en la iglesia San Antonio o en la del Santo Niño en la Urbanización "Ampíes"), con la imagen de San Benito y los chimbangles al pie del altar. El Santo sale en procesión desde la iglesia, al son de los Chimbangles, mientras la imagen es rociada con ron, cocuy u otras bebidas espirituosas. La procesión de San Benito recorre diferentes barrios de Coro: Monteverde, La Guinea, Curazaíto, Las Panelas, sector San Antonio, Chimpire y otros; donde muchas personas salen a la puerta de su casa para observar y participar en la procesión. En el recorrido, va parando en algunas casas para homenajear al Santo y puedan algunas familias pagar sus promesas. Algunos procesantes piden dinero a los ocupantes de vehículos o peatones para sufragar la hidratación de los participantes. A su paso por el barrio La Guinea, visita las casas de, entre otros, Trina Curiel, Olga Camacho, Judith Rojas así como el Club social y deportivo "La Guinea". Por último, la imagen del Santo llega a la sede de la Fundación Comunitaria Cultural "San Benito de Palermo", sita en la casa de Judith Rojas en el barrio la Guinea, donde se disfruta de un suculento sancocho o mondongo para recuperar las fuerzas y donde comienza un toque de tambor al son de los Chimbangles de Coro y agrupaciones de Aragua, Carabobo, Zulia, Falcón y del Oriente del país.

Trina Curiel trajo de Cabimas un "San Benito" de madera, el mismo con el que comenzó esta tradición en Coro. Aquél es celosa y cariñosamente guardado por su sobrina Josefina Curiel, en la Urbanización Cruz Verde de esta ciudad. (Según Josefina Curiel, en realidad el San Benito lo trajo de Cabimas fue su abuela, o sea, la mamá de Trina).

IPC-115 Religiosa-popular 26 diciembre Mitare Mitare Miranda

La festividad de San Benito se comenzó en Mitare a raíz de la promesa que Estilita de Roque ofreció al Santo después del accidente de su hijo. Se inicia con un rosario a las 7 de la noche y, al día siguiente, misa con banquete y el baile del Santo en todas las casas de la comunidad.

VIRGEN DE LA CANDELARIA

FUENTE FIESTA FECHA LUGAR PARROQUIA MUNICIPIO

Las Fiestas Patronales de Mitare, en honor a La Virgen de la Candelaria, representan la fecha de reencuentro más importante de esta comunidad.

Estas fiestas son conocidas a nivel nacional.

IPC-116-Millet Fiesta religiosa 1-3 febrero Mitare Mitare Miranda
Se celebran en Mitare las fiestas en honor a la Virgen de La Candelaria y a San Antonio Abad cada año, del 1 al 3 de febrero. Estas fiestas son visitadas por fieles de todas partes del país. La ceremonia religiosa consiste en procesiones por las calles del pueblo al compás de marchas musicales y rezos. Nota del editor J.M.: "En los últimos años, esta celebración se ha desplazado de su territorio original y ha llegado a Coro, donde se le rinde culto por parte del pueblo y, muy particularmente, de los mitarenses radicados en la ciudad, con paradas en varios puntos y remate en la casa del desaparecido músico Cheche Acosta xFuguet, donde se le ofrece un recital con música en vivo, en un ambiente de extrema emotividad y unidad entre sus devotos seguidores."

IPC 208-Millet Fiesta religiosa 2 de febrero Punta Cardón Punta Cardón Carirubana

Festividades en honor a la Virgen de La Candelaria Av. Andrés Bello frente a la Plaza Bolívar

Festividad que data del año 1904, aproximadamente, por iniciativa de Carmen Ochoa, quien encargó a España una imagen de la Virgen de la Candelaria y que actualmente es la más antigua del templo. La imagen que pasean los pescadores es la que se cree llegó de España en 1916 y había sido encargada por José María Andrés, párroco de Punta Cardón para la época. Se celebra los días 1 y 2 de febrero, iniciándose con una novena durante la cual se lleva a la Virgen en procesión por todos los sectores, mientras se reza el rosario hasta finalizar en la Iglesia. Todos los días se realizan actos culturales en homenaje a la Virgen. El último día de la novena es el primero de febrero, cuando se oficia una misa que dura hasta la víspera del día 2. En este día, 8,30 a.m. se celebra la misa de los pescadores y al final se pasea la Virgen por la bahía de Punta Cardón. Se concluye en la Plaza Bolívar de Punta Cardón con diferentes actos, incluyendo la coronación de la Virgen y juegos pirotécnicos. Nota del editor: "Resulta de las pocas fiestas en que se establece un estrecho vínculo de los pescadores artesanales con la comunidad donde ellos viven y realizan diariamente su actividad económica."

VÍA CRUCIS VIVIENTE

FUENTE FIESTA FECHA LUGAR PARROQUIA MUNICIPIO
IPC-116-Millet Fiesta religiosa Viernes Santo Curazaíto San Antonio Miranda

Se inició en 1984 por iniciativa de jóvenes de Curazaíto, Cruz Verde y la Urbanización Ampíes, en la ciudad de Coro. Comienza cada Viernes Santo en la calle El Sol frente a la Iglesia María Auxiliadora del barrio Curazaito, bajo la dirección de Diego González. Nota del editor: "Esta fiesta es de las pocas celebraciones religiosas que se enmarcan en las propias de la Semana Santa en nuestra ciudad coriana, en la que se observa un predominio de aquellas derivadas del catolicismo popular, con marcado énfasis en las patronales o las devociones a ángeles y santos católicos."

Nuevo Día Religiosa Semana Santa Coro Santa Ana Municipio Miranda
Página 2822-03-2008

Vía Crucis Viviente con las Comunidades Aeropuerto y barrio "Pantano Abajo"

La Corporación Falconiana de Turismo patrocinó la puesta en escena de un Vía Crucis Viviente en la ciudad de Coro, en la víspera de la Semana Santa 2008. La representación teatral se llevó a cabo el martes 18 de marzo del 2008 y contó con la participación protagónica del grupo de teatro de la Parroquia San Antonio, quien tiene 12 años montando esta obra y que además de Corfaltur contó con el apoyo de Incudef, Alcaldía de Miranda, Amigos de la Alameda, Fundación del Niño y tres Consejos Comunales.
La actividad partió desde la Avenida Miranda, frente al Aeropuerto José Leonardo Chirino, y sus estaciones se situaron en el Barrio Pantano Abajo.

El Vía Crucis Viviente consiste en la puesta en escena de la pasión y muerte de Jesús.
ROSARIO POR FUERA

FUENTE FIESTA FECHA LUGAR PARROQUIA MUNICIPIO
IPC-116-Millet Fiesta religiosa Indiferente La Chapa Guzmán Guillermo Miranda

Consiste en una caminata desde la Iglesia hasta la Cruz del pueblo ("Cruz de las Piedras"), durante la cual rezan y cargan la Cruz en pago de una promesa. Se realiza en cualquier fecha como pago de promesa y es convocada y organizada por el promesero.

Nota del editor: La promesa y las maneras de cumplirlas constituyen la validación de la fe de un pueblo ante las instancias de la espiritualidad en la que cree y se suele realizar sin la presencia de representantes de cualquier instancia de ese Poder establecidas por las instituciones. De ahí que puedan realizarse ante sí mismo o en el seno de una humilde familia, sin mediación de nada, sino de la propia conciencia, lo cual subraya el valor de la honestidad por encima de cualquier otro.

IPC-216 Fiesta religiosa 13-junio, 4diciembre Carirubana Carirubana Los Taques-Cari
3 de marzo

Rosario con procesión y canto de salve que se hacen en honor de algún patrono de la comunidad el 13 de junio, San Antonio; 4 de diciembre, Santa Bárbara y 3 de mayo, La Santa Cruz. Quien ofrece el rosario permanece sentado en una silla con una vela encendida. Consta de entre 7 y 9 salves alternadas con letanías y Ave Marías alusivo al santo y a la persona que paga la promesa. Se quema de incienso y se riega aguabendita. Se lanzan cohetes al inicio y al final del rosario y se dan vivas al santo. Al finalizar cada rosario se cantan 3 valses y se dan vivas nuevamente al santo.

PELEA DE GALLOS

FUENTE FIESTA FECHA LUGAR PARROQUIA MUNICIPIO
IPC-117-Millet Fiesta popular Sin fecha fija Los Perozos San Gabriel Miranda

Consiste en la pelea de dos gallos sometidos previamente a un careo. El vencedor es siempre el que salga vivo del combate o el que no huya del ruedo de pelea.

Nota del editor:

"Es tradición que arrastramos desde la época colonial y que ha sobrevivido hasta el presente en casi todos los sitios de la extensa geografía falconiana, con particular predominio en los caseríos rurales y en las áreas suburbanas. Durante su realización, es acompañada de gran vocerío, apuestas en dinero efectivo hechas públicamente y pujas entre los vehementes participantes."

IPC.99 Fiesta popular Siempre Puerto Cumarebo Puerto Cumarebo Zamora
Tradición que data de hace más de un siglo, convirtiéndose en una de los juegos preferidos de este municipio.

IPC-98 Entrenamiento de gallos Siempre Moruy Moruy Falcón
Se requiere técnica y habilidad para preparar al animal. Desde pequeño se alimenta con extremo cuidado al animal, vigilándose su dieta y el tipo de agua que bebe. Entre los meses de junio y septiembre se entra el receso porque los gallos cambian de plumaje.
IPC-94 Fiesta popular Siempre Todo el municipio Federación
Tradicional diversión durante la cual se exhiben los gallos que están destinados a la pelea. Gana el gallo que logre matar o herir al contendor.
IPC-203 Fiesta popular Siempre Carirubana y Los Taques
Actividad que se incluye dentro de las tradiciones de estos municipios. Los dueños y preparadores van ante un juez quien anota el peso y separa a los gallos en jaulas individuales antes de la pelea. En presencia del mismo se le colocan las espuelas pasadas o desinfectadas con acetona. El tiempo de la pelea varía pero se circunscribe entre 30 y 40 minutos.
IPC-107 Fiesta popular Siempre Todo el municipio Mauroa
Se ponen a reñir dos gallos a las que se apuesta. Esta actividad es parte de la tradición del pueblo mauroense

IPC-106 Fiesta popular Siempre Municipios Sucre y Unión

Las peleas de gallos son unas de las principales atracciones de los habitantes de Arequito. Se realizan todo el año y las más importantes son las que se llevan a cabo los 1 y 2 de octubre, días tradicionales de actividad de gallos en la zona desde 1952 y que coinciden con las fiestas patronales de la comunidad.

VIRGEN DEL CARMEN

FUENTE FIESTA FECHA LUGAR PARROQUIA MUNICIPIO

IPC-117 Fiesta patronal 9 al 16 de julio El Recreo Santa Ana Miranda

Fiestas patronales del 9 al 16 de julio. Misas, procesiones y fiestas populares.

IPC-119 Fiesta patronal 15 y 16 de julio San Gregorio Río Seco Miranda

Se realizan variadas actividades culturales, en especial conciertos con cantantes de la zona. Se entonan salves a lo divino. También se ejecuta la música de violín, tambor y cuatro, destacando en esta interpretación los hermanos Quintero. Se ameniza con juegos pirotécnicos. La misa y la procesión con la imagen de la Virgen se realizan el día 16.

IPC-130-Millet Fiesta patronal 16 de julio Calle Federación La Vela Colina

Se ha constituido en una de las más importantes celebraciones del veleño, especialmente para los pescadores, quienes esperan cada año la bendición de la Virgen al mar. La víspera del 16 se lanzan fuegos artificiales, se realizan retretas, misas y primeras comuniones. La imagen sale en procesión hasta el puerto, donde es montada en una embarcación desde donde el sacerdote bendice al mar. Nota del editor: "En el pueblo marítimo de La Vela de Coro, se repiten muchos de los actos y escenas observados en otras comunidades de pescadores, como la creación de un ambiente y atmósfera de extrema alegría, en la que se comparten juegos de dominó, música grabada o en vivo y, naturalmente, alimentos y bebidas, tanto en el interior de las casas como en espacios públicos. En ocasiones he podido observar bailes en parejas entre familiares y amigos. Se acostumbra amanecer alrededor de la playa y al día siguiente se declara de asueto entre los pescadores artesanales privados."

IPC-95-Millet Fiesta patronal Mes de julio Puerto Cumarebo Puerto Cumarebo Zamora

Patrona de los marineros y pescadores. Las fiestas se realizan en el muelle del puerto, desde donde la pasean en una lancha adornada con flores. Nota del editor: "Al final de la celebración religiosa, la gente comparte en el interior de las viviendas y en espacios públicos, en un ambiente de alegría y de gran relajamiento, en el que se escucha música y se comparten alimentos y bebidas alcohólicas. He amanecido entre estos entusiastas fiesteros."

IPC-213 Fiesta religiosa 15 y 16 de julio Santa Ana Santa Ana Carirubana

Se inicia la noche de la víspera del día de la Virgen con cohetes y una misa. El día de la Virgen del Carmen se celebra otra misa. Al finalizar se bendicen e imponen los escapularios para mantener el ejemplo de fe y cristianismo.

IPC-95 Fiesta religiosa Mayo El Jobo Mene de Mauroa Mauroa

Ritual a la Virgen Vía de Caracolí

Se inició en 1976 y las actividades se realizan en el mes de mayo sin fecha fija. Al principio se rezaban rosarios en casa de algunos vecinos con la imagen de la Virgen. La devoción de los feligreses hizo posible la construcción de una capilla en la cual se venera y cada domingo acuden a rezar el rosario.

IPC-96 Fiesta religiosa y popular Julio Casigua Casigua Mauroa

Tradición que se cultiva desde 1770, fecha en que la imagen fue traída desde España hasta Casigua. Se realiza una procesión culminando con homenajes a la Virgen y actos culturales en la plaza del pueblo. Actualmente la imagen se halla en el templo colonial del poblado.

IPC-98 Fiesta religiosa y popular 16 al 18 de julio Civira San Félix Mauroa

Celebraciones que datan de hace más de 50 años, cada 16 de julio, con una duración de tres días. Se inicia con una misa el día 16. Ese mismo día hay bautizos. Durante las festividades se celebran actividades deportivas, culturales y elección de la reina.

IPC-109 Fiesta religiosa y popular 16 al 18 de julio La Goya Sucre Sucre

Festividad que se celebra desde 1937. Al principio se hacía en la Cruz de Taratara trasladándose luego al caserío La Goya. Cada 16 de julio se reza el rosario en la capilla y la celebración dura 3 días, con diversas actividades culturales.

Profesora e Investigadora Religiosa-Popular 16 de julio Las Guarabas San Luis Bolívar Marisol Hernández- Fiestas Patronales Varios días alrededor

20-10-65. de Las Guarabas. de esta fecha.

El origen de esta festividad data de 1918 cuando José del Carmen Jiménez sintió la necesidad de tener un Santo Patrono a quien homenajear. Llevó la propuesta a la comunidad y ésta aceptó, por lo que envía una carta al párroco de la época solicitando la dotación de una imagen de la Virgen del Carmen. Esta imagen llegó a Las Guarabas entre 1918 y 1922.

El culto se realizaba en casa de José del Carmen, pero este la trasladaba a la casa de quien quisiera halagarla. Luego, surgió la necesidad de buscar un sitio donde reunirse, dado el crecimiento poblacional, por lo que seleccionaron un bosque llamado "El Calvario", cerca de donde se encuentra actualmente la iglesia. En la actualidad, en la madrugada del día 16 de julio, se ofrece a las 12 de la noche fuegos artificiales a la Virgen. A las 5 de la mañana se da la primera serenata a la Santa con mariachis y música de violín. En horas de la mañana se oficia una misa en su honor, se realiza una procesión, rosarios cantados por salveros en pago de promesa, salves y bautizos.

En los últimos dos años, se realiza una caminata de 7 Km. Desde La Encrucijada al pueblo; esta marcha se originó por iniciativa de los jóvenes José Gregorio Molina y Teófilo Acosta (uno accidentado y otro operado) quienes la ofrecieron a la Virgen en promesa por su salud. Las comunidades de Murucuza, La Encrucijada y otras comunidades, solicitaron quedara la marcha como tradición popular.

En el marco de las fiestas patronales se realizan actividades populares tales como: bailes, carrera de burros, carrera de sacos, palo ensebado, cochino engrasado, concurso de comer espagueti con las manos hacia atrás, la manzana en el agua, la piña pelada colgada. Además se reparte cotillones a los chipilines.

Desde 1978 se ha celebrado siete u ocho veces, justo antes del comienzo de las fiestas patronales, la Mini Feria Agrícola Artesanal y Pecuaria de Las Guarabas, como una manera de incentivar a los pequeños y medianos productores de la zona. Durante tres días se exponen muestras agrícolas, pecuarias y artesanales: quesos, animales, vegetales y ganadería de leche bovina y caprina.

NUESTRA SEÑORA DE LOURDES

FUENTE FIESTA FECHA LUGAR PARROQUIA MUNICIPIO

IPC-117-Millet Patronal y popular 01 al 11 febrero Caujarao San Antonio Miranda
Organizadas por un comité y participación de los gobiernos locales. La comunidad participa en actividades religiosas y recreativas. Nota del editor: "En la víspera, en horas de la noche se observa un ambiente de alegría y de compartir entre familiares y vecinos, tanto en el exterior de las casas de viviendas como en otros espacios públicos, que se repite al día siguiente con la instalación de una feria popular, con expendio de comidas típicas, música grabado o en vivo y bailes populares que se prolongan hasta altas horas de la noche."
IPC-94 Religiosa 11 de febrero Todo el municipio Mauroa Mauroa
Procesión en honor a la Virgen
Se realiza una procesión organizada por el grupo Legión de María e Hijas de María, quienes visten de blanco con cinta azul en la cintura. Los feligreses manifiestan respeto por los favores recibidos y recorren las calles entonando cánticos y oraciones. (IPC) José Millet: Esta celebración comienza en horas de la mañana con una misa, realizada en la ermita ubicada en el pie del cerro, y se continúa, en horas de la noche, con una verdadera feria, donde actúan grupos musicales, se producen bailes entre los parroquianos con ingestión de comidas y bebidas alcohólicas .
NUEVO DÍA Popular Febrero Caujarao San Antonio Miranda
Página 15 del Ferias de Caujarao
27-01-2007
Se realizan desde hace apenas 2 años (2005). Se hacen exposiciones artesanales y agrícolas, así como la presentación de grupos musicales locales y, en ocasiones, de otras parroquias del Municipio Miranda.
IPC- 96 Popular-Religiosa Febrero Mene de Mauroa Mene de Mauroa Mauroa
Feria agropecuaria, industrial y artesanal
Estas ferias agropecuarias, industriales y artesanales del Municipio Mauroa; se realizan en el parque ferial Damasco Rodríguez y dan inicio a las fiestas patronales en honor a la Virgen de Lourdes. Comienza con una misa en la iglesia de la Virgen de Lourdes y luego una procesión. Posteriormente se realiza la elección de la Reina de las ferias y desfile de carrozas.
VIRGEN MARÍA
FUENTE FIESTA FECHA LUGAR PARROQUIA MUNICIPIO
IPC-117-Millet Fiestas patronales 27 y 28 de mayo Sabaneta Sabaneta Miranda
Inmaculado Corazón de María
Se realiza una misa antes de la celebración, en honor al Inmaculado Corazón de María. Posteriormente se efectúan comuniones, bautizos y la procesión. Nota del editor: "Al término de la liturgia católica, se instala un ambiente de compartir entre miembros de las familias y amigos, algunas veces que viven en otras localidades del país. Se ejecuta música en vivo, se baila y se ingieren bebidas y comidas de elaboración familiar."
IPC-97 Religiosa 31 de mayo La Soledad La Soledad Zamora
Coronación de la Virgen María
Los habitantes se reúnen alrededor de la Iglesia a celebrar la coronación de la Virgen María. Se celebra desde la década de los 60".
IPC-101 Religiosa S/F El Soropo Pueblo Cumarebo Pueblo Cumarebo

Veneración a la Virgen Calle principal
Los fieles concurren a venerar la escultura de la Virgen ubicada en el sitio llamado El Soropo, alrededor de la cual se llevan a cabo rezos y otros ritos, desde el año 2001.
IPC-107 Religiosa Todo mayo Santa Cruz de Santa Cruz de Unión
Rosario de Mayo 30 y 31 los más Bucaral Bucaral
Este rosario se efectúa en honor a la Virgen María, a lo largo de todo el mes de mayo. Se inicia la ceremonia con cantos alusivos a la Virgen, luego se rezan los misterios y se entonan otros cantos; al finalizar se hacen ofrendas y oraciones. Durante los días 30 y 31 de mayo se realizan los rosarios más importantes: el día 30 corresponde a los choferes de la comunidad y el día 31 cierra con la coronación de la Virgen y la detonación de fuegos artificiales.
FERIA DEL PESEBRE
FUENTE FIESTA FECHA LUGAR PARROQUIA MUNICIPIO
IPC-118-Millet Religiosa-popular Tiempo de Navidad Coro San Gabriel y Santa Ana Miranda
Feria del Pesebre
Surgió como iniciativa del antropólogo catalán José María Cruxent. Con esta festividad se ha logrado promover entre los corianos el espíritu navideño y el rescate de los valores cristianos de la navidad. Se llevan a cabo conciertos de aguinaldos y cantos
populares, nacimientos, pesebres, nacimientos vivientes y ferias de arte popular. Nota del editor: Como hemos manifestado públicamente, en las últimas ediciones hemos observado un desplazamiento progresivo de la tradición cultural para dar espacio y énfasis mayor a la realización de ferias comerciales que ofrecen productos mercantiles de baja calidad en franca contraposición al espíritu creador que poseía este evento hace bastante tiempo. Esta opinión la sustentamos con nuestra asidua participación en este evento desde hace varios años y se la hemos manifestado a algunos de sus organizadores, con no muy buena recepción por parte de éstos, al parecer."
IPC-93 Popular Diciembre 01 Puerto Cumarebo Puerto Cumarebo Zamora
Feria del Pesebre
Fiesta colectiva iniciada en 1946. Se construyen pesebres en los garajes u otros ambientes de la casa. Se inicia el primero de febrero y concluye el 28 de febrero.
NUEVO DÍA Feria del Pesebre Coro San Gabriel y Santa Ana Miranda
01-10-2007
Página 9
Actividad que se celebra desde hace 26 años con una duración de 4 días durante la época navideña, en los que se presentan grupos musicales, orfeones y corales; desfiles de escuelas, exposiciones de pesebres con premiaciones, concurso de pintura, venta de comida y dulces tradicionales.
Nuevo Día Feria Popular del Pesebre. Diciembre Coro Miranda
05-12-2007
Página 40

La Feria del Pesebre que años tras años se celebra en la ciudad de Coro se ha convertido en un acontecimiento nacional, gracias en gran medida a su originalidad. Se dan una serie de actividades como: Salones de pintura infantil, actividades religiosas, actuación de grupos de parrandas, de gaitas, expoventas. Actualmente se efectúa simultáneamente en la casa sede del Museo del Pesebre y en el Paseo Alameda. Participan en esta feria muestras de los diferentes municipios del Estado Falcón, elaborados en liceos y escuelas.
Nuevo Día Feria Tradicional del Pesebre. Diciembre Taratara La Vela de Coro Colina
Página 41
05-12-2007
Esta actividad popular persigue rescatar las manifestaciones culturales y festivas de la zona. Se realiza un concurso en el que participa la comunidad organizada. Se presentan pesebres de cualquier material y técnica: tallados, esculpidos, tejidos. Se presentan en la feria grupos de danzas y tambor.
ECHAR EL AGUA
FUENTE FIESTA FECHA LUGAR PARROQUIA MUNICIPIO
IPC-119-Millet Popular/Religiosa Todo el año Todo el Estado
Echar el Agua o Falcón
Bautismo en Agua.
Nota de editor: "Es tradición que continúa el ancestral acto de bautismo instituido por San Juan Bautista antes de la aparición de un clero especializado en tales menesteres. Es decir, se parte del criterio de que la bendición de Dios puede hacerse presente aun sin su representantes ni mucho menos ante la ningún tipo de iglesias". El ritual de la purificación por inmersión o aspersión con empelo del agua se le hace a los recién nacidos antes del bautizo religioso. Generalmente deben ser 3 los padrinos, dos sostienen al niño y un tercero (a) soporta el plato y la vela. El rezandero inicia la ceremonia exclamando:"Hagamos la intención de que este niño sea cristiano", a lo cual los padrinos responden: "Está hecha", a la vez que se coloca al niño la vela en su mano. Se reza un credo y el rezandero pregunta el nombre del niño e interroga ¿Este niño quiere ser cristiano?, al recibir la afirmación de los padrinos responde: "En el nombre del Padre, del Hijo y del Espíritu Santo", al tiempo que echa el agua sobre la frente del niño y la recoge en el plato el tercer padrino. Para finalizar se reza un Padrenuestro y se riega el agua del plato sobre el techo de la casa. Nota del editor: "Afortunadamente, la institución familiar conocida por padrinazgo, se ha conservado bastante bien entre los falconianos, y posee una fortaleza superior en los asentamientos rurales, especialmente entre los serranos, campesinos y pescadores en general."
CRUZ DE MAYO
FUENTE FIESTA FECHA LUGAR PARROQUIA MUNICIPIO
IPC-119-Millet Religiosa 3 de Mayo Santa María de Guzmán Guillermo Miranda
Cruz de Mayo La Chapa

La comunidad se reúne para ensalzar a la cruz, rezar y entonar salves. Antes de la celebración la cruz es vestida con papel de vistosos colores, luego se lleva a la capilla en la cual le rinden homenaje con cantos y rezos, los cuales hacen en pago de promesas o peticiones concedidas. Nota del editor: Esta celebración tiene un gran arraigo en nuestra región, incluidos los asentamientos suburbanos y urbanos, asimismo adquiere características particulares en las comunidades rurales, con el honorable antecedente histórico de haber precedido, en horas de la noche anterior, el alzamiento de la Sierra Coriana encabezado por el revolucionario José Leonardo Chirino, quien se alzó en armas contra la tiranía española, en la parroquia de Curimagua, el 10 de mayo de 1795. Parecería que la historia se repite en varios sitios de la geografía caribeña, porque el alzamiento de los haitianos estuvo precedido también por una ceremonia de vodú, en horas de la noche anterior al desencadenamiento de la insurrección victoriosa que daría al traste con el dominio del corso Napoleón Bonaparte en el Saint Domingue, considerado la joya más preciosa y cara de la corona imperial Parecería obra del simple azar, pero la historia se repite en distantes escenarios y distintas circunstancias, y pongo el ejemplo más elocuente de la revolución primera que triunfó en nuestro continente, la de los ex esclavos de Haití, precedida por un festival de su religión voduista que dio paso, la noche antes, al alzamiento armando que puso fin al dominio colonial y esclavista de Francia en aquella colonia que no esperaba fuera tan rebelde, valiente y heroica ."

IPC-95 Religiosa 3 de Mayo Corozalito Zazárida Zamora Salves a la Cruz de Mayo
Durante la celebración de la Cruz de Mayo en esta localidad se realizan bautizos, misas y procesiones.
IPC-95 Religiosa-popular 3 de mayo Churuguara Churuguara Federación
Festividad a la Cruz de Paso Arena
Cruz con más de 100 de 2,5 mts de alto por 1,2 mts de ancho. Se adorna con flores naturales y artificiales para ser expuesta durante la procesión. Se organizan procesiones, rosarios, bailes tradicionales, comidas y bebidas criollas. Al finalizar la ceremonia la Cruz se resguarda bajo techo, a petición del sacerdote de la parroquia.
IPC-99 y 100 Religiosa popular 3 de mayo Todo el municipio Federación
Celebración del Día de la Cruz en todo el municipio
Cada 3 de mayo los habitantes del municipio Federación celebran la fiesta en honor a la Cruz de Mayo. La Cruz tallada en madera es vestida con tiras de papel de seda de diferentes colores. La fiesta se inicia con una procesión por las calles del poblado a la vez que se rezan rosarios y se cantan salves acompañado de tamboras cuatros y violines. A veces, alguna familia beneficiada por La Cruz monta un altar en su casa y abren sus puertas para a aquellos que quieran celebrar la gracia. Al concluir la festividad religiosa comienzan la fiesta popular con juegos, concursos, comida y música.
IPC-206 Religiosa-popular 2 y 3 de mayo Carirubana y Los Taques
Cruz de Mayo

Los promeseros organizan las festividades. La Cruz se ubica en el patio de las casas de los promeseros adornada con flores naturales y adorada con rosarios, salves y décimas. Durante los preparativos se consume mondongo y bebidas. La celebración comienza al anochecer del 2 de mayo culminando el 3 de mayo.

IPC-94 Religiosa 3 de mayo Píritu y Tocópero

Cruz de Mayo

Se viste la Cruz con papel de colores y se coloca sobre el altar. Si se entonan cantos religiosos, La Cruz se coloca de frente a la feligresía; si son profanos es puesta de espalda. Se recitan salves y décimas.

IPC-98 Religiosa popular 2 y 3 de mayo Todo el municipio Mauroa

Cruz de Mayo

Los preparativos se inician una semana antes. El día 2 se coloca la Cruz en el centro del caserío. Los pobladores se encargan de vestirla con papel y colocarle flores en toda la superficie. El día 3 se entonan cantos de salves y juegos tradicionales.

IPC-107 Religiosa 2 y 3 de Mayo La Cruz de Taratara Sucre Sucre

Celebración en honor de la Santísima Cruz de Mayo

En este poblado la festividad de La Cruz data de 1901. En la tarde del 2 de mayo se realiza una misa y el día 3 los actos en el monumento a la Cruz. Es un día de asueto no laborable por respeto y veneración a la Cruz la que recibe agasajos, rezos, salves y la quema de un árbol pequeño. La Cruz es adornada con flores de papel, telas, cinta y palmas de colores.

IPC-200 Religiosa Mayo y diciembre Carirubana Carirubana Carirubana

Calvario de la familia Sánchez

Son tres pequeñas cruces hechas en madera de cardón por Quiteria Sánchez hacia los inicios del siglo XIX. Su actual custodio, Merly Sánchez, lo recibió en vida de Paula Sánchez, su tía y quien murió de 97 años en el 2001. Estas cruces se elaboraron en principio como objeto de oración de la comunidad que pedía lluvias a la Santa Cruz y que con los años comenzaron a pedirle también otros favores. El Calvario es adornado dos veces al año: para las festividades navideñas en diciembre y el 3 de mayo. Durante los primeros cien años el calvario era sacado en procesión durante el mes de mayo y bordeando la costa era llevado hasta la celebración de la Santa Cruz en Los Taques. Desde 1920 no se saca el calvario en procesión, pero cada 3 de mayo, día de la Santa Cruz se le reza el rosario cantado con participación numerosa de la comunidad.

Nuevo Día Religiosa y popular Mayo Los Taques Los Taques Los Taques

Suplemento Fiestas de La Cruz de Mayo

Viejo Día

12-05-2006. Ramiro "Chucho" Díaz, cronista del Municipio Los Taques

No se tiene fecha de inicio de estas celebraciones pero se recuerda que sus primeros organizadores fueron Basilio Irausquín, Basilio Barrientos, José Álvarez y su esposa Incida Falcón de Álvarez. En la víspera, Doña Delmira Gotopo bajaba desde San Antonio, Jadacaquiva; cubierta con romantón y montada en una mula cuya silla la adornaba con borlas de colores. Hacia 1935 el Jefe Civil Teniente Marcial Barreto Méndez, amante de la tauromaquia, organizaba faenas taurinas. El fervor popular y religioso hacia la Santa Cruz envolvía al pueblo entero.

El 11 de julio de 2005, el Consejo Municipal de Los Taques declaró Patrimonio Cultural, las Fiestas patronales en honor a la Santísima Cruz de mayo, patrona del Municipio Los Taques.

Nilda Arratia Religiosa-popular 3 de mayo Jacura Jacura Jacura

Norma Vargas La Fiesta de la Santa Cruz

y Orlanis Zambrano

"Haciendo Historia en Jacura"

Se venera el 3 de mayo, durante su celebración se realizan velorios en la localidad de La Vaca de Jacura y en los que intervienen diferentes cantores (cantos polifónicos).

FIESTA EN HONOR AL

SAGRADO CORAZÓN DE JESÚS

FUENTE FIESTA FECHA LUGAR PARROQUIA MUNICIPIO

IPC-119 Religiosa-popular Junio, julio Mitare Mitare Miranda o agosto.

Se comenzó a realizar en 1988. Antes de las fiestas en sí se realizan novenarios en distintas casas de la población. En la víspera se celebra una misa solemne en la que se celebran bautizos, comuniones y confirmaciones; así como la exposición y procesión del Santísimo Sacramento por la calle principal de Mitare. Se realizan actos culturales diversos, en la tarima de la iglesia.

IPC-95 Patronales-popular 20 de junio Pueblo Cumarebo Pueblo Cumarebo Zamora

Fiestas Patronales del Corazón de Jesús. Parque Las Madres, Urbanización Ciro Caldera

Se realizan del 12 al 20 de junio de cada año. Participan todas las iglesias dependientes de la parroquia y se realizan actos culturales, misas, procesiones, confirmaciones, bautizos y primeras comuniones.

CELEBRACIÓN DEL DESEMBARCO DEL GENERALÍSIMO

FRANCISCO DE MIRANDA A LA VELA DE CORO

FUENTE FIESTA FECHA LUGAR PARROQUIA MUNICIPIO

IPC-124-Millet Patriótica-popular 3 de agosto La Vela de Coro La Vela de Coro Colina

Cada 3 de agosto los veleños conmemoran el arribo del Precursor de la Independencia Francisco de Miranda a sus costas, donde se izó por vez primera en Tierra Firme la Bandera Nacional. Se realizan actos cívicos y culturales y generalmente cuenta con la presencia del Presidente de la República. Nota del editor: "Todos los veleños, sin distinción de clase social ni de posición política, se sienten enorgullecidos por ser escenario de tan significativa efemérides y durante los días que preceden la celebración se aplican a engalanar sus hogares lo mejor posible e incluso se aplican a hacerlo en lugares públicos; durante la solemnidad nacional traslucen su alegría y luego de los actos oficiales reina en entre ellos la alegría, la risa y el compartir en paz, que es el verdadero y principal espíritu de las fiestas, aun de las más solemnes, como éstas relacionadas con la exaltación de nuestro símbolos nacionales y del proceso conducente a la liberación de nuestros pueblos del yugo opresor".
FIESTA DE LOS LOCOS
FUENTE FIESTA FECHA LUGAR PARROQUIA MUNICIPIO
Agencia Popular 27 Y 28 Diciembre La Vela de Coro La Vela de Coro Colina
Bolivariana
de Noticias
(Digital)- Millet
21-12-2005
Nota del editor: "La Fiesta de los locos surge de las entrañas del cristianismo medieval, donde habían sobrevivido el culto a Saturno, dios itálico de la agricultura, tal vez uno de los reyes del Lacio a quien se le atribuye el haber introducido esta actividad productiva basada en la explotación a la tierra, por cuyos frutos reina la abundancia, el bienestar y por tanto la paz, entre los eres humanos que lo celebran con diversas expresiones festivas. De esto nacieron las famosas fiestas saturnales realizadas precisamente en el mes de diciembre, durante un período en que imperaba la alegría general y quedaban abolidas, al menos en ese momento, la mayoría de las restricciones establecidas por la vida del hombre en sociedad. Creo que esta apreciación contenida en mi nota podría ayudar al lector a entender por qué en el pueblo pesquero de La Vela se celebró en el pasado esta fiesta con las licencias que permitían a un ciudadano apropiarse de un bien ajeno sin ser castigado por la ley, vestirse con trajes de mujer siendo hombre sin ser reprimido por ninguna iglesia y comer y beber hasta caer borracho y desfallecido sin que la moral lo tachara de sinvergüenza. No descarto que una fiesta pueda tener más de una fuente de motivación, como puede ser el caso de que se recuerde el crimen de Herodes de los Niños inocentes, lo cual en todo caso es un recurso válido del pueblo para oponerse a los excesos que el ejercicio del poder público y privado a menudo acarrean, que puede llegar hasta el crimen más horrendo. Veamos, no obstante, lo que nos dicen algunas fuentes consultadas."
La historia regional indica que en 1930 nació esta colorida tradición que por años se ha mantenido vigente en un pueblo, que espera ansioso la llegada del 28 de diciembre para mostrar la cara más brillante de la época decembrina en el Estado Falcón.
El presidente de la Asociación Santos Inocentes, Oscar Cordero, aseguró que La Fiesta de Los Locos de La Vela es una réplica de una celebración original que existía en el país en la época de la colonia, cuando, cada Día de los Inocentes, los amos les concedían a los esclavos el permiso para parrandear y adueñarse de las calles y plazas en sus poblados.

Esta tradición en el puerto de La Vela recuerda aquellos tiempos cuando salían grupos numerosos de personas que se disfrazaban con vestidos y trajes harapientos y la cara cubierta con trapos viejos, llamados mamarrachos, que se hacían acompañar por ritmos musicales

En aquellos tiempos, Los Locos tenían permiso para adueñarse de chivos, marranos, gallinas y pollos, así como de algunas especias que consiguieran a su paso, para después convertirlos en el ágape de la gran celebración.

La evolución de esta costumbre popular dio grandes pasos hasta convertirse hoy en una de las fiestas más vistosas, coloridas y hasta lujosas, pues en medio de su espíritu festivo, marcado por el misterio y el anonimato, Los Locos de La Vela lucen trajes llenos de modernismo y fantasía.

EL RITUAL.

Nota editor: "Aunque la mayoría de las fuentes consultadas, aun las más autorizadas, no lo reconozcan, Africa salta a la vista, en los espacios y hechos más insospechados. La "Mojiganga" con su sombrero de copa larga, acompañada de tambor y burro, nos transporta a un pasado cuyo origen debe ser encontrado en aquel continente "negro" devastado por los colonialistas europeos y, luego, a España, donde existen personajes semejantes en algunas festividades, religiosas o no. El personaje "El correo", en bicicleta, forma parte del punto medio de la evolución de "Los Locos" entre aquel pasado asociado al catolicismo medieval y el presente, mientras que "Los cucuruchos", con éstos, son el ejemplo más elocuente del núcleo que ha terminado por imponerse a la tradición: vistosos vestuarios, rica decoración y brillantez impactante en el estilo, constituyen lo más relevante y el principal foco de atención visual y plástico, por encima de la herencia rítmica y musical aludida en el tambor, patrimonio venezolano nadie lo oculta, pero donde es expresiva la herencia de la Madre que la discriminación étnica y racial nos obligó a no reconocer nunca."

Tres personajes son característicos en esta celebración: La Mojiganga, El Correo y, por supuesto, Los Locos. Los dos primeros anuncian la gran fiesta recorriendo las calles del pueblo en medio del sonido de los cohetes. La Mojiganga hace su recorrido la noche del 27 de diciembre montada en un burro, y al ritmo del tambor veleño, reparte las invitaciones en las casas que serán visitadas por Los Locos. Luego este personaje lee el decreto que se emite en nombre de la Asociación de los Santos Inocentes y solicita beneficios para la tradición y el pueblo. Mientras, El Correo sale en su bicicleta bien temprano en la mañana del 28 a anunciar que está cerca la gran fiesta de color y ritmo. Al sonar el tercer cohete del día 28, Los Locos, trajeados ya para el festín, hacen que una explosión de color, brillo, ritmo y emoción se apodere de las calles de la población de La Vela. Primero asisten a la iglesia donde besan la imagen del Niño Jesús como un gesto para resarcir la masacre ordenada por Herodes y luego van rumbo al gran desfile. De mamarrachos a coloridas fantasías.

Nota del editor: " *Mamarrachos* se le decía en época de la colonia a las fiestas en honor a Santiago Apóstol, santo patrón de España a la sombra de cuya espada se llevó a cabo la conquista y colonización de nuestro continente. Voz que designaba a los personajes de los cabildos africanos traídos de Sevilla a Nuestra América, que se sumaban a las celebraciones eclesiásticas conformadas por el clero y las autoridades civiles en cada una de las ciudades bautizadas con el nombre de tan memorable patrón sagrado patrón que presidió antes la lucha contra los infieles musulmanes que dominaron España durante varios siglos. Me es grato volver a constara aquí, en el contexto de las Fiestas de los Locos de La Vela. En el fondo, la Humanidad es una, aquí y allá, en cada uno de los puntos más recónditos del planeta y aun más semejanza las tenemos entre los pueblos que compartimos el espacio que otro Apóstol, en su caso el de la Independencia de las Antillas, bautizó como Nuestra América. "

La evolución de los trajes creados por los populares locos pasó de llamativos mamarrachos, de trapos harapientos, al cucurucho con su largo cono colocado en la cabeza, con máscara y alpargatas. Con el transcurrir del tiempo, sin perder el sentido de anonimato de los personales, se elaboraron vistosas representaciones como trajes de mariposas, barajas y aves. En la actualidad, esas alegorías se constituyen en las más espectaculares fantasías que forman parte del tradicional desfile de Los Locos.

Trajes de alta factura, de minuciosa elaboración, detalles brillantes y grandes dimensiones se lucen en esta época de carnaval decembrino, como el tesoro más preciado de los veleños, quiénes luchan por mantener viva una tradición que, aunque adaptada al modernismo, se resiste a dejar morir su esencia. Según el presidente de la Asociación Santos Inocentes, cada traje, en cuya elaboración intervienen hasta 40 personas, puede superar el costo de un millón de bolívares, con un peso mayor a 25 kilogramos. Tanto el diseño como la confección de los vestuarios se desarrollan bajo un ambiente de absoluto misterio y celo para mantener el escepticismo. Definitivamente, Falcón es uno de los estados del país donde esta tradición mantiene sus raíces históricas y culturales, pues los Locos de La Vela se han convertido en embajadores de Venezuela ante varias naciones. A través de los años esta fiesta se ha sembrado en el corazón de todos los falconianos y de los venezolanos en general, de allí que las calles de La Vela se conviertan en pequeños escenarios para albergar a la gran cantidad de turistas procedentes de otros estados.

NUEVO DÍA Popular. 27 y 28 diciembre La Vela La Vela Colina

Página22 Turistas en la Fiesta de Los Locos

29-12-2007

El día 28 de diciembre de cada año La Vela recibe a cientos de turistas que vienen a presenciar el desfile de disfraces y a participar en las distintas actividades culturales.

IPC-124 Popular 27 y 28 de diciembre Taratara Taratara Colina

Fiesta de Los Locos

Nota del editor:

"Según el sabio Fernando Ortiz, padre de la Antropología en el Caribe, mojiganga es voz de origen africano; kikonga, nos precisa el etnólogo Teodoro Díaz Fabelo en su excepcional Diccionario residual de las voces...".

Cada 27 y 28 de diciembre se celebran en Taratara las Fiestas de Locos. El primer día, un hombre vestido de negro y con la cara tiznada llamado La Mojiganga recorre las calles del pueblo tocando todas las puertas y asustando a los niños pequeños. El 28 de diciembre a partir de las nueve de la mañana hombres, mujeres y niños disfrazados (estos últimos llevando máscaras de papel y barro elaboradas por ellos mismos) recorren el pueblo acompañados por músicos de guitarra, maracas, tambor y charrasca. Los personajes conocidos como "las locas", similares a La Mojiganga, recorren las casas del pueblo donde son recibidas con comida y cucuy. La fiesta dura hasta altas horas de la noche.

IPC-98 Popular 28 de diciembre Moruy Moruy Falcón

Fiesta de Los Locos

Cada 28 de diciembre se celebra la Fiesta de Los Locos en esta población, rememorando la matanza de niños ejecutada por órdenes del Rey Herodes. Los hombres se visten de mujeres y viceversa. Los niños de viejo y viceversa. Se visten trajes coloridos, se llevan máscaras y muñecos en los brazos. Se aplican multas y arrestos simbólicos. Grupos musicales y actividad cultural diversa.

La Mañana. Popular 28 de diciembre Moruy Moruy Falcón
Página 7 29-12-2007

Los Locos salen a la calle con sus múltiples y coloridos disfraces y da inicio a las actividades con el recorrido de "El Bando" a fin de leer el decreto con las actividades del día. Es a partir de 1930 cuando un grupo de personas se dedicó a organizar bailes, comparsas y decretos. En esta festividad se realiza un acto simbólico de la representación del diablo como la autoridad mayor, papel que cae generalmente en el alcalde.

Humberto Ocando Popular 27 y 28 de diciembre Moruy Moruy Falcón
"Juego de Locos de Moruy"

En esta parroquia se acostumbra, como en todos los pueblos de Venezuela hacer bromas de mal gusto en el día de Los Santos Inocentes; ejemplo: café con sal, anuncio de una falsa noticia, un buen hervido con azúcar (caíste por inocente). Todas estas bromas eran entre familiares de esta comunidad cuyas bromas tomaron otros rumbos. Ya no eran de mal gusto, si no maldades mayores de estilo quevedesco, espectáculos donde toda absurdidad tiene cabida dentro de un marco de respeto y decencia con el buen sentido de humor y para no ser descubierto en la maldad, se disfrazaban con llamativos y escandalosos colores.

Así nacen los Juegos de Locos de la parroquia San Nicolás de Moruy, sin organización hasta 1920, cuando el bachiller Pedro Sánchez los organizó con comparsas, bando y un reglamento ley elaborado por él mismo. También llamó a concurso a los diseñadores para los disfraces de los locos y de las mujeres policías.

Las vísperas del juego es el 27 de diciembre. El Loco Mayor o Presidente recorre de noche con sus secretarios casi todo el pueblo. Estos leen el bando en el cual están las medidas establecidas que tomarán los disfrazados contra los animales realengos o silvestres, o contra las personas que no anduviesen provistos de una divisa. En algunas ocasiones cuando se salía a leer el bando, se llevaba en un chinchorro a un loco acostado representando al año viejo. "El día 28 a primeras horas de la mañana salen los locos empezando su fiesta, ese día no podían andar sueltos los animales en ciertos pueblos de Falcón. Los disfrazados perseguían burros, cochinos y gallinas hasta capturarlos. Los llevaban a presencia de sus dueños, quienes se veían obligados a pagar multas por la libertad de éstos. Toda persona que caminaba ese día por el pueblo debía andar provisto de una divisa, pues de lo contrario quedaba detenido" 4
Nuestra gente hospedaba a los visitantes que llegaban con anterioridad a estos juegos, se mataban reces y chivos para los que venían de Carirubana, de Punta Cardón a las familias Aular y López, en Los Taques a las familias Irausquín y Díaz.

Esta parroquia San Nicolás de Moruy, tiene más de siglo y medio haciendo alegrar con sus coloridos juegos de locos, manteniendo su tradición mediante la dedicación del propósito sano del que quiere hacer algo positivo. "La meta de este juego es visitar brevemente, bailando siempre, todas las casas del vecindario. Pero a veces acceden a detenerse un rato más en algún lugar donde sean obsequiados y se les invite a bailar con las muchachas de las casas. Si esto sucede, el jefe de la locaina, el Señor de los Cuernos, hace protocolo; tiene a su cargo los cumplidos de la ceremonia, que consiste en primer lugar en solicitar permiso del dueño de la casa o jefe de familia y dar gracias por el honor de ser recibido, luego al terminar y despedirse, repite las gracias por la mutua complacencia.
La duración de estos juegos dura hasta las horas de la tarde, y de allí continua el baile. En suma, es una sana diversión el juego de los Locos de Moruy" 5

IPC-93 Popular 28 de diciembre Todo el municipio Federación Federación

Día de los Locos

Se realiza durante el 28 de diciembre. Los disfraces se hacen al gusto de cada persona. Los Locos recorren todo el poblado acompañado de una parranda destacándose la de" Los Diablos", que son los encargados de poner el orden y van disfrazado según su jerarquía.

IPC-206 Popular 28 de diciembre Punta Cardón Punta Cardón Carirubana

Festividad de Los Locos

Inicialmente se realizaba en la comunidad de La Botija y que al desaparecer lo adoptó la población de Punta Cardón en conmemoración del hecho bíblico de la matanza de los niños en Belén. También conocida como Juego de Los Locos se organiza una semana antes cuando se nombra a la Reina de Los Locos, el Diablo quien se encarga del orden en las comparsas, los jinetes y las preñaditas. Se realiza hace más de treinta años. Los participantes se esconden disfrazándose desde tempranas horas con trajes por ellos elaborados. Los músicos, tambores, guitarras, cantos y bailes salen entre 10 y 11 de la mañana. Los Locos cantan y bailan de casa en casa, recogiendo en un sombrero un "aguinaldo"

Nilda Arratia, Popular 28 de diciembre Jacura Jacura Jacura

Norma Vargas y Orlanis Zambrano
            "Haciendo Historia en Jacura"

La Fiesta de los Locos o Día de los Inocentes (28 de diciembre) actualmente no se celebra, pero en el pasado logró esplendores incalculables. Durante su celebración el jefe de los locos asumía el mando del pueblo. Se caracterizaba porque los hombres vestidos de mujer, con ciertos personajes especiales, máscaras se disfrazaban y bailaban. Nombraban un estado mayor y la presidenta, que siempre era una señora mayor, se hacía respetar. Multaban a todo el que se encontraban en la calle y los fondos obtenidos eran para la fiesta en la noche. Llegaron a jugarse con orden hasta la década del 50.

MARCHA DE LA FE

FUENTE FIESTA FECHA LUGAR PARROQUIA MUNICIPIO
IPC-125-Millet Religiosa 12 de diciembre El Carrizal La Vela de Coro Colina

Cada 12 de diciembre, día de la Virgen, se celebra la marcha de la Fe; procesión en honor a Nuestra Señora de Guadalupe. Comienza en la Urbanización Los Médanos pasando por el Paseo Alameda de Coro (Ramón Antonio Medina), el Parque Ferial "Pablo Saher" hasta culminar en El Carrizal.

Nota del editor:

"He descrito en uno de mis memorables diagramas de nuestro Atlas el proceso completo de esta verdadera marcha que convoca a creyentes de Coro, el Estado Falcón y de otros sitios de la geografía venezolana. La saludo como fiesta de la unión y de la reafirmación en los poderes de los entes espirituales que habitan en el planeta, sea en su parte sólida, acuática o en la biosfera. En las áreas aledañas al santuario de El Carrizal la gente comparte sin conocerse y se sitúan también muchos vendedores informales con toda la parafernalia asociada a la religión, algunos de cuyos exponentes son de alta calidad en su manufactura y belleza; otros bisutería, no artesanía."

PROCESIÓN DEL SANTO SEPULCRO

FUENTE FIESTA FECHA LUGAR PARROQUIA MUNICIPIO
IPC-126 Religiosa Viernes Santo La Vela de Coro La Vela de Coro Colina

Esta procesión del Santo Sepulcro tiene su origen en el siglo XIX. El Santo Sepulcro, el Apóstol San Juan y la Virgen María La Dolorosa son las imágenes religiosas que participan en la procesión. El Santo Sepulcro, ataviado por los vecinos de la comunidad es llevado en procesión desde la iglesia hasta el final del boulevard donde lo espera el Apóstol San Juan. Este le hace una reverencia al Santo Sepulcro y le da paso para así continuar ambos hasta la Plaza León Colina donde juntan con La Dolorosa para continuar las tres hasta la capilla El Calvario donde se celebran las Siete Palabras. Los cargadores de las pesadas imágenes dan pasos acompasados hacia atrás y hacia delante al ritmo de la música.

FIESTAS EN HONOR A SANTA CECILIA

FUENTE FIESTA FECHA LUGAR PARROQUIA MUNICIPIO
IPC-127 Religiosa-popular 22 de noviembre La Vela de Coro La Vela de Coro Colina Sector Manaure

Patrona de los músicos. Se celebra esta festividad en esta comunidad desde el año 1977 cuando los músicos Alejandro Zavala y Tomás Vargas se preguntaron por qué no se celebraba en La Vela el día del músico. Al año siguiente el pueblo adquirió la escultura de Santa Cecilia. Se celebra de la siguiente manera: Con un mes de anticipación la comunidad realiza vendimias, (que así llaman en Falcón a la venta de comida, dulces, ropa vieja, artesanía y otros en las verbenas) rifas y bingos a fin de recaudar fondos. Un día antes de la celebración o sea el día 21, se celebra la procesión desde su capilla hasta El Calvario y viceversa para proceder al rezo del rosario. El 22 de noviembre se saca de nuevo la imagen y se le celebra misa a las 7 de la noche. Luego la Virgen es paseada por algunas calles y avenidas de La Vela bajo fuegos artificiales y al son de la música frente a la casa de Tomás Vargas.
Luis Cazorla Religiosa 22 de noviembre Coro Santa Ana Miranda
INCUDEF. Santa Cecilia, Patrona de los Músicos
Celebración que se realiza cada 22 de noviembre. Se inicia con fuegos artificiales y luego la procesión de la Virgen acompañada por la Banda "Santa Cecilia". Más tarde se celebra una misa y nuevamente sale la imagen de la Virgen para la ofrenda al Libertador en la Plaza Bolívar de Coro, de donde es llevada nuevamente a la sede de la Escuela de Música "Elías David Curiel" en la donde permanece. Zamora y Colina también celebran esta festividad
FIESTA PATRONAL EN HONOR A
SAN MIGUEL ARCÁNGEL
FUENTE FIESTA FECHA LUGAR PARROQUIA MUNICIPIO
IPC-129-Millet Patronal-popular 29 de septiembre Taratara La Vela de Coro Colina

Nota del editor:

"La imagen de San Miguel Arcángel preside el espacio total de la iglesia del núcleo poblado Jacura, capital del Municipio de igual nombre. Sus pobladores no me supieron decir el origen de esta devoción, pero lo que no da lugar a dudas es que los aglutina y constituye una indudable referencia cultural. Existe como una especie de cofradía informal que atiende los pormenores del recinto, incluido en ella un carpintero que está muy pendiente de todo tipo de acomodos y arreglos físicos del mobiliario." Este santo es el patrono de Taratara. Cuando no había iglesia en Taratara la imagen reposaba en una capilla de bahareque perteneciente a Doña Petra Tejería de Harreta y se trasladaba a El Carrizal todos los 29 de septiembre para celebrar un ritual al santo. Los feligreses cargaban la imagen o a caballo y se acompañaba de música y fuegos artificiales. Al terminar la procesión, egresaban a Taratara. Actualmente las actividades se llevan a cabo en la capilla de Taratara.

NUEVO DÍA Patronales-popular 29 de septiembre Jacura Jacura Jacura
Página 4 28 de septiembre al 01 de octubre
28-09-2006 y Nilda Arratia, Norma Vargas y Orlanis Zambrano,
"Haciendo Historia en Jacura"

Se realizan actividades musicales, culturales y deportivas para honrar al Santo patrono. Durante los 4 días de celebración (28 de septiembre al 01 de octubre) se presentan artistas regionales y nacionales, grupos musicales, actos para niños y adultos. El día del santo, el 29; se realiza la procesión y en horas nocturnas el espectáculo musical. Las fiestas son organizadas por la Asociación de Ganaderos (ASOGAJA). Además las Ferias Agropecuarias y Artesanales se realizan unos días antes de las fiestas patronales, donde se inicia con un repique el proceso de las ferias, se exhiben muestras agrícolas y artesanales, hay recepción de animales, desfile y cabalgata, concurso de ordeño y toros coleados.
FIESTA PATRONAL EN HONOR A
SAN JOSÉ
FUENTE FIESTA FECHA LUGAR PARROQUIA MUNICIPIO
IPC-129 Religiosa-popular 19 de Marzo La Aguada La Vela Colina
Las fiestas patronales del la comunidad de La Aguada se desarrollan durante una semana alrededor del 19 de marzo. Ese día se realiza una misa en honor a San José. El resto de la semana se realiza eventos culturales, bailes, teatro y se escoge a la reina de las fiestas. El último día de las festividades se hacen comuniones, confirmaciones y bautizos.
IPC-100 Patronal-cultural 19 de marzo El Vínculo El Vínculo Falcón
Fiesta patronal
Estas fiestas se celebran posiblemente, desde el año 1906.
IPC-96 Religiosa popular 19 de marzo Corralito San Félix Mauroa
Festividades en honor a San José

Según la fuente, vivía en esta población Cantalicia Oliveros. En una ocasión en que salió a buscar leña encontró una pequeña tabla de madera en la que observó la imagen de San José. Se hizo devota del santo y decidió celebrarlo cada 19 de marzo. Esta festividad comenzó a hacerse popular en la comunidad y también el los caseríos cercanos. En 1968 los devotos adquieren en Caracas una imagen del santo en torno a la cual organizan actos religiosos, bailes, competencias deportivas y actos culturales.

CELEBRACIÓN EN HONOR A
SAN ANTONIO
FUENTE FIESTA FECHA LUGAR PARROQUIA MUNICIPIO
IPC-131-Millet Religiosa-popular 13 de junio La Vela de Coro La Vela de Coro Colina
Calle Bolívar con Miranda

Nota del editor: "La fe a San Antonio de Padua o de Lisboa, como indistintamente se le conoce en la tradición católica, está extendida por toda la geografía falconiana, aunque en algunos sitios se adopta el santo como patrón, como en poblados de la Sierra de San Luis, donde he podido participar en esta celebración, que invariablemente comienza con la misa, es seguida por la procesión, el regreso de la imagen a la iglesia del lugar y luego la fiesta en la casa de la familia más devota o que ha conservado el culto al santo con más fuerza y ahínco. Es interesante el paso de la devoción del Doctor evangélico o "El Santo", como se le conoce canónicamente, a la de jefe del patronazgo invocado por el pueblo para buscar pareja a las jóvenes casaderas o mancebas con pretensiones de matrimonio. También su poder milagroso lo llevan a ser invocado para hacer el milagro de que los objetos extraviados aparezcan cuando se le solicita."

A principios del siglo XX llegó a una casa de la calle Bolívar una imagen de San Antonio, dando comienzo a una tradición que se ha mantenido ininterrumpidamente. La celebración consiste en sacar al santo en procesión cada 13 de junio y llevarlo a la iglesia de Nuestra Señora del Carmen donde se ofrece una misa. Al culminar la misma se reparten los panecitos de San Antonio, donados generalmente por quienes hacen las promesas. La imagen es devuelta en procesión hasta la casa de donde partió y allí se reparten dulces, panes y chocolates.

IPC-93 Religiosa-popular 13 al 15 de junio Mapararí Mapararí Federación
FUENTE FIESTA FECHA LUGAR PARROQUIA MUNICIPIO
IPC-107 Religiosa 4 de septiembre La Cruz de Sucre Sucre
Taratara

Esta celebración comienza una semana antes del 4 de septiembre con una procesión, bautizos y comuniones. El día de Santa Rosalía se anuncia desde temprano con fuegos artificiales. Se oficia una misa donde los vecinos pagan promesa por los favores recibidos. Santa Rosalía es considerada abogada contra las pestes. Esta celebración a Santa Rosalía proviene de la población de Agua Larga y data de 1901. Esta tradición fue instaurada por Don Basilio Álvarez. Se le atribuye poderes sobrenaturales a la imagen de Santa Rosalía, por el incendio de la casa de Don Basilio que, según la fuente, se debió a una represalia por haber sacado la imagen de la iglesia sin permiso.

MISA Y PROCESIÓN
EN HONOR A LA
VIRGEN DE LA ASUNCIÓN

FUENTE FIESTA FECHA LUGAR PARROQUIA MUNICIPIO

IPC-108 Religiosa 15 de agosto El Torito El Charal Unión

Desde los años 40 y 50 del siglo XX, los vecinos del caserío El Torito celebran anualmente una misa en honor a la Virgen de la Asunción. En principio, los vecinos se reunían en una casa para llevar a cabo el rito misal y se cambió a la iglesia de la comunidad una vez esta fue construida. El día 14 de agosto la comunidad se dedica a confesarse y a rezos de rosario. Se convoca a los fieles a través del repique de campanas a la misa que se celebra cada 15 de agosto a las 10 de la mañana y al finalizar ésta se inicia la procesión en honor a la Virgen de la Asunción. La procesión comienza con cantos alusivos a la Virgen María y recorre las calles del pueblo mientras el sacerdote preside los rezos que se realizan durante todo el recorrido. Al regresar la procesión a la iglesia, se da por terminada la misma bajo los fuegos artificial.

CELEBRACIÓN EN HONOR

A LA

VIRGEN DE LAS FLORES

FUENTE FIESTA FECHA LUGAR PARROQUIA MUNICIPIO

IPC-109 Religiosa popular 31 de mayo Macuare Sucre Sucre

Esta celebración religiosa viene efectuándose cada 31 de mayo desde 1933 en el caserío Macuare, Julianote y parte de la Cruz de Taratara. Los pobladores bailan hasta el amanecer dándole la bienvenida a la primavera y a la madre naturaleza, además de agradecer los favores recibidos de la Virgen. Los músicos de viento hacen gala de su habilidad en estas fiestas. Las mujeres tienen la costumbre de vestirse con ropa decolores de acuerdo a la flor de su preferencia o a la que representen.

FIESTA

DE

REYES MAGOS

FUENTE FIESTA FECHA LUGAR PARROQUIA MUNICIPIO

Nuevo Día Religiosa-Popular 6 de enero Coro Miranda

Página 7

06-01-2007

Esta celebración se realiza en las iglesias de la localidad cada 6 de enero. Se inicia con una procesión por los alrededores de la iglesia, presidida por 3 personajes vestidos a la usanza persa. En alguna oportunidad estos personajes se hicieron acompañar por dromedarios. Se entonan cánticos y al regresar a la iglesia se reparten juguetes a los niños.

FERIA AGROPECUARIA, ARTESANAL

Y DEL QUESO

DE LA SIERRA FALCONIANA

FUENTE FIESTA FECHA LUGAR PARROQUIA MUNICIPIO

Nuevo Día Popular 29 de agosto Churuguara Churuguara Federación

Página 12 Al 02 de septiembre

09-08-2007

Esta festividad engloba las actividades, ganaderas, agrícolas, artesanales, artísticas, gastronómicas y turísticas de la zona. Es organizada por el comité de ferias y la participación del gobierno regional y municipal, medios de comunicación, comerciantes y cuerpos de seguridad locales. La feria dura 5 días y su antesala es la elección de la reina amenizada por grupos de música bailable, artistas nacionales y regionales. Se da mucho énfasis a la promoción del queso, como uno de los productos representativos de la región. Esta feria se realiza desde hace casi 30 años.

FIESTA EN HONOR

A

LA VIRGEN DE LAS MERCEDES

FUENTE FIESTA FECHA LUGAR PARROQUIA MUNICIPIO

Nuevo Día Religiosa-Popular 23 y 24 septiembre Borojó Borojó Buchivacoa

Página 9

26-9-2007

Esta festividad se inicia con un repique de campanas y la asistencia de los devotos a la misa. Se hacen confesiones, bautizos, la sagrada eucaristía y le dan a la virgen una serenata con mariachi. Por la noche se lleva a cabo un baile popular con grupos musicales.

DÍA

DEL

COMERCIANTE

FUENTE FIESTA FECHA LUGAR PARROQUIA MUNICIPIO

Arcadio González, Popular 02 de enero Coro y Punto Fijo en los Municipios Miranda y Carirubana

"El Municipio Miranda

Y sus parroquias".

"Lo que está concebido es que fue el día dos de Enero de 1890 la fecha en se inicia la tradición de celebrar en la ciudad de Coro el Día del Comerciante,…la única región de Venezuela donde ocurre…hasta ahora, ha logrado también algún auge en la ciudad de Punto Fijo. Haciendo un poco de historia…durante las primeras décadas del siglo XX, el comercio en el   Estado Falcón   movilizado…para   la importación y exportación por sucursales de casas comerciales como la Casa Boulton, Casa Blohm y…la Casa I. A. Senior e hijo.

Precisamente fue en este establecimiento comercial donde según la tradición oral se inicia la celebración del Día del Comerciante cuando Don Josías Senior, fundador y director principal…decidió dar el día libre a sus empleados, ya que estos estaban un poco mal con el trasnocho y el "ratón" como consecuencia de la celebración de fin de año y agregaba que por las calles de la ciudad de Coro andaban unos parranderos tocando al son del tambor coriano, cuestión que hacía muy festivo ese día con los cantos y la música.

…Los comerciantes, dándole realce a la celebración de su día…cerraban sus establecimientos…daban el día libre a sus empleados que se unían a la celebración y aportaban dinero y bebida para los que participaban ese día…que el pueblo llamaba el Día del Comerciante, porque eran quienes llevaban el compromiso del orden, la disciplina y el buen comportamiento de manera muy especial entre los años 1890 y 1900.

En la actualidad los comerciantes de Coro siguen celebrando esta festividad…contando con la participación de la Cámara de Comercio…y la gente que siente esta tradición tan nuestra que repercute en el ánimo y en el entusiasmo de la comunidad…unido al tambor, instrumento milenario que también ha hecho historia con su repique".
Nuevo Día Popular 02 de enero Coro Miranda
Página 14
31-12-2007
En 1967, a través de un decreto emanado de la gobernación del Estado Falcón, se confirió al CICAF (Cámara Industrial Comercial y Agrícola del Estado Falcón) la responsabilidad de organizar y ejecutar las actividades alusivas al Día del Comerciante. Se inician desde temprana horas, 07,30 a.m., con fuegos artificiales. Más tarde se celebra la misa y se hace la ofrenda floral al libertador en la Plaza Bolívar. Esta fiesta se remonta a más de 50 años. Anteriormente se celebraba con desfiles, espectáculos musicales en las avenidas, competencias deportivas y otros juegos. El Día del Comerciante es una celebración única del Estado Falcón y no es día laborable en la entidad.
Nuevo Día Popular 2 de enero Baraived Baraived Falcón
Página 32
29-12-2006
Se celebra el Día del Comerciante en esta localidad desde hace 62 años. Se elige una reina de las fiestas, peleas de gallos, exhibición de caballos de paso, juegos populares y una gran fiesta bailable amenizada por grupos musicales.
PEREGRINACIÓN
AL MONUMENTO A LA
VIRGEN DE SANTA ANA
FUENTE FIESTA FECHA LUGAR PARROQUIA MUNICIPIO
Nuevo Día Religiosa 26 de julio Coro-Caujarao San Antonio-Santa Ana Miranda
Página 37
27-07-2007
Manifestación religiosa con apenas 4 años de antigüedad e instaurada por iniciativa del alcalde de Coro, Rafael Pineda. Comienza con la concentración de los feligreses a las 5,00am en el monumento a la Virgen ubicado en Caujarao. A las 5,30am la imagen, que ha permanecido bajo custodia de los bomberos municipales, es entregada a las autoridades para iniciar así la peregrinación a la ciudad de Coro. Al pasar en romería frente al batallón "Atanasio Girardot", se hace un saludo a la Virgen de parte del personal militar y su capellán con oraciones y música de la banda marcial. Al llegar a la Catedral de Coro, 8,30am más o menos, se realiza la misa y luego celebración en la Plaza Bolívar.
FERIA
DE LOS
MÉDANOS
FUENTE FIESTA FECHA LUGAR PARROQUIA MUNICIPIO
Nuevo Día Popular Julio Coro Miranda
Páginas 7 y 8
30-07-2007

Estas ferias se realizan en el marco del cumpleaños de la ciudad de Coro (26 de julio). Están organizadas por el gobierno regional y municipal. Se presentan artistas regionales y nacionales, exposición de ganadería, artesanía, gastronomía, frutas y hortalizas, toros coleados, espectáculos .y ventas de gran cantidad de artículos. Se llevan a cabo en el Complejo Ferial "Pablo Saher", el paseo "Monseñor Iturriza" y algunas otras locaciones de la ciudad de Coro.

LA CUARESMA

FUENTE FIESTA FECHA LUGAR PARROQUIA MUNICIPIO

La Mañana Religiosa Miércoles de Todo el Estado Falcón
Página 4 Ceniza a Jueves
19-02-2007 Santo.
Licenciado Freddy T. Villanueva

La Cuaresma son los 40 días que van desde el Miércoles de Ceniza al Jueves Santo y es el tiempo litúrgico de preparación de la Pascua de Resurrección. Se caracteriza por ser un período de penitencia. Es tiempo señalado para el recogimiento del ser humano,…compartir en familia, leer la Biblia y otros textos religiosos para meditar acerca de nuestra vida, nuestra conducta y tomar un rumbo que vaya en beneficio de todos. La Cuaresma…propicia para orar en compañía de amigos y familiares y agradecer a Dios por todo cuanto tenemos. El falconiano generalmente asiste a la iglesia, mantiene sus principios cristianos y confía en Dios como quien lo ayuda a salir adelante.

REPIQUE DEL TAMBOR

FUENTE FIESTA FECHA LUGAR PARROQUIA MUNICIPIO

La Prensa Popular 30 de noviembre Coro y municipios vario del Estado Falcón
Página 15
04-05-1996.
Enna Zavala,
Promotora INCUDEF.

Tradicional fiesta coriana que inició "María Chiquitín", a quien se le ocurrió la idea de sacar el ·"Tambor" del barrio y llevarlo a la "ciudad" para repicarlo en señal de bienvenida a la navidad, un 30 de noviembre. Recibió marcadas críticas ya que muchos lo veían como un desorden callejero. Al morir María Chiquitín, cesó la salida del tambor por más de 20 años. Sin embargo, Olga Camacho toma la iniciativa de rescatarlo para lo cual revive a un grupo de músicos conformados por su esposo, hijos, sobrinos y habitantes del barrio. En su inspiración, lo lanza nuevamente a la calle un 30 de noviembre de 1965, en la Plaza La Alameda.

Así vemos que cada 30 de noviembre, el repique del tambor se hace sentir en plazas, universidades, instituciones educativas públicas y privadas, entes gubernamentales y hasta en algunas familias que realizan su repique del tambor particular.

Arcadio González, Popular 02 de enero Coro Parroquias urbanas Miranda "El Municipio Miranda
Y sus parroquias".

En el año 1903, el entonces Jefe Civil y Militar Interino del Distrito Miranda, Gabriel A. Reyes, dictó un decreto donde consideraba "Que el baile de tambor o mabil es un espectáculo que desdice en alto grado de la cultura y civilidad de los pueblos…llegando a afirmarse que con semejante espectáculo se ofende la moral pública". En dicho decreto de cuatro artículos, en el primero estableció la prohibición de llevar a cabo "dicho baile en las partes céntricas de la población", y en el resto de la ciudad establecía las condiciones, permisología, impuestos y penalidades para quien contraviniere tales disposiciones.

Luego de 53 años, veinte presidentes de estado y siete gobernadores, el gobernador Pedro Luis Bracho Navarrete, según decreto número 212 del 14 de noviembre de 1959, ordena que a partir de ese año "las navidades se celebren…en un ambiente de tradicional alegría". Este decreto disponía en su artículo primero: "Repíquese el tambor coriano desde el 30 de noviembre en la noche".Además, en el aparte "d" del artículo 3 reza: "Doscientos bolívares (Bs.200,-) para el mejor Tambor coriano en esta ciudad"…

SANTA BARBARA

FUENTE FIESTA FECHA LUGAR PARROQUIA MUNICIPIO

Enna Zavala y Religiosa 3 y 4 de diciembre Coro, Cumarebo y La Vela en los Municipios: Miranda, Zamora y www.venaventours.com.fiestas Colina

Festividad que celebran en algunas regiones falconianas los creyentes y seguidores del culto a Santa Bárbara…Se inicia en horas de la noche del día 3, preparando un altar en el que reposará la imagen. Este altar se hace con flores, frutas (en especial manzanas) granos, velas blancas y rojas, como ofrendas de sus devotos. También se le puede fabricar una capa nueva cada año, de color rojo. El día 4, los devotos asisten a una misa en su honor. Al regresar a la casa donde está el altar se da inicio al brindis con vino, ron o cocuy. El dueño de la casa pronuncia palabras de agradecimiento a la Santa, la rocía con aguardiente y le fuma tabaco; luego se reparten dulces y golosinas a los presentes. Seguidamente se inicia el toque del tambor, donde los presentes mas allegados (con alguna excepción) bailan con la Virgen. Finalizada la actividad en este lugar, los músicos prosiguen su homenaje a la Santa tocando el tambor en diferentes sitios hasta el amanecer.

MINI FERIA AGRÍCOLA, ARTESANAL
Y PECUARIA DE LAS GUARABAS

FUENTE FIESTA FECHA LUGAR PARROQUIA MUNICIPIO

Profesora e Popular Julio Las Guarabas San Luis Bolívar

Investigadora:

Marisol Hernández

Desde 1978 se ha celebrado siete u ocho veces, justo antes del comienzo de las fiestas patronales, la Mini Feria Agrícola Artesanal y Pecuaria de Las Guarabas, como una manera de incentivar a los pequeños y medianos productores de la zona. Durante tres días se exponen muestras agrícolas, pecuarias y artesanales: quesos, animales, vegetales y ganadería de leche bovina y caprina.

Bibliografía

Fuentes secundarias:

Atlas Enográfico del Estado Falcón de Venezuela. "Fiesta popular ancestral Las Turas". Coro, Centro de Investigaciones Socioculturales del Instituto de cultura del Estado Falcón, 2009.
Atlas Etnográfico de Cuba (multimedia). La Habana, Instituto Cubano de Antropología (ICAN) y Centro de investigación y desarrollo de la cultura cubana "Juan Marinello", 2000.
Bettelheim, Judith (ed.): Caribbean Festival Arts. New York and London, 1988.
Catálogos del patrimonio cultural venezolano . Caracas, Instituto del Patrimonio Cultural, 2004-2005.
Cazorla, Luis: Calendario de fiestas tradicionales populares del Estado Falcón (libro en proceso de publicación.)
Cultura Popular Tradicional Cubana. La Habana, Centro de Antropología, 1999.
Diarios regionales del Estado Falcón: Nuevo Día, La Mañana y La Prensa.
Diccionario Enciclopédico. Prefacio de Jorge Luis Borges. Madrid, Grijalbo, 1995.
Feliú Herrera, Virtudes: Fiestas y tradiciones cubanas. La Habana, Centro de Investigación y desarrollo de la cultura cubana Juan Marinello, 2003.
Millet, José and Rafael Brea: "Glossary of Popular Festivals", in Judith Bettelheim (ed.) Cuban Festivals. An Illustrated Anthology. New York and London, Garland Publishing, INC., 1993.
Millet, José y Rafael Brea López: Grupos folklóricos de Santiago de Cuba. Santiago de Cuba, Editorial Oriente, 1986.
Millet, José; Rafael Brea y Manuel Ruiz Vila: Barrio, comparsa y carnaval santiaguero. Santo Domingo, Ediciones CEDEE- Universidad Autónoma de Santo Domingo, 1994.
Millet, José y Manuel Ruiz Vila: La Guinea, barrio afrocaribeño de Coro. Coro, Instituto de Cultura del Estado Falcón, Centro de Investigaciones Socioculturales, 2007.
Nietzsche, Friedrich: El nacimiento de la tragedia. Madrid, Alianza Editorial, 1972.
Rodget s Thesaurus of synonyms and antonyms. Miaimi, SPI, 1987 edition.
Royston Pike, E.: Diccionario de religiones. México, fondo de Cultura Económica, 1960.
Encarta.Premium 2.Diccionarios bilingüe inglés-español y español-inglés. Microsoft, 2009.
Fuentes primarias:
Entrevistas grabadas por miembros del Equipo de Estudio del Centro de Investigaciones (CISCEF) de Incudef, integrado por José Millet, Eduardo Concepción, Oscar Lázaro, Luis Cazorla, Enzio Provenzano y Enna Zavala.
Nilda Arratia,
Norma Vargas,
Orlanis Zambrano;
Marisol Hernández;
Agencia Bolivariana de Noticias;
Luis Cazorla;
Yanelys García;
Arcadio González;
Fuentes consultadas en internet:
www.venaventours.com.fiestas

Ficha de los autores

José Millet (Cuba, 1949). Escritor e investigador de las culturas populares del Caribe, con especialización en la temática de las fiestas y de las tradiciones religiosas de base africana y en las variantes del espiritismo. Director del Centro de investigaciones Socioculturales, perteneciente al Instituto de Cultura del Estado Falcón, que elabora el Atlas etnográfico Cultural del Estado Falcón-Venezuela, obra sin precedentes en la historia del país por su enfoque y de la cual es su editor.
Pedro Eduardo Concepción (Caracas, 1955). Investigador del Centro de Investigaciones Socioculturales de INCUDEF, colaborador científico del libro La Guinea, barrio afrocaribeño de Coro (1987) y autor del libro Alí Primera. Biografía documentada y testimonial.

Luis Cazorla (Coro, 1970) Investigador y jefe del Departamento de cultura popular de INCUDEF, autor del libro El cinco y medio, en proceso de edición.
Enna Zavala (Coro, ___) Miembro del equipo de estudio del Centro de investigaciones Socioculturales de INCUDEF.
Ender Rodríguez (Venezuela, 19___) Artista plástico e investigador de la tradición ancestral de Las Turas.
Tipos de Rosarios
Rosario de Ánima o Cabos de año
El Rosario de Ánima o cabo de año es un rito que se realiza en conmemoración de la fecha de nacimiento de algún difunto o en conmemoración de un año más de fallecimiento.
Este tipo de Rosario generalmente no se canta. Se realiza tal cual se indica en la forma de rezar el Rosario.
Con relación al culto a las Ánimas, en la mayoría de los pueblos del estado Falcón se tiene la costumbre de colocar una vela en su honor todos los días lunes, en especial al Ánima de un ser querido fallecido. Se asegura que cuando por algún motivo se interrumpe con el culto de ofrendar luz a las Ánimas, estas no dejan dormir al iniciador del culto, sea pariente o no.
Novenario
"El concilio Vaticano II, 1962, ratifica: "La Iglesia ofrece a Dios, sufragios por los difuntos y cultos de la veneración de los santos y a los ángeles" (1).
En toda la geografía falconiana esta ceremonia se realiza posterior al entierro de una persona, (viernes posterior al entierro). Para la realización del novenario se prepara un altar, generalmente donde el difunto tenia fijada su residencia. El elemento principal del altar es la foto del difunto, imágenes de santos; en especial la imagen de la Virgen del Carmen, un rosario, un velón, velas, y flores.

En el municipio Federación, los novenarios se realizan en dos partes. La primera se le llama la "casita" la cual consta de 5 Padre Nuestro, 50 Ave Marías y 5 Glorias. 50 Ave Marías, ofrendas y dedicatorias La segunda parte consta de varias oraciones dedicadas a los misterios de la muerte, correspondientes a los 5 misterios dolorosos, las letanías que se rezan en latín, 5 Padres Nuestros, 5 Ave Marías, 3 Credos, la oración del ángel de la Guarda, siguiendo otras oraciones en la que se expresa la pasión y muerte de Jesucristo.

Este rosario generalmente se inicia a las 8 de la noche, el segundo, rezo a
Las 10 y el último a las 12m.
1ra. Parte: Llamada casita.
5 Padre Nuestros
50 Ave Marías
5 Glorias.(1) Tomado del libro "Sombra, camino y luz". Díaz, Ledezma, Cesar. P.

Después de los 5 misterios:

2da. Parte: Oraciones relacionadas al tema de la pasión y muerte de Jesús
(Misterios dolorosos).
La oración de la Salve.
Letanías en latín.
Oración al Ángel de la Guarda.
Otras oraciones relacionadas a la pasión y muerte de Jesús
Una vez concluida la ceremonia, se desmantela o quiebra el altar, se quitan las flores, se
bajan las imágenes de los santos, la foto del difunto, las cortinas, las velas y los manteles.
Al día siguiente los deudos acuden al cementerio a llevar las flores utilizadas en el
novenario.
Últimas noches

El rito de últimas noches se realiza justamente para cerrar el ciclo de rezos llamado
novenario el cual comienza el viernes posterior al entierro del difunto, y termina
justamente el segundo sábado.

En el rito de últimas noches se realizan tres rosarios alternos, cada rosario es
dedicado a cinco misterios; los primeros cinco misterios son los misterios gozosos, los
segundos son los cinco misterios dolorosos y los cinco últimos son los misterios gloriosos,
por tal motivo este rito suelen prolongarse hasta altas horas de la noche

Novenas

No debe confundirse el novenario con las novenas dedicadas a la Virgen en sus
distintas advocaciones y a los Santos. Muchas de estas novenas son establecidas por la
iglesia católica y están sujetas a un orden, como por ejemplo: La Novena a la divina
misericordia, a la Rosa mística, a la Virgen del Carmen, a José Gregorio Hernández, a
San Judas Tadeo, a San Benito, entre otros. Las novenas consisten en realizar nueve
oraciones distintas, nueve días antes del día dedicado a la entidad homenajeada. En el caso
de la Novena a la Divina Misericordia, esta debe comenzar el viernes santo y terminar el
sábado de la octava de pascua, donde se concluye con la Corona llamada "Corona a La
divina Misericordia", y "Corona a la Madre de Dios de la Misericordia".

Para la realización de las novenas se toma en cuenta el día atribuido a la Virgen o al Santo homenajeado y se inicia nueve días antes con las oraciones correspondientes.
Rosario por dentro, cantados o llanito.

Este se realiza dentro de la iglesia o en casa de alguna familia para celebrar el Rosario en familia. Para ello se preparaba, y aun lo hacen, un pequeño altar con las estampas e imágenes de santos.

En el municipio Falcón este tipo de Rosario se realiza de la siguiente manera:

1. Rosarios según la forma más generalizada instituida por la iglesia católica.

2. Al concluir el rezo del primer Rosario en la novena parte se canta la salve.

Con la salve a lo divino se inicia el Santo Rosario. Los cantadores colocados dos delate y dos detrás. Hacen la reverencia al pie del altar. Luego al terminar, cada misterio, con las diez Aves María, se le dedica la salve al santo al cual se le ofrece el Rosario.
La salve a lo humano es aquella dedicada a una persona para felicitarle o desearle bienestar y salud, pero siempre dedicada a algún Santo.

En Santa Cruz de Bucaral, municipio Unión se realiza un tipo de Rosario llamado "Rosario de Mayo", dedicado a la virgen, el mismo se canta y se reza en forma alterna.

Rosario por fuera
La manifestación tiene lugar en cualquier época del año, dependiendo al santo y a la entidad que se homenajea o se le paga promesa. Se realiza fuera de la capilla o iglesia, sacándose el santo o entidad, en procesión hasta el Oratorio o Calvario del pueblo; en una especie de andas o parihuela, cargada por cuatro personas generalmente del sexo masculino. Los devotos queman incienso, rezan y cantan acompañados por salveros contratados para la ocasión.

Este tipo de Rosario no solo se realiza a los santos. En la población de la Chapa, parroquia Guzmán Guillermo, del municipio Miranda se acostumbra a realizar a la Santísima Cruz donde efectivamente cargan la Cruz hasta el Calvario del pueblo llamado "Cruz de las piedras". También verificamos esta actividad en el sector Paso de en medio, municipio Bolívar en un Calvario llamado "La cruz del Mojan", construido por el señor Leonardo Arroyo aproximadamente en el año 1938.

Este tipo de rosario se canta y se reza de forma alterna por tal motivo también se le denomina "Rosario Gloriao" o "Rosario cantado".

En algunos lugares añaden un canto en homenaje a la Virgen denominado La Corona, el cual entornan al finalizar el Rosario. La letra está inspirada en el Cantar de los Cantares.

Rosario sin Letanías

También encontramos el Rosario sin letanías, y por lo general su estructura es más sencilla. Comienza con el anuncio a la Virgen, a la santísima Cruz, al santo que se ha ofrecido promesa. El anuncio esta a cargo del guía, mayordomo o director del grupo musical.

- 1. Anuncio del Rosario:

"Santa Virgen del Rosario con estos cantadores y rezadores y con este
ramo de flores del monte te agradecemos la gracia recibida al enviarlos
la lluvia para que la cosecha no se pierda".
Seguidamente el rezador o guía comunica el nombre de la persona que
contrata el rosario.

- 2. Anuncio de la persona que ofrece el rosario:

"Este Rosario Cantado, ha sido encomendado por el señor (nombre) con
nuestros corazones abiertos recíbelo Santa Virgen del Rosario".
En el primer misterio o "casita" se canta la salve que lleva el nombre del santo al cual se le dedica el Santo Rosario. Si el ente espiritual es San José, con esa salve concluye el quinto y último misterio.
Durante la realización del segundo, tercer y cuarto misterio se cantan salves dedicadas a otros santos, a la virgen en cualquiera de sus advocaciones, así como otros géneros musicales.

Velorios de Angelitos

Refería el propio Apolinar Cazorla Brito "que en los pueblos de la sierra coriana, los velorios de angelitos duraban hasta una semana, porque existía la costumbre de comprar el muerto. Esta compra consistía en mudar al angelito de una casa a otra, velándolo nuevamente e iniciando de nuevo los cantos. Lo de "compra" viene porqué el que se llevaba el angelito, debía correr con los gastos de los brindis para los asistentes. Los cantadores reclamaban el brindis que consistía en aguardiente (cocuy) tabacos para los hombres y vino para las mujeres en la forma siguiente:

La madrina es buena moza
el padrino es fanfarrón
la madrina los tabacos
el padrino el garrafón" (2).

(2) Soto Navas, Eudes. Los Cantadores Serranos: Una tradición que aun vive. Revista Polémica. Pág.12, 13.
Año IV. Nº 143. 20 de Nov. De 1976.

Velorios al niño Jesús

Muchos pueblos que conforman la serranía falconiana y la península de Paraguaná, celebran la navidad con alto sentido religioso. La fecha es propicia para acercarse a Dios a través de su hijo el Niño Jesús, propiciar la unión y reconciliación familiar y el compartir con los amigos.
Por lo general, la tradición se inicia el primero de diciembre con las parrandas y se afianza a partir del 16 con las celebraciones de las misas de aguinaldo para culminar el 14 de enero día del Niño.

Velorios de Santos

"El culto a los Santos, empezó por la veneración de las reliquias, sus sepulcros. Sus prendas, partes del cuerpo. Etc. Luego se hizo extensivo a los bienhechores de la iglesia; a los personajes del antiguo testamento; y hasta seres extraterrestres como el Ángel San Gabriel, San Miguel Arcángel, la santa cruz, etc." (3).

"Los Santos padres de la iglesia, repudiaron el culto de las imágenes religiosas, hasta el siglo IV, apoyados por Éxodo: XX. 2,5. – Un sínodo, en el año 787 se mostró favorable a las imágenes. La evolución de este culto fue en etapas sucesivas" (4).

"El VII Concilio General, II de Nicea, en el siglo VIII año 787, fue presidido por el papa Adriano I. Ratificó que los Santos si pueden interceder ante Dios a favor de los católicos. Acordó la Veneración a la Cruz, de las imágenes, de Jesús de María, de los Santos y de los Ángeles. Acordó que dicha veneración fuese por besos y reverencias" (5).

En el estado Falcón, los Velorios de Santos se realizan durante todo el año en épocas diferentes y de acuerdo a las costumbres de cada pueblo. Los devotos escogen la fecha para celebrar su onomástico, para rendir culto al santo de devoción, pedir algún favor a cambio de alguna promesa o pago de la misma.

Este tipo de velorio también es conocido como "Rosario Gloriao" ya que se canta y se reza en forma alterna.

Se celebra con música y se comparten bebidas y comidas.

Los Velorios de Santos se diferencian del Velorio o Rosario de mayo, ya que este último se realiza solo en el mes de mayo y es dedicado a la Virgen María.

Recogimos en la ciudad de Coro testimonio del Señor Cecilio Cabrera (tío político del autor), Rezandero y Salvero sobre la forma como su familia realiza desde hace mucho tiempo el Rosario a los Santos. Nos refiere: "Que su padre Valentín Rodríguez, quien murió a la edad de 86 años aprendió, el arte de curar por medio de las hierbas y la orina de un tío que residía en Churuguara, según Cecilio, su padre fue muy reconocido en el estado Falcón por practicar la medicina natural que incluso el Ministerio de Sanidad de ese entonces le otorgó licencia para ejercerla libremente, en reconocimiento a las numerosas curaciones que lo hicieron famoso; Cecilio expresa orgulloso que él igualmente aprendió de memoria las oraciones y recetas las cuales logró copiar en una libreta, ya que su papá era muy celoso con las cosas sagradas. En las anotaciones conserva toda esa tradición, además de una gran cantidad de Salves que hoy sirven de repertorio para cada Rosario que prepara, junto a su esposa Mireya Cazorla.

Uno de los procedimientos de curación que recuerda Cecilio practicado por su padre es aquel en el que utilizaba un vaso de cristal con agua y un crucifijo de plata el cual sumergía en el agua para luego diagnosticar el mal, previo al análisis de la orina del paciente.

Actualmente para la celebración del Rosario, Cecilio y Mireya preparan un altar consistente en una pequeña mesa cubierta con sábanas blancas y por encima un mantel bordado. Al fondo y en el centro una cruz de madera con la imagen de Jesucristo, de izquierda a derecha las imágenes del Sagrado Corazón de Jesús, el Ángel Gabriel, Rafael y el Arcángel Miguel. Delante de las imágenes colocan la fotografía del Sr. Valentín Rodríguez. A la derecha de la cruz colocan las imágenes de San José, San Antonio, la Virgen del Carmen y La Divina Pastora. Al frente de las imágenes ubican siete velas y un rosario.

Debajo de la mesa colocan un velón o luz perpetua que se mantendrá encendido hasta que se consuma totalmente.

Inicio del rosario:

1. Acto de persignación:

"En el nombre del Padre, del Hijo y del Espíritu santo". Amén.

2. Acto de persignación: Se hace la señal de la cruz, diciendo: Señor mío,

3. Jesucristo, Dios y hombre verdadero………

4. Oración a La Casa Santa:

5. La Oración de La Salve (cantada):

6. Oración al Rosario de María (cantada):

7. Oración a la Cruz:

Velorios de Cruz

"El hallazgo o invención de la Cruz, ocurrió en el año 326, y empezase inmediatamente, según las ordenes de Constantino y a la vista de la emperatriz Elena. La Iglesia Magnifica del Santo Sepulcro, que inauguró solemnemente en el año 335, en ella se depositó la parte de la Cruz que dejo en Jerusalén" (6).

"La Iglesia Católica instituyo fiesta para conmemorar la Invención de La Santa Cruz, el 03 de mayo del año 590 d. C, la cual poco a poco se fue extendiendo en todo el mundo" (7).

En distintas regiones del país, como en el estado Falcón desde época de la colonia "se promovió la formación de cofradías o hermandades religiosas que, a la usanza española, tendría la obligación de hacer todos los esfuerzos para que los homenajes a símbolos del cristianismo revistieran la solemnidad e importancia que habían adquirido en Europa" (8).

Existen registros del periodo colonial, que confirman celebraciones en honor al Santísimo Sacramento en las ciudades de coro para el año 1582, y Caracas en 1590. Puede presumirse que ya la población había comenzado a participar en ellas" (9).

Adoración al Niño Jesús

Durante los primeros días del mes de noviembre solía verse en las calles de la añeja ciudad de Coro, personajes venidos de varias localidades de la Sierra falconiana, llevando colgado al cuello, un cofre de madera con vidrios laterales que dejaba ver en su interior la imagen del Niño Jesús, vestido, y adornado con flores, colgando en una de sus manos o cuello "Promesas" o "exvotos" (pequeñas figuritas de oro o plata), ofrendadas por devotos por el pago de alguna promesa generalmente de salud o de cualquier otra índole.

Estos cargadores además del cofre llevaban en una de sus manos una campanita la cual sacudían al momento de llegar a las puertas de alguna casa, para llamar la atención de los cabezas de familia y al mismo tiempo, exclamar en forma de saludo: ¡Dios en esta casa!, el cual era respondido inmediatamente por los anfitriones con la frase "por siempre, pase adelante".

Una vez adentro, eran atendidos por los miembros de las familias, quienes tocaban el cajón como señal de reverencia, se persignaban y realizaban algunos rezos y oraciones para consignar ante la imagen, alguna contribución en monedas como ofrenda, o "promesas" o "exvotos" en señal de gratitud por favores concedidos asociados a la salud, o cumplimiento de algún otro favor personal o colectivo.

"Las promesas a un santo, digamos al Niño Jesús, duraban entre siete a nueve años. El devoto renovaba la promesa si lo creía pertinente; si por el contrario, era olvidada, se rompía la promesa y el devoto le achacaba a tal incumplimiento, la responsabilidad por cualquier suceso o circunstancia adversa que se le presentaba en su vida" (10).

Realizado el acto devocional, brindaban un poco de café o agua al visitante y preguntaban: ¿De donde es el Niño? .A lo que respondía el cargador: "De La Chapa, Santa María, Cabure, La Peña o cualquier otro lugar según su procedencia. Terminada la visita el cofrade continuaba su recorrido.

En los pueblos ubicados en la parroquia Guzmán Guillermo y en especial la Chapa, tal celebración se extiende todo el mes de enero, por ser precisamente el Niño Jesús, el Santo patrón.

Últimamente esta tradición ha variado mucho, hoy la gente se encarga de festejar por su cuenta la fecha, pero siempre en torno a la misa e imagen del Niño Jesús. Los salveros y aguinalderos suelen recorrer la calle, visitando los pesebres de casa en casa y en algunas ocasiones dedican salves a lo divino a petición de algún promecero. Al final se liba licor y se comparten platos propios de la época.

Uno de los devotos que trajo la devoción al Niño Jesús desde la población de la Chapa a Coro fue sin dudas Apolinar Cazorla Brito.

También se destacó en este oficio Don Fernando Chirinos, cargador del Niño Jesús y de la Virgen.

(1*) Tomado de Díaz, Ledesma, Cesar. "Sombra, camino y luz. P. 137.
(2) Soto, Navas, Eudes. Los Cantadores Serranos: Una tradición que aun vive. Revista Polémica. Pág.12, 13.
Año IV. Nº 143. 20 de Nov. De 1976.
(3,4,5, y 7) Textos tomados del libro: Tomado del libro "Sombra, camino y luz". Díaz, Ledezma, Cesar. P.
(6*) Tomado del "I Taller sobre Velorio de Cruz". Guía de la fundación Gajillo de Carabobo. 2003.
(8,9) Textos tomados del Calendario de Fiestas Tradicionales Venezolanas de la Fundación Bigott.. Tercera edición corregida. Nº 1 de la Serie Cuadernos de Cultura Popular. Impresión. La Galaxia. Caracas. 2005. P. 8.
(10) Textos tomados del libro: La Guinea Barrio Afrocaribeño de Coro, José Millet y Manuel Ruiz Vila.

Impresión: Producciones Editoriales C.A. Mérida. P. 81.
(11*) Tomado de Díaz, Ledesma, Cesar. "Sombra, camino y luz. P. 137.

Paradura del Niño Jesús

Esta fiesta conmemora el episodio bíblico en el que La Virgen María, San José y el Niño Jesús huyen del Rey Herodes y buscan posada para refugiarse. En esta tradición de pasea al Niño Jesús por todo el pueblo haciendo parada en las casas (por eso se llama "paradura"). Participan los feligreses, invitados y padrinos. Estos llevan una cesta, un pañuelo con la figura del Niño y unas velas grandes. En la población de Pueblo Nuevo, municipio Falcón se realiza desde el 24 de diciembre al 02 de enero.

En la urbanización Alta Vista, calle Miramar, de Puerto Cumarebo del municipio Zamora se realiza esta tradición desde el 02 de febrero de 1.978, a partir de una promesa al Niño, el cual es bajado y entregado a sus 4 padrinos quienes lo adornan y luego pasean por el pueblo y sus alrededores. La imagen se acompaña de dos niños vestidos de pastores junto a los devotos que acuden con antorcha a agradecerle y a pagar sus promesas. Los niños son obsequiados con cotillones. Los adultos brindan con chocolate y vino, hacen peticiones y rezan hasta el amanecer. La fiesta es amenizada con grupos musicales.

En la Población de Casigua, municipio Mauroa la tradición data desde hace 100 años y se realiza entre el 26 y 30 de diciembre. Cada hogar recibe con cánticos la figura del Niño la cual es sacada a recorrer las calles para recibir los pagos de promesas por parte de sus devotos.

En la población de los Taques, municipio Carirubana, esta actividad se realiza desde el 24 de diciembre al 02 de enero.

Canturias al Niño Jesús

Una de las tradiciones iniciada hace muchos años en el estado Falcón es la tradición de cantar a los pesebres en época de navidad. Estas actividades se realizan en torno al nacimiento o pesebre confeccionados generalmente por personas adultas quienes convierten sus hogares en santuarios populares donde se dan cita propios y extraños, a decir, cantores, curiosos y devotos al Niño Jesús.

Entre los pesebres más populares tenemos en Coro el pesebre de elabora do por el Sr. Ricardo Torres en la Calle Aurora del sector Chimpire, el cuan sorprende por su magnitud y belleza a todo aquel que traspasa la puerta principal o se asome a través de los balaustres de las ventanas de la casa.
Igual ocurre en casa del Sr. Merwin Manuel Medina en el sector Bobare de Coro quien elabora su pesebre con diversos materiales y adornos.

En la calle El Sol, la familia Cazorla Jiménez todos los años elabora su pesebre al fondo del zaguán de la casa, allí el cultor popular Apolinar Cazorla Brito y los demás integrantes del grupo "Cantores de la Sierra" interpretaban cantos dedicados al Niño Jesús actividad que llevaron a cabo hasta el día de sus muertes. En la actualidad su hijo Simón Cazorla; hermanos Antonio, María, Marcos y Mireya; así como sus sobrinos Víctor, Francisco, Ángel David Cazorla y el autor de la presente obra han mantenido la tradición a través de las agrupaciones "Tricolor y "Sierra y Canto" .

La Prof. Rosalina Acosta y muchas de sus vecinas en la calle Urdaneta también se esmeran en colocar sus pesebres. El Niño Jesús que colocan es traído desde la población de Sabaneta con el fin de continuar con la tradición iniciada por sus abuelos hace muchos años.

En Coro se tiene la creencia de que quien monta un pesebre debe continuar haciéndolo por siete años.

Misas de Aguinaldo o Novenas al Niño

Tradición cristiana decretada por el Para Sixto V, a propósito de conmemorar la venida al mundo del Niño Jesús. Se realiza del 16 al 24 de diciembre de cada año y consiste en la realización de nueve misas, en las primeras horas de la mañana, las mismas van acompañadas con cantos alusivos a la navidad llamados también "Cantos de Pascuas" o "aguinaldos". Posterior a la eucaristía, se comparten entre los asistentes chocolates, cafés, galletas, panecillos y golosinas, igualmente se realizan en las plazas cercanas a las iglesias patinatas, en un clima de algarabía propio de estas fechas.

Echadura de agua

En el estado Falcón, especialmente en las zonas rurales, existe la costumbre de echar el agua a los niños recién nacidos. Tal acto rememora el bautismo de Jesús por Juan el Bautista. El ritual de purificación por inmersión o aspersión con empleo del agua se le hace a los recién nacidos antes del bautizo oficial de la iglesia católica y lo realiza un rezandero autorizado o no, especializado en tales menesteres.
En el seno de la iglesia católica "Hasta el siglo V, no se bautizaban niños; solamente se bautizaban adultos, suficientemente instruidos y privados en un catecumenado riguroso. El ritual era una triple inmersión total del cuerpo (11)".

Antes del ritual de echadura de agua los padres de la criatura nombran dos padrinos y dos madrinas; si es hembra, la madrina principal carga a las niñas y el padrino principal sostiene la cabeza; si es varón el padrino principal carga al niño y la madrina sostiene la cabeza. El otro padrino y madrina deberán sostener durante la ceremonia el plato con la sal o la vela encendida dependiendo también al sexo del recien nacido, a estos se les conoce como madrina de plato y padrino de vela o viceversa.

Recopilamos de Cecilio Cabrera, rezandero, y salvero, nativo de Coro, una de las formas por él conocidas de echar el agua.

Implementos utilizados en el ritual

Se emplear un pañuelito blanco, una vela, un plato pequeño, un vaso con agua bendita y sal.

Procedimiento

El oficiante inicia el ritual encendiendo una vela la cual deberá dejarse encendida una vez terminado el ritual en ofrenda al Cristo.
Continúan con la siguiente oración: En el nombre del Padre,
del Hijo y del Espíritu santo
Amén.
Anuncio de la Intensión:
Hagamos la intención bajo el poder de Dios,
Maria Santísima,
El misterio de la Santísima Trinidad,
las Once mil Vírgenes,
todos los Santos del cielo
La santísima cruz,
el dulce nombre de Jesús
el Cristo crucificado,
el árbol de la santísima cruz
y los dolores de la santísima Madre.
(Se hace la señal de la cruz, diciendo: Señor mío, Jesucristo Dios y hombre verdadero……….).

Continua:
Estamos reunidos en el nombre
de nuestro Señor Jesucristo
para bautizar a este niño, como fue bautizado
nuestro Señor Jesucristo por San Juan bautista
en el río Jordán.
por eso nos reunimos hoy
haciendo esta semejanza,
en el nombre del Padre, del Hijo,
y del espíritu santo
Amén.
(El oficiante pregunta tres veces y tres veces responden los padrinos)
Primera vez:
Oficiante: Fulano de tal.
Padrinos: Señor.
Oficiante: ¿Tú quieres ser cristiano?
Padrinos: Si, quiere ser cristiano
Oficiante a la tercera vez dirá:

"Si tú quieres ser cristiano, nosotros te bautizamos en el nombre del padre, del hijo y del Espíritu santo, San Juan Bautista, los Santos Apóstoles, San Pedro y San pablo y todos los Santos y la corte del cielo. Amén.
Cuando el oficiante pregunta: ¿Quieres ser cristiano (a) ?... (3 veces), se le coloca sal en la boca al niño (a), y un poco de agua bendita. Una madrina o padrino sostiene el plato con sal y la otra madrina o padrino, la vela. Al responder los padrinos: Si quiere ser cristiano (a)", entonces el oficial hace la señal de la cruz en la frente, en la boca y en el pecho del niño (a). Una de las madrinas o padrino coloca el plato debajo de la cabeza del niño (a) y el oficiante echa en agua en la cabeza de éste (a)".

Dicen todos los presentes:

"Nosotros, como semejanza de Jesús, y ella como semejanza de María, te bautizamos. Amén" (se reza un Padre nuestro y un Credo).
En algunos caseríos de la sierra se acostumbraba, posterior al acto de echadura de agua, realizar un rosario, anunciando los cinco misterios de gozo. Este tipo de rosario está en desuso.
Una vez terminado el ritual los padrinos, padres, familiares e invitados del niño o niña, celebran con licor y comida.

Coro, 2008-julio 2009. Los Teques, Estado Miranda, octubre, 2016.

Bibliografía

Fuentes secundarias:

Atlas Enográfico del Estado Falcón de Venezuela. "Fiesta popular ancestral Las Turas". Coro, Centro de Investigaciones Socioculturales del Instituto de cultura del Estado Falcón, 2009.

Atlas Etnográfico de Cuba (multimedia). La Habana, Instituto Cubano de Antropología (ICAN) y Centro de investigación y desarrollo de la cultura cubana "Juan Marinello", 2000.

Bettelheim, Judith (ed.): Caribbean Festival Arts. New York and London, 1988.
Catálogos del patrimonio cultural venezolano . Caracas, Instituto del Patrimonio Cultural, 2004-2005.

Cazorla, Luis: Calendario de fiestas tradicionales populares del Estado Falcón (libro en proceso de publicación.)

Cultura Popular Tradicional Cubana. La Habana, Centro de Antropología, 1999.

Diarios regionales del Estado Falcón: Nuevo Día, La Mañana y La Prensa.
Diccionario Enciclopédico. Prefacio de Jorge Luis Borges. Madrid, Grijalbo, 1995.

Feliú Herrera, Virtudes: Fiestas y tradiciones cubanas. La Habana, Centro de Investigación y desarrollo de la cultura cubana Juan Marinello, 2003.

Millet, José and Rafael Brea: "Glossary of Popular Festivals", in Judith Bettelheim (ed.) Cuban Festivals. An Illustrated Anthology. New York and London, Garland Publishing, INC., 1993.

Millet, José y Rafael Brea López: Grupos folklóricos de Santiago de Cuba. Santiago de Cuba, Editorial Oriente, 1986.

Millet, José; Rafael Brea y Manuel Ruiz Vila: Barrio, comparsa y carnaval santiaguero. Santo Domingo, Ediciones CEDEE- Universidad Autónoma de Santo Domingo, 1994.

Millet, José y Manuel Ruiz Vila: La Guinea, barrio afrocaribeño de Coro. Coro, Instituto de Cultura del Estado Falcón, Centro de Investigaciones Socioculturales, 2007.

Nietzsche, Friedrich: El nacimiento de la tragedia. Madrid, Alianza Editorial, 1972.

Rodget s Thesaurus of synonyms and antonyms. Miaimi, SPI, 1987 edition.

Royston Pike, E.: Diccionario de religiones. México, fondo de Cultura Económica, 1960.

Encarta.Premium 2.Diccionarios bilingüe inglés-español y español-inglés. Microsoft, 2009.

Fuentes primarias:

Entrevistas grabadas por miembros del Equipo de Estudio integrado por José Millet, Eduardo Concepción, Oscar Lázaro, Luis Cazorla, Enzio Provenzano y Enna Zavala: Nilda Arratia, Norma Vargas, Orlanis Zambrano; Marisol Hernández; Luis Cazorla; Yanelys García; y al cronista de Coro, el licenciado Arcadio González.
Agencia Bolivariana de Noticias;
Fuentes consultadas en internet:
Coro, 2008-julio 2009, Los Teques, Estado Miranda, octubre, 2016.

"El amor es la fuerza más humilde, pero la más poderosa de que dispone el mundo".

Mahatma Gandhi

Amigas y amigos de los Poderes Creadores del Pueblo:

El Instituto de Cultura del Estado Falcón cumple hoy 35 años de haberse constituido legalmente. Mucha agua desde entonces ha corrido debajo de los puentes que es capaz de tender el hombre en su incesante afán por hacer cada día más pleno de luz y cada noche más apacible y propicia a la dicha. De ahí que queremos compartir con Ustedes una reflexión muy sencilla: ustedes han sido la razón de ser de nuestro trabajo y quienes nos han impulsado en la voluntad y el deseo de colocar las artes creadoras en el alto pedestal que ellas deberán ocupar siempre en cualquier sociedad digna.

No queremos dejar pasar la ocasión para estrechar sus manos e invitarlos a que continúen estando junto a quienes formamos parte de esta institución que se ha sentido siempre honrada de tenerles como lo que son: amigos entrañables y compañeros de una batalla que se libra a base de sacrificios personales, imaginación, sentimiento y voluntad para que predominen en el Hombre los valores que hacen de nosotros seres capaces de apreciar y disfrutar la belleza en todo su esplendor, intensidad y colorido.

Nuestro concepto de cultura ha dejado muy atrás el de las Bellas Artes-- de la Música, la Pintura, la Escultura, la Literatura y la Arquitectura como cotos excluyentes de profesionales--para dar paso, junto a aquéllas, a todas las expresiones de lo que el escritor venezolano Aquiles Nazoa denominó los Poderes Creadores del Pueblo: en que en un mismo espacio conviven, en igualdad de condiciones, los saberes, conocimientos y artes de los humildes campesinos que han mantenido vivas Las Turas, los Maestros del barro, los pescadores artesanales, decimistas, curanderos o sanadores, rezanderos, conuqueros y trapicheros, marialionceros, de las y los muñequeros, de los tecnólogos populares, deportistas, parteras, de los cronistas comunitarios e historiadores locales, del pensamiento científico liberador y de otros tantos genios brotados de las entrañas de la Madre Patria.

Usted es uno más de esos talentos que brillan con luz propia y nos ofrecen la seguridad para continuar sirviéndolos con el mayor respeto y satisfacción. La fiesta cumpleañera de INCUDEF tiene un solo homenajeado: el Soberano, y Ud., como parte del pueblo, queremos que reciba hoy nuestro más ferviente reconocimiento.

En nombre de los estudiosos que elaboramos el Atlas ethnográfico Cultural del Estado Falcón en INCUDEF, les abraza, con todo cariño y agradecimiento por habernos permitido marchar juntos en cada acto de creación.

Lic. José Millet
Jefe del Centro de Investigaciones socioculturales-INCUDEF

Coro, noviembre 10.2011

Comunidades: historias, tradiciones y patrimonios
Municipio Carirubana.

Comunidades- Punto Fijo

La casa del viento.
Calle Páez n·19166, entre Bolivia y Ecuador
Punto Fijo
Nació en 1940.
Eran 10, murió 2 y una hembra. Todos sus cuadros tienen el viento por tema. El calor, y la brisa para guarecerse. Una de las tres casas de Punto Fijo. Duerme al lado de una ventana.

Por José Millet.

Municipio Carirubana.

Pueblito pescador de Carirubana.

Junta parroquial de Carirubana.
Con Teresa Petit, su presidenta: la parroquia tiene 27 sectores desde Quinta Elena, Bellavista (hasta/barrio La Rosa, a los que debe dar atención, mantenimiento, etc. Este es el Municipio más grande del Estado Falcón, después de Miranda y esta mayor de Carirubana por su Número de habitantes.
En el local de la junta de atienden más de 150 vecinos.
Los consejos comunales no se han podido constituir debido a la resistencia y control que tienen los caciques, según Nancy. También pesa la desidia y la división entre la gente. "aquí todo el mundo es familia", me afirman; a pesar de lo cual aquí todo el mundo vive peleándose. Cúmplele, oficialmente, el principio que ha mantenido al sistema capitalista vivo: la atomización de cada ciudadano, preso en la cárcel de cada hogar y de su conciencia de explotado que no quiere romper sus cadenas.

30-03-07
 Punta Cardón.

Carirubana no es zona sísmica; visible, una piedra a la que no cortan ni siquiera los taladros y el nombre de las piedras para designar un "sector".

Punto Fijo.

Domicio del comercio; era terminal de autobuses en plena ciudad. Cualquier occidental se hepata. Estos automotores son de los seguidores de la civilización.
¿Qué logra con venir a morir en Punto Fijo si nació y vivió en Punta Cardón?
Vienen a la capilla: ¿culpa de ella o de sus familiares?

Economía:

Hacen falta no menos de 20 a 30 empresas para aumentar empleos, nos dicen pero la mayoría de la gente está pendiente del dichoso juego de caballo: Punto Fijo es el caballo campeón de toda la historia de Venezuela y capital del ahorcado. Es la forma zuela y capital del ahorcado. Es la forma más elegida por los vecinos para despedirse de la vida: ¿Por qué?
Podría la gente vivir de la pesca como actividad económica principal. Pero, ¿Cuánta gente hay complicada en ella? ¿Cuántas cooperativas? ¿Cuántos consejos comunales de pescadores?

Cultura.

La pesca artesanal es la tradición cultural más característica de Carirubana, vinculada a la gastronomía. Ha pertenecido a lo largo de este último periodo de la Venezuela petrolera, que tiene un referente significativo en este territorio a partir del hallazgo de las "aguas profundas" que permitieron levantar las grandes refinerías. No hay sensación mejor que degustar el pescado extraído del mar por las manos de esta gente humilde y bonchona; comerlo a la orilla sintiendo el latido de las olas del mar paraguanero.

Cooperativismo.

La cooperativa se rige por la norma de la ordenanza que establece lo que se debe pagar por la pesca y la venta de pescado.
Hablamos con el presidente de SECONAVE (central de cooperativa de Venezuela) uno de los fundadores de esta organización a nivel regional y baluarte de la defensa de las políticas socioeconómicas, desarrollo y crecimiento de la cooperativa San José Obrero. Recordamos con el la lucha por la defensa del cerro Galicia "contra la vaina del coker, apoyo a los valores tradicionales como el repique del tambor en Paraguaná el 30 de noviembre, desde 1987 hasta hoy.

En el luchador social es posible encontrar al interesado por la vida cultural del pueblo.
Aflora la memoria. Se presentaba los tambores de todo el Estado: Olga Camacho, 4 Cantos, Los Tambores de La Sierra... Era en el parque "El Cujizal", hoy en el "parque metropolitano". Allí se realizaba el toque de tambor.

Cultura/Deporte.

Nuevamente la realidad nos llama la atención acerca de que la cultura ha vivido en estrecha
Relación con la "cultura física", y la actividad relacionada con ella. El deporte casi nunca es visto como creador de valores y mantenerlos a través de sus exponentes. Esta idea tiene un ejemplo vivo en la familia de Fenelon Díaz, que aparece en nuestro Atlas al lado de los cultores populares y de otras personalidades de la vida cultural del Estado, en cualquiera de los géneros artísticos.
Compartimos una amena conversación con Rider Díaz Lugo, hermano de Fenelon. Son parte de una familia de Los Taques, venida aquí, donde se unieron a la familia Beaujean , a propósito de la actividad gaitera. En su humilde casa bebemos el imprescindible café mañanero. A pesar de pertenecer a una familia pobre "nunca falto comida" gracias al mar.

"La olimpiada playera "es una iniciativa de los vecinos de la playita emporio a donde Maracaibo desembarcaba muchas mercancías.

Su hermano es fruto de la lucha revolucionaria.

Fundaron los "Hermanos Díaz", alrededor del judo.

Las historias y valoraciones nos conducen a esta conclusión. Carirubana es un pueblo de deportistas y cultores populares. La lucha libre, el judo, el base-ball… El rescate de la decima es uno de los logros de la acertada política de la Gobernación Bolivariana de Falcón.

El famoso Puirpón (?). Preso, es uno de estos cultores, ¡como no recordar su retratos hecho a la intemperie.

Muy pocos resisten la avalancha de pautas de la sociedad de consumo que lo invade todo.

Félix Velazco Martínez, de 82 años, nació en una casa de bahareque y vive hoy en una casa de zinc ¡beso desgarrado del barro con la cabilla!

¡Abrazo de la muerte entre la caña y el cemento!

Pesca-Arquitectura Popular.

Apenas había casas que no fuera la de los pescadores. Luego vino la mene grande… y el des lave de la Gringolandia.

Entre la familia estaban los de los Barotes, los Martinez, la de Eulogio Carballo y Federico Ocando.

Toda la población vivía de la pesca artesanal, tenían lanchas y pescadores que quienes algunos usureros les prestaban dinero para poder sobrevivir hasta que llegara la época de la pesca.

Gil Antonio tenia unas vaquitas para suministrar carne a mene grande.

Cuando Rómulo Betancurt 10 a 15 años de edad, Punta Cardón era la capital, pero de 1945 al 48 "se llevaron los papeles de Punto Fijo", hasta ahora la capital.

El pueblo ubica el asentamiento plaguicida de Grigolandia de 1920 a 1923.

Hicieron sus casas, levantaron sus barrios para refinar el petróleo, depositado en los tanques y llevárselos para el Norte. Cuando la II Guerra Mundial, hundieron un barco por Macoya.

Pesca- Artes de Pesca.

Para entonces se pescaba mucho. De Puerto Cabello traían muchos materiales en los que tejían los chinchorros. Ahora los chinchorros ya hechos son traídos desde otros sitios. Las artes de pesca se están perdiendo.

Historias Locales.

Carirubana nació en Cerro Abajo, cuando Punto Fijo era "puro monte", con 2 ó 3 casas. Los chivos abundaban por donde quiera. La invasión de los gringos despertó el interés por la inmigración a los campos petroleros y se produjo la explotación del poblamiento de esta parte de la Península.

La sociedad de los chivos, que siguieron abundando, empezó a adaptarse con la sociedad del petróleo, que terminaría engallándosele. Entre ellos sobrevivió una especie vegetal que debería ser el verdadero símbolo de la falconia: "el cují". El que resiste el viento más violento, la sequia y el cuchillo del petróleo.

Paraguaná son tres barcones de culturas, perfectamente diferenciadas y enclavadas en espacios caracterizado: 1- la tradicional, atada a la tierra entorno al hato. 2-la postmoderna sociedad del petróleo, cuya capital-maquila es Punto Fijo y, a su lado, 3- el pueblito de pescadores artesanales de Carirubana, que se debate entre los tentáculos los de la nueva Exiles y caníbales:

El pescado era barato; un kilo costaba 1 bolívar como máximo.

Casi toda la familia nacieron y crecieron en Cerro Abajo; las otras y las últimas, en Carirubana.

Punto Fijo es hijo apócrifo de Gringolandia y su compañía petroleras. Se convirtió en un pueblo de forasteros adonde se van a parar quienes emigraban de todos los sitios de Venezuela. De ahí que se bautizara como el "pueblo de la amistad"

Agua.

La escasés de agua se convirtió en un problema grave. Se convirtió en practica habitual "hacer casimbas "para que brotara del suelo este liquido vital.

En los barcos que cargaron petróleo para el Norte traían aguas para los campos de "mierda del diablo". Empezó el experimento yanqui: a cada trabajador del campo petrolero se le entregaban un barril de agua traída de New york o del Missisipi.

Arte de Pesca.

La embarcación que se empleaba era la canoa. Empleaban barquitos de una vela; en embarcaciones de remo iban a Rio Seco. Hoy todo se mueve en lancha de motor. Antes íbamos a pescar a Rio Seco, en octubre el carite que abundaba y luego se salaba.

La pesca de arrastre acaba con la cría de los peces; se lo lleva todo al grande y al pequeño.

Antes la bahía era en bruto ahora no hay casi nada.

En cada barco iban 6 personas.

La dorada época de puros chinchorros.

Llegó a pescar con nasa, cuando llegaré   la pesca de arrastre.

Religiosidad.

El cura venía a oficiar desde Pueblo Nuevo porque no había local para la iglesia.
Cada familia recogía dinero para construirla.
La patrona es la Virgen de la Candelaria, cuya fiesta la hacían con una procesión que recorría las calles con una concurrencia de mucha gente. Hoy se le pasea por el mar.

Pesca Empresarial.

La rastro- pesca la introdujeron intereses empresariales y, de hecho, hoy esta en manos extranjeras, de Italianos.

Mundo Lugo.

La Marisquería Caracas es una de las más visitadas del pueblito.
En Cerro Blanco también "El solar de Pablo", recibe a muchos visitantes.

Paseo de los Estudiantes.

En uno de los monumentos más emblemático de este simpático pueblito de pescadores. Bordea la playa a cuya orilla van a dar muchos desechos sólidos. En algunos de sus tramos, encima del muro, los vendedores colocan sus recipientes para vender el pescado, recién sólido de manos de los pescadores.
Los cujíes escoltan el mar- rebajo de una hay un sitio de venta de los más frecula todos "El cují de Wislú". Al aire libre, con la brisa que nace el puro goce de comprar pescado fresco. El cují conversa con las lanchas marineras que llevan cava sados peces a manos del comprador.

Peces.
Una especie de pez es llamado peorro o roncador, onamotopeya que expresa el sonido característico que hace debajo   del mar. El Corocoro es una especie pequeña que canta como un coro, también debajo de la mar, mientras que el Cherechere es un pez que fondo. El Corocoro nada en toda la geografía marina luriosidad: el pez Cheredure en el único pescado que abre la boca cuando lo están friendo.
El kilo de Corocoro es vendido en Bs 5,000.

Costumbres religiosas.

La religiosidad del pueblo transcurre por senderos diversos, muchas veces de manos de hilos tejen manos invisibles. El nudo se hace en sitios inesperados. Por el paseo, frente al mar, descubrimos algo digno de lo reino del corral- maravilloso: una gallera con centenales dejarlos con gallos de lidia y mi inmenso, ruedo en el centro. Esta actividad fue mandada a detener por el consejo o la alcaldía del Municipio.

Raúl Colina, su dueño, posea en lancha a quienes participamos por INCUDEF en la Toma Cultural. Conversando con él, me entero que desde hace 25 años están haciendo la fiesta a la Virgen de La Candelaria, cuya imagen recorre varios escenarios del pueblo: uno en la misa en el interior de la iglesia; otro en su paseo por el mar y otro durante la procesión que se realiza en las calles.

La fiesta de La Candelaria se realiza el 16 de julio, aunque las actividades transcurren entre los anteriores 3 días, es decir, 13,14 y 15.

Anexos
Proyectos:
República Bolivariana de Venezuela
Museo Comunitario Hombres del Barro y del Cocuy,
Coro, Municipio Miranda, Estado Falcón.

Ficha de Proyecto

I.- Nombre del Proyecto: Museo Comunitario del Hombre del Conuco, del Barro y del cocuy de Coro para el desarrollo del Turismo socio-productivo, agrícola ecológico, histórico, científico, educativo y patrimonial.

II.- Ubicación del Proyecto: Sede urbana en la Calle Monzón nro. 55, entre calles Ampíes y Callejón Silva, limítrofe con el Barrio La Guinea, declarado Patrimonio Histórico-cultural mediante el Decreto 49 del 10 de mayo del 2006 por la Alcaldía del Municipio Miranda, Edo. Falcón y sede rural en áreas aledañas a La Negrita, Parroquia Guzmán Guillermo.

III.- Objetivo General: Comprar el inmueble ubicado en la dirección referida en el apartado anterior (II) propiedad de la familia del célebre periodista Gonzalo Márquez Yánez y habilitarlo con los exponentes museísticos y demás medios para convertirlo en el Museo de Coro, para el rescate, la preservación y la promoción de los valores positivos concentrados en el gentilicio coriano que sirvan para la educación de niños, adolescentes y jóvenes, y que permita su explotación en función del desarrollo de la industria del Turismo socio-cultural, histórico, comunitario, científico, patrimonial, vinculados también a los saberes y las tecnologías populares asociadas al barro, al cocuy y a otros bienes patrimoniales del Municipio Miranda y, por extensión, del Estado Falcón. Comprar lote de terreno en áreas aledañas a La Negrita, donde se edificarán las instalaciones principales del Museo comunitario del Conuco, el trapiche, el barro, el cocuy y otros sistemas agrícolas productivos.

IV.- Justificación: Actualmente la Industria del Turismo aprovecha escasamente las excepcionales potencialidades que ofrece la diversidad histórico-cultural local y las riquezas del patrimonio humano, paradoja que debe resolverse de una vez por la simple razón de estar ubicados en los centros urbanos Coro-La Vela, inscriptos por la UNESCO en 1993 precisamente por los valores de que son portadores estos bienes y los saberes asociados a ellos, como el emblemático barro; asimismo, resulta casi inexistente el ejercicio del turismo social y no disponemos de un Museo de Coro donde la nueva generación pueda conocer la historia local ni los valores reales de que son portadoras sus comunidades más emblemáticas. Ubicándose en la antigua Curiana—hoy comprendida por los Municipios Miranda y Colina—uno de los fechamientos más antiguos del Hombre Americano y sitios paleontológicos y arqueológicos relevantes, resulta justificada la pertinencia de ubicar esta institución en la ciudad Coro. Este Museo de Coro serviría de enlace para la creación de una red de museos comunitarios con parecidas características en el Municipio Miranda, en el Municipio Colina donde ya está funcionando el Museo Comunitario de Los Locos y en toda la región falconiana. Esto se hará como parte de las actividades de estudio, promoción y difusión de la cultura local que ha emprendido la Fundación Casa del Caribe, institución recientemente legalizada en el Registro Público del Municipio Miranda con el nro. 34, folio 145, tomo 19, a la cual pertenecen quienes suscribimos el presente Proyecto. El presente proyecto está amparado legalmente en uno de los artículos del Acta Constitutiva de la Casa del Caribe, que de paso tendría como sede social una de las oficinas del Museo para facilitar su labor pedagógica y funciones.

V.- Descripción del Proyecto: En consonancia con la importancia subrayada reiteradamente por el Presidente de la República Bolivariana de Venezuela, Comandante Hugo Chávez Frías, de desarrollar la "industria sin chimeneas" y los abundantes recursos históricos, culturales y sociales de que disponen el Municipio Miranda y la región falconiana donde está ubicado, solicitamos al honorable Concejo Municipal y al ejecutivo del Municipio Miranda sea elevada la presente propuesta a los Gabinetes Móviles Presidenciales de ser posible en el presente año 2011 o en el venidero 2012, para articular una política de atención prioritaria a la industria socio-cultural anclada en el patrimonio tangible e intangible coriano y mirandino enfocada en el barro como uno de sus símbolos más relevantes; política que debe ser vista en su dimensión de potenciadora de fuentes de empleos para la comunidad en que está enclavado el Museo de Coro y de recursos financieros en base a una gestión comunitaria económicamente autosustentable. Esta instalación debe ser dotada de los exponentes museables físicos, audiovisuales y de tecnologías de avanzada enfocados a la revalorización de los bienes histórico-culturales patrimoniales que definen el pasado y la vida social y espiritual presente del Hombre venezolano residente en Coro y en la región falconiana, como espacio para su estudio y divulgación y servir de medios auxiliares al proceso docente-educativo que tanto se esfuerza para acceder a él los fines de semana y en los períodos vacacionales con escasas posibilidades de éxito. Se ofrecerán explicaciones por parte de guías especializados, así como muestras gastronómicas, artísticas con talento local en vivo y todo enfocado a fines pedagógicos y de promoción de la cultura. Calculamos recibir inicialmente en el Museo de 30 a 60 visitantes diariamente y algo más los fines de semana en que permanecerá abierto.

Se requieren recursos monetarios para comprar este inmueble de vivienda típica de barro, culminar su infraestructura, comprar e instalar exponentes museables, mobiliario, computadoras y otros medios técnicos para las visitas guiadas con explicaciones didácticas dirigidas a la población escolar, así como para dotar de capital de trabajo, adquirir una unidad de transporte ligero tipo buseta para transportar a los turistas durante las visitas guiadas a los barrios emblemáticos de Coro, su Municipio Miranda y otros sitios con que se relaciona en el Estado Falcón por su excepcional historia, como Colina y Petit, para citar sólo dos ejemplos.

VI. Tiempo de ejecución: 24 meses.

VII.- Costo del proyecto:

IX.- Beneficiarios: Comunidades y escuelas de los municipios Miranda y Colina, del Estado Falcón; de Venezuela y de América Latina, El Caribe y el mundo que nos visiten. Esta empresa generará diez (10) empleos directos y dos (2) indirectos.

X.- Responsables del Acompañamiento Técnico de la Comuna al que va insertado el presente Proyecto de Museo Comunitario: Concejo Municipal y Alcaldía del Municipio Miranda, Edo Falcón.

Firman la presente en calidad de autores del Proyecto y miembros de la Fundación Casa del Caribe:

Lic. José Millet   TSU en Turismo Enzio Provenzano   Mario Aular Chirinos
Escritor   Promotor Cultural   Cronista e investigador
04169602953   04162674375   042412130699

E-mail de contacto: **milletjb2007@gmail.com**;   **enzio77@yahoo.com**;; **milletjb2004@yahoo.com**

Presentada en la ciudad Coro, 201l.XI.O2, en original y dos copias a un solo tenor.

Papel de trabajo para Comuna de desarrollo endógeno cultural a partir de los saberes ancestrales asociados a lo sistemas productivos agrícolas, como el Conuco y al trapiche, así como al barro y al cocuy con propuesta de oferta económica.-

Autores del proyecto: Profesor e Investigador Auxiliar Lic. José Millet (escritor y antropólogo), TSU en Turismo Enzio Provenzano (promotor cultural) y cronista e investigador Mario Aular Chirinos
Diseño arquitectónico y maquetación del proyecto: Ingeniero Ibrahim López Serpa

Antecedentes

En el año 2002, varias personas nos unimos a la comunidad de los productores artesanales de cocuy de Pecaya en su reclamo de que fuera legalizada la producción ancestral hecha a partir de esta especie denominada *agave trelease cocuy*, bien que se logró ser declarado Patrimonio Cultural del Estado Falcón. Para reforzar sus luchas; tiempo después, coordinamos nuestro trabajo desde el Instituto de Cultura del Estado Falcón (INCUDEF) con varias instituciones académicas y organismos oficiales con sedes en Coro y otros municipios para alcanzar tal objetivo. Esto nos obligó a iniciar un estudio etno-histórico que contó con el apoyo de destacadas personalidades del mundo intelectual regional y, finalmente, organizamos la primera "I Muestra Artesanal del Cocuy" que incluyó el proceso productivo completo de esta especie vegetal, con el empleo de la tecnología popular y el modo ancestral de base indígena conservado en varios sitios de la geografía de Falcón, además de la presencia de los productores artesanos artesanales del propio Pecaya, asentamiento humano de gran trascendencia y referencia histórica por muchas razones. Aquella exposición abarcó la variedad completa de especies derivadas de la elaboración de esta especie vegetal, no sólo de su preciada bebida de altos alcoholes, perseguida ayer por "la IV" y que forma parte de la identidad cultural del Coriano.

La I Muestra artesanal del cocuy fue instalada en el Balcón de los Arcaya, perteneciente a la Universidad Nacional Experimental Francisco de Miranda, Alta Casa de Estudios que nos brindó su colaboración y se sumó al encuentro que previamente sostuvimos con diputados a la Asamblea Nacional de Lara y Falcón, a quienes se le presentaron los fundamentos para modificar la ley general de especies y alcoholes de Venezuela, lo que permitiría así reparar una injustita histórica y subsanar un acto de lesa cultura y lesa identidad, fruto funesto de los manejos de la industria y las empresas comerciales empeñadas en silenciar los reclamos de gente humilde del pueblo que vivía de estos productos, de marginar su trascendencia e impedir con todo este andamiaje jurídico que se produjera y circulara, con las debidas condiciones que indican las autoridades sanitarias, este bien cultural ancestral.

Unos de los autores de la presente oferta que estamos sometiendo a consideración del Consejo comunal La Negrita, parroquia]Guzmán Guillermo, Municipio Miranda, Estado

Falcón, redactó un manifiesto que fue firmado por decenas de miles de personas que se adherían así a un reclamo de justicia anclado en un bien cultural y el conjunto de acciones así emprendidas tuvo tal fuerte impacto en la sociedad, que nos animó a llevar la Muestra a Caracas, en cuya Casa de las Letras Andrés Bello fue instalada y el mencionado documento finalmente presentado en la sede de la Asamblea Nacional.

Existe un dossier donde archivamos todas las notas de prensa provocadas por aquella iniciativa, también fue reseñada en el primer número de la revista OIKOS, de INCUDEF, institución que en estos últimos cinco años, desde su Centro de Investigaciones Socioculturales, ha seguido investigando todo el proceso productivo del cocuy con la intención de incluirlo en el Atlas Etnográfico Cultural del Estado Falcón, obra pionera en la historia de Venezuela, por su enfoque teórico original y los fundamentos metodológicos en que se sustenta. Gracias al aporte del Centro Nacional de la Diversidad Cultural de nuestro Ministerio de la Cultura, se pudo imprimir el primer Cuaderno de avances, fue dedicado a Las Turas y tenemos preparados materiales para hacerlo también con el tema de nuestra propuesta, algunos de los cuales pueden ser consultados ya en Internet como el del proceso productivo artesanal completo con tres tipos de tecnologías.

Asimismo, otros trabajos enfocados a los procesos productivos del campo pueden leídos o consultados e la Web, como el relacionado con la cultura del conuco y el trapiche, por ejemplo, en el portal educativo: www.monografías.com/trabajos66/sistemas-productivos-agróicolas-venezuela

Fundamentació.

En el mundo, son muchos los países que disponen de Museos de Antropología como medios de reforzar el sentido de partencia del nacional con su tierra natal, de reafirmar sus valores e identidad cultural. Estos espacios institucionales sirven, adicionalmente, de estímulo para el interés por el conocimiento y dominio de la historia a todos los niveles de la sociedad: el individual, el familiar y el comunitario, convirtiéndose por ello en recurso para promover el rescate de la memoria a todos estos niveles referidos y, especialmente, la valoración de la historia de las comunidades más emblemáticas de cada localidad y de una región en su conjunto.

La riqueza histórica y la diversidad cultural del Estado Falcón lo sitúa como uno de los de mayores potencialidades en cuanto a explotar sanamente este tipo de instituciones culturales, pudiendo proyectarla nacional e internacionalmente dado que es un Estado limítrofe con varios países del Caribe y con una enorme extensión de litoral marino bañado por las aguas del mar del mismo nombre. Sin embargo, carecemos aquí de un sistema orgánico de museos comunitarios que conecten la historia regional con las innumerables expresiones de la cultura y este vacío lamentable es que el nos proponemos llenar con el presente proyecto de "Museo del Cocuy y de la Cultura Falconiana de Coro", en el cual iremos incluyendo exponentes relacionados con el pasado más remoto así como el más reciente, que se vinculen al actual proceso de recuperación de la memoria colectiva en que estamos inmersos.

Por tanto, si bien en esta fase inicial nuestra propuesta estará centrada en uno de los símbolo de más alta dimensión y resonancia de la cultura falconiana, como lo es el cocuy, sin embargo nuestra proyección y meta está dirigida a proyectarlo al ambiente más amplio del interés múltiple que él suscita y del que es por portador: en el de las ciencias naturales, a partir del hecho de constituir una especie de planta única en el planeta; en el de la Etnología, en razón de haberse vinculado con la historia étnica de dos Estados limítrofes, como son los de Lara y Falcón, y a la Culturología, en razón de abarcar o comprender todos los espacios de la vida sociocultural: desde la gastronomía, el nacimiento y la muerte, la artesanía y la vivienda, entre otros.

Concepto:

El Museo está concebido como paisaje cultural, un espacio vivo donde se presentarán los bienes culturales en una relación orgánica y natural con loa seres humanos que los crearon en su ámbito real y actual: la comunidad productora. Nada de conjunto de objetos alineados en vidrieras según un plan elaborado por los Museólogos, sino la reproducción aproximada de un bien cultural multifacético y polisémico que tenemos al alcance y que se nos presenta como lo más atractivo para todo tipo de público que lo visite. Un modelo simulado de lo que tenemos aquí en su proceso productivo de base ancestral y de amplia aceptación no sólo en la región, sino con alcance nacional y, sin duda de ningún tipo, más allá de Venezuela.

Asuntos que se tratarán en el Museo:

1.- Proceso productivo del cocuy como se realiza en Pecaya con la tecnología empleada de manera tradicional en la elaboración artesanal de la planta en su totalidad y con productores auténticos que se contratarán.

2.- Procesos productivos de bienes materiales y espirituales de la cultura regional, así como de sucesos, hechos y personajes históricos:

a) Las Turas
b) El maíz y la arepa

c) El casabe
d) El dulce de leche de cabra
e) La zábila
f) El barro en todas sus manifestaciones.
g) Los saberes ancestrales, ciencias y las tecnologías populares
h) Históricos: resistencia y rebeldías, procesos de liberación nacional, guerras de independencia, guerrillas, etc.
i) ETC

3.- Parque Temático que incluirá tres asuntos principales:

A.- Paisaje de Historia étnica: paleontológico, arqueológico y antropológico;
B.- Paisaje histórico: descubrimiento, conquista, resistencia aborigen,; período de la colonia, guerras de independencia, procesos de liberación nacional: I, II, III y IV República y Revolución Bolivariana.
C.- Paisaje Cultural

 En este Parque Temático será instalado un conjunto de esculturas con las figuras de las personalidades de la historia y de la cultura más emblemáticas del Estado Falcón, que incluye representantes de los pueblos originales que habitaban estas tierras antes de la invasión europea; de los criollos y de los venezolanos ilustres destacados en cada uno de los ámbitos de la vida social que hemos mencionado más arriba: las artes creadoras, los saberes, las ciencias y las tecnologías populares.

Carácter interactivo del Museo.-

Todo lo anterior podrá ser consultado a distancia mediante las redes telemáticas instaladas en el Museo, cuya base de datos podrá ser consultada in situ para ampliar la información ofrecida por el conjunto de objetos expuestos, la asistencia de guías y otros medios de información que sean facilitados. Adicionalmente, podrán lograrse su acceso a partir de información y documentos colocados en un web site, a través del cual se puedan realizar visitas turísticas virtuales.

Ubicación física del Museo:

El Museo abarcará un área de terreno equivalente al que ocupa el Parque donde se realizan en Coro las exposiciones agropecuarias. Por tanto, deberá ser obtenido en un sitio cercano a un pie de monte situado a poca distancia de Coro y también de la sierra coriana. Sería ideal que pudiera ser construido al Suroeste del Municipio, en terrenos cercanos al poblado La Negrita, situado al pie de monte coriano, de la parroquia Guzmán Guillermo, Municipio Miranda.

Temas e Instalaciones que llevará el Museo:

1.- Área de producción material agrícola, según los bienes arriba enumerados.
2.- Área techada donde puedan ubicarse escenarios para que actúen grupos artísticos en previsión de las temporadas de lluvia.- Podría pensarse en un anfiteatro hecho de barro con las modificaciones tecnológicas ya probadas por el profesor Víctor Piñeiro, del IUTAG.
3.- Recinto ferial con todos los medios y recursos requeridos para realizar en él exposiciones internacionales.
4.- Centro de documentación e información especializado en cultura tradicional popular de la región falconiana, con inclusión de la ciencia, la tecnología y la historia, naturalmente.
5.- Biblioteca
6.- Palacio de Convenciones para realizar eventos de proyección internacional durante todo el año, que abarque temáticas de la cultura, la historia, la ciencia y las tecnologías populares.
7.- Teatro Móvil que pueda mover muestras del Museo a escuelas y comunidades del Municipio Miranda y de otros del Estado.-
8.- Edifico de usos múltiples, donde podría montarse un laboratorio para realizar en vivo numerosos experimentos relacionados con los bienes arriba enumerados y cultivos propios de nuestra región.
9.- Escuela Taller para formación de jóvenes que se quieren establecer en las hectáreas en que se levantarán Conucos, trapiches y otras áreas socio-productivas.
10.- Áreas para el deporte y la recreación, ETC.

Dado en Coro, 2011.XI.02, en original y dos copias a un mismo tenor.

      Testimonio del Bolivariano José Millet

Al acercarnos a los 70 años, en ocasiones nos sorprende un voltear la mirada y descubrimos cuánto cambio en nuestra idiosincrasia hemos experimentado. Lo que refleja la transformación en la conciencia de un individuo, refleja lo ocurrido en la conciencia del colectivo mayor del que él ha surgido: la conciencia del pueblo. Soy sujeto de acción y testigo vivo de la existencia de un mundo que cambió a partir del octubre rojo del 17 y de otro que, en los cincuenta, alentó la rebeldía de los pueblos al Sur del Río Bravo. Al triunfo de la Revolución cubana se llegó con la sangre de miles de mártires y caídos con las armas guerrilleras en las manos, tanto en la Sierra como en el llano; y a la Revolución Bolivariana se arribó, tras un largo proceso histórico de luchas, de sacrificios cruentos e incruentos de los hijos de Simón Bolívar, en cuyo ideario y modelo de sociedad ella se inspira. Este proceso fue el que hizo posible el "despertar de la historia": hechos trascendentales como el de la lucha guerrillera, el levantamiento popular del 89, el intento cívico-militar de toma del poder de febrero del 92 y, finalmente, el voto con que el pueblo colocó al Comandante Hugo Rafael Chávez Frías al frente del Gobierno.

Muchos sentimos orgullo al escuchar que somos fruto del cambio de dos épocas: una con que se selló el dominio de los Imperios sobre los pueblos del denominado Tercer Mundo, con la derrota en Playa Girón de los mercenarios enviados por Estados Unidos para aplastar al pueblo que lo desafiaba a sólo 90 millas de sus costas; la otra, en la que muchos de nuestros pueblos han decidido refundar su nación, mediante la voluntad de hacer valer su soberanía e independencia. En esta segunda época se encuentra el valiente pueblo de Venezuela, erigido en faro de Nuestra América y en luz que muchos otros pueblos siguen con respeto y admiración. La suya no es una lucha más, encerrada en las estrechas paredes de la refundación de un Estado-nación, como lo hicieron en tiempos pasados otros pueblos; en la suya va el destino de otras naciones que se hundirían en su intento de ser libres, si esta Revolución es derrotada, como lo fueron otras que hemos tenido la prerrogativa de ver caer, lamentablemente, por celadas del enemigo y o por errores de sus líderes. Piénsese en este último caso en lo sucedido con la Revolución del Partido de la Nueva Joya, en la diminuta isla caribeña Granada o en la Revolución sandinista…

En Venezuela se está librando la batalla más difícil de librar: la de persuadir y alentar al pueblo de que, por la vía pacífica, se puede establecer un modelo de sociedad y de individuos distintos y opuestos a los creados por el sistema capitalista. Esta voluntad de desechar a la eterna partera de la Historia para alcanzar metas tan trascendentales, se fundamenta en los modelos sociales y arquetipos de Hombre producidos por genios de la talla del Generalísimo Francisco de Miranda, del filósofo Simón Rodríguez y del estratega y también pensador El Libertador. Esto es lo que se está dirimiendo en este país: la factibilidad de construir la sociedad de hombres libres y felices, donde la única autoridad que domine no sea la del capital acumulado en base a la explotación despiadada del hombre por el hombre, sino la de la justicia e igualdad. A ese nuevo sistema social se le ha calificado de socialismo del siglo XXI o simplemente, diría yo en forma de una expresión resumida, revolución bolivariana. Tengo el privilegio de participar en esta etapa creadora de la lucha de un Bravo Pueblo como lo es el venezolano, con el cual estoy *resteao* y agradecido por permitirme compartir esta trinchera de las ideas … que pueden más que las trincheras de piedras. Necesario es vencer y, unidos a su voluntad de ser libre y soberano, venceremos.

En Coro, 2012.07.27

° Escritor cubano residenciado en el Estado Falcón y miembro de la Red de escritores de Venezuela.

Comunicado de Apoyo a la Casa de la Poesía del Estado Falcón

Los debajo firmantes—poetas, escritores, artistas, intelectuales, investigadores, artistas, comunicadores sociales y miembros de colectivos de creadores— aprovechamos el programa con que se ha conmemorado el noveno aniversario de la constitución legal de la Fundación Casa de la Poesía del Estado Falcón mediante el decreto firmado por el entonces Gobernador del Estado Falcón, Lic. Jesús Montilla Aponte, para manifestar un reconocimiento público por el trabajo que esta institución viene realizando en la realización de Talleres, clases y actividades lectivas centradas en la cultura y en las que participan niños, adolescentes, jóvenes y personas de la tercera edad.

Creemos oportuno también manifestar nuestro respaldo a la labor que la actual Junta Directiva de la Casa de la Poesía, nombrada en Asamblea de Escritores y Creadores en septiembre del 2011, juramentada en septiembre del mismo año, viene realizando en la esfera editorial, con la edición e impresión artesanal de obras literarias de varios escritores residentes en el Estado Falcón, cuya producción ha estado a cargo de sus autores y contando con la colaboración de otras instituciones, como la Universidad Nacional Experimental Francisco de Miranda.

Justamente, la labor de extender su trabajo de promoción cultural ha llegado a ofrecer espacio en su sede social a colectivos de creadores que hacen vida en ella, entre los que cabe mencionar al Grupo de Teatro Latinoamericano César Rengifo; al de jóvenes Talentos Creadores; al colectivo independiente Agua e lluvia, a la Fundación Casa del Caribe, a la Fundación Savia, Fundación Genial, grupo de Mujeres de la tercera edad Juventud en plenitud, y a establecer relaciones de trabajo con los artesanos de la Asociación de Artesanos del Municipio Miranda; Asociación de Artistas Plásticos de Miranda; Fundación Museo Comunitario de La Vela; Grupo Literario Letra Púrpura; Fundación 3 de agosto del Municipio Colina y con muchos creadores de las artes plásticas cuyas obras han sido objeto de exposiciones, actividades todas reseñadas por los medios de difusión masiva y divulgadas por las redes sociales de la web.

Llamamos la atención de la opinión pública acerca de la necesidad de sumarse a este reconocimiento de caras a contribuir a consolidar las actividades que se vienen realizando en los amplios espacios de la Casa de la Poesía, situada en la calle Comercio, de Coro, ciudad incluida por la UNESCO en su lista de Patrimonio Mundial de la Humanidad.

Dado en la ciudad de Coro, a los 20 días del mes de octubre del 2012.

Nombres y apellidos	CI	Institución o colectivo	Firma

Nota del editor:

En días recientes, sentados en el patio de la Casa de la Poesía, su primer Presidente, el poeta César Seco, nos ha ratificado lo que sabíamos por experiencia propia y por investigaciones hechas por mí desde hacía tiempo: esta institución fue un espacio conquistado a fuerza de tesón y de intensas luchas de los creadores literarios de Coro y de otros sitios del Estado Falcón; dijo que muchos se reirán con el embuste de un amigo que se atribuye la idea de configuración de la institución que ha sabido dar una batalla desde varios frentes, ante la desidia, los prejuicios de los burócratas, los pobres de espíritus y los vilipendiadores de turno--los más temibles: aquellos que Goethe llamaba "ignorantes con poder"-- ante las características de los poetas y escritores, lamentablemente no unidos completamente en la región a pesar de los esfuerzos por consolidar la Red de Escritores Socialistas de Venezuela, cuyo capítulo Falcón no se ha cansado de dar traspiés...

Aclaro a quienes no lo sepan: en los primeros años del 2000, trabajé voluntariamente con Humberto Clark, primer director del el Instituto de Cultura del Estado Falcón (INCUDEF) en el presente proceso de Revolución Bolivariana, y fui testigo de los detalles del arduo trabajo que condujo a la legalización de la Fundación Casa de la Poesía del Estado Falcón, concluyendo los preparativos inmediatos que dieron lugar a la inauguración de su actual sede social en la calle Comercio, en acto público presidido por el Lic. Jesús Montilla Aponte, Gobernador del Estado...Conocí y compartí, incluso en su casa de vivienda, con el poeta, narrador y periodista Rafael José Álvarez, el primer escritor a quien se le propuso la conducción de la institución; a Hugo Fernández Oviol, Eudes Navas y a tantos poetas y escritores falconianos que recuerdo con mucho cariño y admiración... Y he seguido, paso a paso, los vaivenes de la Casa, que me sirvió de refugio solidario cuando se nos derrumbó la casa que habitábamos en condición de alquilados en la calle Monzón, a consecuencia de la vaguada sufrida por Coro y el Estado Falcón a finales del año 2010...Fui electo en la Asamblea de Escritores que se menciona en el comunicado como miembro de la Terna a partir de la cual INCUDEF y la Gobernación del Estado Falcón debieron nombrar la presidencia de la Junta Directiva de la Casa de la Poesía... En esa Asamblea estuvieron varios prominentes escritores---entre ellos el director de INCUDEF, poeta Simón Petit; el propio César Seco e Inti Clark-- y creadores de diversas manifestaciones culturales, como el Dr. Secundino Urbina, director de la televisora de la Universidad Nacional Experimental Francisco de Miranda, entre otros, en los que cabe incluir a varios colectivos artísticos...

Lic. José Millet
Directivo de la Red de Escritores Socialistas de Venezuela

Acerca de la obra de investigación científica de José Millet

Millet, José. **Atlas Etnográfico del Estado Falcón** (Venezuela): Fiestas y tradiciones socioculturales. Coro: Centro de Investigaciones Socioculturales, 2011.

RESEÑA.

No es casualidad que José Millet sea cubano y conocedor de Fernando Ortiz, en todos los sentidos. Esta cubanidad, o por mejor decirlo, espíritu caribeño, le otorgan la autoridad y saber hacer y vivir definitivos para ubicar definitivamente al **Atlas Etnográfico del Estado Falcón** en el Mapamundi del conocimiento de la cultura. Si la moderna historiografía se preocupa en desmenuzar la historia de la vida cotidiana, y la sociología contemporánea profundiza en las comunidades, la lingüística a partir de Hymes estudia la lengua como hecho cultural dentro de grupos humanos histórica y socialmente situados, y los estudios culturales se destacan como novedad en la Teoría de la Literatura. Dentro de la antropología, Clifford Geertz defiende la etnografía basándose en dos paradójicos pilares: el punto de vista subjetivo comprometido por definición del etnógrafo, como escritor narrador del hecho cultural y sin por ello abandonar criterios mínimamente rigurosos en el estudio. Así se nos presenta el **Atlas Etnográfico del Estado Falcón** de Millet: sin abandonar jamás el rigor de la pesquisa de campo y las múltiples entrevistas, y precisamente por ello, se desvela su indómito aliento de investigador comprometido con el pueblo de Coro y sus costumbres. Más allá de un mero catálogo de rituales folclóricos, penetra en la esencia de las creencias más profundas, superando y describiendo simples apariencias católicas, pero adentrándose en la africanidad y lo nativo de Las Turas, en la complejidad de elementos religiosos no cristianos y sin jamás abandonar el definitivo impulso vital que estas fiestas albergan y proporcionan como enseñanza única para todos.

Prof. Dr. Juan Pablo Martín Rodrígues[1]
Departamento Letras Universidad Federal de Pernambuco, Brasil.

Notas:
Rastros y rostros de la mujer africana

---

[1] Juan Pablo Martín Rodríguez es licenciado en Derecho por la Universidad de Burgos y en letras por la Universidad Federal de Pernambuco. Publicó su tesina y tesis sobre literatura colonial hispanoamericana, abordando las figuras de Las Casas y Sepúlveda desde el punto de vista de los estudios culturales e imparte clases sobre enseñanza de lengua y cultura en diversas instituciones de Brasil. Es profesor adjunto de la Universidad Federal de Pernambuco, Brasil.

África se nos revela con plenitud en estas mujeres captadas por el pincel intuitivo de dos artistas falconianos. El primero, perfeccionista, nos regala la galanura y el cuerpo sensual de aquellas féminas que habitan el instante fugaz de la casa señorial del Cabure serrano, mientras que el segundo centra el desvelo en la expresión—serena y firme—de ese sufrido ser que acompañó a su pareja esclavizada y a un tiempo rebelde en un pasado que todavía gravita en el hoy de esta Venezuela de cambios irreversibles en que vivimos. Estampas de la vida cotidiana con colores de un jardín florido que nos recuerda el Paraíso, en una; rasgos físicos característicos de los pueblos negro-africanos que sustanciaron nuestro perfil definitivo como naciones libres y románticas, en el otro. Belleza, color local teñido de vida doméstica y de trabajos aún vigentes, todo envuelto en gracia, sensualidad, candor femenino e intensidad emocional en la expresión de un carácter…en los rostros y en el cuerpo de la mujer afro-descendiente de la mano de los pintores Susana Marsellán, de la montaña de San Luis y Yoimar Lohaiza, del puerto marítimo de La Vela de Coro.

José Millet,
Coro, 2012.05.03

DIVERSIDAD CULTURAL FALCONIANA.

* Artesanía: La producción artesanal es cuantiosa y variada. Destacan los muebles corianos, elaborados a base de la madera que se extrae del cardón, planta característica de la zona; la cerámica de arcilla, los sombreros de palma confeccionados a mano, los artículos elaborados con cuero de chivo y los chinchorros.
 En la Sierra Falconiana se trabaja la Artesanía con el Bejuco,   La Hoja seca del Maíz, Madera, Enea, Cocuiza, Tapara, entre otros elementos nativos de la Región.

* En varios pueblos cerca de Santa Ana: en la Península de Paraguaná, se fabrican objetos de barro. Allí se utiliza la misma técnica de los caquetíos, pero se han agregado nuevas formas y elementos artísticos.

* En la zona Occidental: del Estado el tipo de artesanía elaborada con barro es diferente al de resto de la región.

* En la costa Oriental: el gran atractivo artesanal es la cestería, elaborada con enea, cocuiza, bejucos, también como otra variedad artesanal.

Probablemente en ningún otro Estado de Venezuela se encuentra una artesanía tan original como en el Estado Falcón. Especialmente en los pueblos que circundan a la ciudad de Coro se encuentran pequeñas fábricas de sillas, mesas y otros muebles de madera de cardón y de palo de arco.

* Salves: Es uno de lo géneros más importantes de la Sierra Falconiana, de origen Europeo, Fue traída a América por los Conquistadores, El ritmo es

lento y melancólico, los cantores usan frases como: Dios Te Salve seguido por el nombre del Santo Homenajeado. Se entona durante las festividades religiosas.

❖ Décima: Es una composición poética, formada de 10 versos octosílabos, se canta a lo humano y a lo divino, su origen se remontan a finales del siglo XIV principios del siglo XV su canto varia según la región donde se cante.

❖ El Polo Coriano: Es de origen andaluz y llega a Falcón junto con los españoles. Se cantaba para animar la faena diaria y en momentos de celebración. También se conoce como contrapunteo, consiste en cantos donde participan dos personas quienes por medio de improvisaciones cuentan historias de diferentes variopintas que pueden ser hechos históricos, de amor y costumbres autóctonas de la región. Se compone de versos octosílabos que deben conservar una rima perfecta y se acompaña de cuatro, bandola maracas y guitarra. Se complementa con una danza con motivos alusivos a la pesca y al mar en los diferentes estados del país.

❖ Las Turas.

Es la única representación de nuestro folklore y la menos conocida; de origen Ayamán y se da en la región Sur del Estado, específicamente en los Municipios Unión y Federación, pero la más nombrada es la que se realiza en la parroquia Maparari. Es un acto de agradecimiento a Dios y a la naturaleza, mezcla de religión y danza influenciada por los espíritus, en la cual retribuyen los favores manifestados en las cosechas. Existe la Tura Grande y la Tura Pequeña.

El Palacio o Altar de Turas está formado por dos postes de madera, unidos en la parte superior por un travesaño horizontal y en el que van colgadas las ofrendas. Éstas a su vez se disponen por encima de la cruz de madera y del nicho que guarda las velas encendidas y la tinaja llena de chicha de maíz.

Esta ceremonia se acompaña de un baile con una música muy particular entonada por Turas y Cachos. Las Turas, hembra y macho, son flautas hechas de bambú, que dan su nombre a la fiesta y se diferencian entre si por el número de orificios (tres para las "machos" y dos para las "hembras"). También se utilizan los Cachos, formados por el frontal del cráneo del venado o "matacán", agujereados para sacarle un sonido tanto más grave como sea el tamaño del "cacho". Estas flautas las tocan los tureros con una mano, mientras en la otra sacuden rítmicamente una maraca.

La ceremonia de Las Turas es organizada por una cofradía cuya jerarquía la encabezan el Capataz y la Reina, seguidos por tureros y danzantes. La danza se ejecuta en un "patio de turas" en cuyo centro ha sido armado un altar de unos tres metros de alto donde se entrecruzan ramas de plátano, palma, flores de colores y varas de caña de azúcar. Al centro de este altar una o más cruces a veces vestidas con coloridos papeles, otras veces desnudas, de madera o metal, pero siempre rodeadas de las ofrendas a los santos, espíritus y a la Madre Naturaleza y que consiste en frutos de las cosechas, como tomates, naranjas, yucas, granos, aguacates, piñas, parchas y otras. También cesterías y taparas en diferentes formas. Por supuesto no falta la "chicha", que es preparación exclusiva de la Reina y las bebidas espirituosas con las que se rocía las gargantas y el altar, generalmente cocuy de penca.

Luego de las respectivas invocaciones, rezos y oraciones a santos, espíritus y a la Madre Naturaleza, comienza el "son de turas" dando vueltas al altar, al sonido acompasado de turas, cachos y maracas. A la señal del capataz cambia en sentido contrario la dirección del baile, mientras mujeres y algún que otro hombre se agarra de las cinturas para participar en la danza con pasos hacia delante y hacia atrás. Al llegar el amanecer del nuevo día, se dirigen los tureros al "basurero", que no siendo tal, recibe en ofrenda los frutos, las oraciones y las bendiciones, así como los deseos de que la ceremonia y las cosechas del próximo año sean igual o mejor que las del presente.

Las Turas se celebra el 24 de septiembre, día de la Virgen de Las Mercedes, como resultado del sincretismo cultural fruto de la imposición de la religión católica a los pueblos aborígenes por parte del conquistador español. El pueblo Ayamán forma parte de la etnia Caribe y Las Turas una manifestación con una connotación profundamente ecológica, donde se rinde Veneración a la naturaleza y a los "ojos de agua viva". (Fuentes de agua pura y cristalina).

❖ Gastronomía Falconiana.

La posición geográfica del territorio de la curiana dio origen a una variedad de sabores muy particulares por la llegada de algunos mercaderes. Las específicas características climáticas de cada eje fueron dando las mágicas recetas que se convirtieron en componentes de identidad Coriana. Podemos, ver, oler, sentir y degustar, como se integran en la alimentación un, Coro Coro, Un Jurel, La Lisa, El Pargo, El Mero,, Carite, La Sierra, El Zabalo, La Raya, El Cazon, Camarones, El Maíz , Leche de Cabra, Los Chivos, Iguanas, Conejos, Cemerucos, Almendrones, Naranjas, Cerezos, Mandarinas, Mamones, Ciruelas, Datos, Buches, Chiguare, Caraotas, Yucas, Caña de Azúcar, El Agabe de Cocuy, Urupaguas, Aguacates, Cebollas, Cambures, Cocos, Chirimoyas, Guanábanas, Limones, Mangos, Melones, Tamarindos, Ñames, Ocumos, Ajonjolíes, Culantro, y otras variedades.

Al unir estos componentes aparecen algunos platos con peculiares nombres que identifican la región, como los siguientes:

❖ Chanfaina: guiso asadura del chivo. Órganos respiratorios, urinarios e hígado.

❖ Chiguare: fruto pequeñito de varios colores que se da en épocas de lluvia.
❖ Escabeche: adobo en que se tiene en maceración, carne o pescado.
❖ pescado puesto en escabeche, fruto en vinagre. Encurtido.
❖ Celce coriano: elaborado a base de la cabeza de marrano sancochada
❖ Quinchoncho: granos marrones
❖ Hayaca coriana: guiso de chivo, de carne de res y la de queso.
❖ Harifuque: harina de maíz mezclado con miel de abeja. Afrodisíaco.
❖ Breva: lefaria, fruto del cardón
❖ Capirote: vísceras de la res. Mondongo. A base de pellejo.

Tambor Coriano:

Manifestación musical que llega a nuestra ciudad con los negros Loangos que venían de las Antillas y que originaron los Barrios La Guinea y Curazaito. Su máxima representante fue María Chiquitín, quien amenizaba las fiestas del barrio al son del tambor. Luego que fallece María, el tambor durmió hasta el año 1967 cuando la Señora Olga Camacho decide rescatarlo y lo lleva nuevamente a la calle.

Tambor Veleño: Sus inicios se deben al señor Galo Guanipa, y lo tocaban con un plato de peltre, una cucharilla, el cuatro, las charrascas de bronce, el furro, el güiro y el triángulo de acero. Gran parte de estos instrumentos han sido elaborados por la familia Guanipa.

Tambor Cumarebero: Tradición rescatada por el grupo *Tambores de Cumarebo, realizando la* recopilación de temas de Cumarebo, Curazao y el Litoral central; y *Los cinco Juanes*, selección de temas locales y de los estados Carabobo y Nueva Esparta. También es el único conjunto musical que utiliza la escardilla como instrumento musical- y que en su ejecución emplea: el arranque, quiebre, pausa, tramao y entreverao.

Corona de la reina de las turas.

El África de las dos orillas: encuentro con las raíces bantúes
Por José Millet

Participé en calidad de conferencista facilitador en el I Encuentro internacional "El África de las dos orillas", realizado en Caracas del 25 al 29 del mes presente mes en curso por la asociación civil sin fines de lucro Asociación Cultural Tradición Bantú (ACTB), que me invitó. Nuestro interés en participar se asentó en el reconocimiento de la obra científica del expositor principal, el ciudadano de la República del Congo Dr. Masengo Ma Mbongolo, a quien conocí en la ciudad natal de Bolívar en el Festival en solidaridad con los pueblos africanos que organizara en el 2007 el Viceministerio de Relaciones Exteriores de nuestro país y quien nos podía proporcionar herramientas conceptuales para la mejor comprensión de la herencia cultural aportada por los pueblos del stock bantú traídos al Nuevo Mundo durante el "proceso civilizatorio" que arrancó en 1492, y muy especialmente el de procedencia étnica loanga que se asentó en la región del Caribe y que tuvo gran repercusión en el actual Estado Falcón, donde resido y trabajo como director fundador del Centro de investigaciones socioculturales del Instituto de Cultura del Estado Falcón (INCUDEF).

No era casual que este eminente investigador de las raíces bantú en la cultura del Caribe fuese el orador principal; lo que me asombró es que yo deviniera en la persona que lo siguió en la escena de las actuaciones privadas y públicas en que se desenvolvió el evento, primero de tipo académico que organizara la ACTB y primero que devino con dimensión internacional, dada ésta por la calidad de los expositores, lo cual no desdora la estatura del presidente de la asociación, el escritor, periodista e investigador Ralph Alpízar Valdés, cuyo libro que me obsequió se convirtió en una reafirmación de la necesidad de estudiar la cultura de los pueblos africanos para poder entender mejor los procesos históricos que se generaron en este continente y los relacionados con la conformación de una identidad propia, a nivel de naciones, subregiones y del conjunto de Nuestra América…

Para nuestro Estado Falcón, resultaba especial este interés, digamos que por dos razones: Coro, y su sierra coriana, fue el escenario principal donde tuvo lugar una de las insurrecciones "de negros" más importantes de Venezuela y, adicionalmente, donde uno de los símbolos más característicos en su perfil cultural, el tambor coriano, se afirma es hijo del tambor loango procedente de la vecina isla de Curazao…El componente o los batientes bantúes están sumamente presentes en la historia y en la cultura del pueblo que se adelantó a la manifestación pública de independencia hecha por los blancos criollos aquel 10 de mayo de 1795 cuando el zambo José Leonardo Chirino se lanzó a despedazar el yugo que oprimía a los africanos esclavizados, a los negros, mulatos y a la población aborigen que no sólo habitaban las montañas de San Luis, sino también la propia capital de la provincia, en la que se destacó el loango Joseph Charidad González, abatido un día después de aquel levantamiento junto con sus valerosos lugartenientes…

Como puede apreciarse en las publicaciones en que algunos de sus organizadores me etiquetearon en mi cuenta de Facebook, este encuentro académico tuvo una gran cobertura de comunicación pública a través de diversos medios de difusión masiva nacionales e internacionales facilitados por el hecho que el presidente de ACTB es periodista y coordinador de una agencia de noticias y publica en la prensa plana, en la TV y en la web. Se destacó un despacho de la agencia de prensa EFE en que se hizo eco de la realización del encuentro. En los actos públicos y en algunas de las publicaciones de la web—como puede comprobarse en dicha cuenta—se le dan créditos a la Gobernación del Estado Falcón por habernos facilitado desde el punto de vista logístico nuestra presencia en el evento "El África de las dos orillas".

Estas fueron las actividades principales en que participé y sus resultados, expresados en términos administrativos:

1.- Día viernes 25: la identidad de los organizadores de esta cita: El día de mi llegada a Caracas se produjo un encuentro de bienvenida con los dos oradores principales invitados, organizada por el presidente de ACTB y en la que participaron miembros directivos de esta asociación, además de quien sirvió de excelente intérprete,______________ . Se trató de una presentación formal de cada uno de los organizadores y de los ponentes en el que se esbozaron las líneas de trabajo que realiza cada quien en sus respectivas instituciones y en el ACTB.

2.- Día sábado 26: A primeras horas de la mañana, más que una reunión formal de trabajo privada tuve un encuentro amistoso desde el punto de vista profesional con el Dr. Masengo Ma Mbongolo en el que ambos intercambiamos libremente ideas acerca de los estudios respectivos y experiencias obtenidas en los eventos en que hemos estado envueltos en los últimos años, en particular en el Festival Maliki Makongo que Masengo viene organizando desde hace más de dos décadas y que lo ha llevado, recientemente, a países de nuestra América, como República Dominicana, Haití y Cuba… En la tarde sostuvimos reunión de trabajo con el Máster Ralph Alpízar centrada en dos puntos: A.- Publicaciones; y B.- Posibilidades de constituir una estación de la ACTB en el Estado Falcón.

En la noche se realizó lo que pudo haber sido la parte fundamental de esta actividad académica: el simposio a cargo de los dos ponentes principales con el desarrollo de dos temas respectivos centrados, en el caso de Masengo, en la historia y cultura bantúes y, en mi caso, el entramado etno-cultural que llevó al pueblo a la insurrección de agosto de 1795 y cómo se refleja en la formación de su identidad y cultura el sustantivo aporte de los pueblos africanos entre los que se destaca el de origen congo Esta parte del evento contó con el cierre magistral tipo resumen del director de ACTB internacional, Ralph Alpìzar, que dio paso a la intervención muy activa del público que asistió al teatro Cristo Rey de Catia, el que sirvió de excelente escenario.

Día domingo 27: El día domingo 27 fui invitado a participar en la reunión matutina exclusiva para la membresía de la ACTB que habitan en Caracas, estación de esta sociedad cuya sede está ubicada en el popular barrio San Agustín y ha sido posible levantarse gracias al coraje, dedicación y voluntad puestos por su Director José Castro, quien la dotó de amplios espacios para todo tipo de eventos lectivos, como conferencias, talleres y charlas. Opiné acerca de cuál debía ser la propuesta principal de ACTB Venezuela al presidente del Festival Malaki Makongo y mi intervención fue escuchada con mucho interés y respeto por los miembros oficiales de la ACTB. Finalmente, en horas de la tarde tuvo lugar un importante encuentro en el Teatro E. T. Rubén González, con locación en Los Naranjos,   en la ciudad de Guarenas, en el que volvimos a intervenir en calidad de ponentes.

Lunes día 28, en la cuna del cacao venezolano: Otra reunión de intercambio exclusiva para miembros tuvo lugar el día martes 28 en la sede subregional de Barlovento, sita en San José, en la cual pudimos apreciar el enorme esfuerzo desplegado por el núcleo directivo original de la ACTB por proporcionarle en Venezuela una sede digna, cosa que se logró con trabajo artesanal y corazón allí y en ella puede ser apreciada una magnífica instalación dotada de salas expositivas, locales de reuniones y aun espacios para el sano esparcimiento de la mente y el intercambio humano.

Martes 29, La Guaira, encuentro con el tambor y la guarura. El día martes 29 a las seis de la tarde en el teatro Pedro Elías Gutiérrez se dieron cita gente interesada de toda la geografía varguense y de   La Guaira, donde este magnífico escenario público está enclavado, sino que desde puntos distantes de la ciudad caraqueña concurrieron a presenciar el espectáculo, siempre in crecente, del congo Masengo Ma Mbongolo, quien deleitó al público con el brillo de ese estilo escénico en que suele desplegar en cada uno de sus "discursos" perfomances, al modo en que lo hacen los griots de su África natal y lo hacen también muchos de sus descendientes en el Caribe. Debido al excesivo de tiempo consumido por la interpretación simultánea de la lengua francesa empleada por el disertante, la escena se la robaron los tambores de la mano de una excelente compañía que sabe combinar los recursos aportados por los pueblos negros africanos y combinarlos con elementos tan característicos de los pueblos originarios de América, como son las guaruras o caracolas soñadoras de bravuras y trascendencias libertarias.

Como resultados tangibles de nuestra participación en este encuentro, puedo señalar el reconocimiento público hecho a INCUDEF por el trabajo que venimos realizando desde la esfera científico-investigativa y las posibilidades de continuar el intercambio con los miembros directivos de la ACTB, que mostró su disposición de apoyar desde el punto de vista de los recursos financieros a algún proyecto que se le presente enfocado al estudio y a la difusión de la herencia bantú; concretamos que los artículos y estudios derivados de nuestra investigación y estudio acerca de la presencia loanga en el Estado Falcón serían publicados por la ACTB, cuyo presidente, Ralph Alpízar, manifestó su interés por abrir en nuestro Estado lo que ellos llaman una estación de su asociación, meta que me parece plausible y que redundaría en beneficio del reconcomiendo a esta herencia africana de evidente peso en la historia y las tradiciones culturales de nuestra región.

El lugar y la importancia del aporte bantú en la cultura del Caribe y de Venezuela los pudimos confirmar, fehacientemente, en las conversaciones sostenidas con el investigador Masengo Ma Mbongolo, lo cual nos ha permitido hablar con mayor propiedad de todo lo que concierne al aporte étnico de origen loango y que nos permitirá retomar temas acerca de los cuales hemos escrito y retomarlos con la intención de producir publicaciones que formarán parte del Atlas Etnográfico cultural del Estado Falcón, tarea principal del Centro de investigaciones socioculturales de INCUDEF. A este incansable luchador social y promotor de su cultura natal a través de su Festival Malaki Ma Kongo va nuestro más profundo agradecimiento, a través de este mensaje en que nos confirmamos como lo que fuimos desde nuestro primer encuentro ocurrido en el 2007: amigos...

Finalmente, en las mencionadas reuniones en que me fue concedido el privilegio de participar en las reuniones programadas en el marco del Encuentro e interactuar con el colectivo de los miembros de número de la ACTB, realicé un reconocimiento a la capacidad organizativa de su tren directivo, con mención especial por supuesto a su presidente internacional, el investigador y periodista Ralph Alpízar así como al de sus coordinadores de Caracas, Barlovento, Guarenas y La Guaria, entre quienes no puedo dejar mencionar a Irina Alexandra Ramírez Rodríguez por el seguimiento que, desde mucho tiempo de antelación, le dio a lo concerniente a mi participación en calidad de conferencista facilitador en el Encuentro.

En los mencionados intercambios que se produjeron con los miembros de ACTB expuse la necesidad de acometer el trabajo de rescate de la herencia bantú con el celo que manifiestan los misioneros, de modo que la mayor fuerza y entereza puestos en ello se reviertan en resultados de mayor trascendencia desde el punto de vista profesional en la labor de estudio y de difusión patrimonial que viene haciendo con grandes resultados la ACTB. Ahora me permito hacerlo público y extender mi agradecimiento, en nombre del INCUDEF, por el trato diferenciado de que fui objeto durante el evento y por haberme permitido compartir con los miembros de esta asociación, cuyos valores humanos me colmaron de dicha porque, de otro modo, ¿cómo podrían llevar a feliz término la voluntad de estudiar, reconocer y difundir el rico patrimonio cultural y la firme raíz legada por los pueblos bantú a nuestra historia y a nuestra cultura?

El Reino del Congo fue un Estado **africano** situado en lo que actualmente constituye la zona norte de **Angola**, el clave de **Cabinda**, la **República del Congo** y la parte occidental de la **República Democrática del Congo**. En su época de mayor expansión, se extendía entre el **océano Atlántico** y los ríos**Kwango** al este, **Congo** al norte y **Loje** al sur. El reino se estructuraba en seis provincias, y era gobernado por un monarca, el **Manicongo** de los **bacongo**(pueblos congo). Su esfera de influencia abarcaba también a los estados vecinos. Tenía una población de 500 mil personas, según cálculos de 1650.[1]

Antes de la llegada de los **europeos**, el Reino del Congo constituía un estado altamente desarrollado situado en el centro de una extensa red de intercambios comerciales. Además de recursos naturales y **marfil**, el país fabricaba y comerciaba con toda clase de objetos de **cobre**, tejidos de **rafia y**cerámica**. El pueblo congo hablaba el **idioma kikongo**.

Los orígenes del reino son confusos. El complejo más antiguo que ha sido encontrado en la región, es el de **Madingo Kayes**, que había sido ya un asentamiento en el pasado, sin que se tengan datos de su desarrollo posterior.

Loango no es mencionado, ni figura en los registros de los primeros **exploradores** de la región. Tampoco se menciona entre los títulos del Rey **Afonso I** del **Reino del Congo**en 1535, aunque **Kakongo** y **Ngoyo**, sus vecinos del sur si lo hacen. Los primeros documentos que se conservan, escritos cerca de **1580**, relatan como Loango había formado parte en el pasado del **Congo**, pero llegado un punto se había convertido en simple aliado y amigo de este estado. Escritos más detalladas, recogidos por los exploradores **holandeses**, en **1630**, explican que Loango era originalmente parte de **Kakongo**, siendo el mismo parte del **Congo**, y que se declaró independiente, aproximadamente en **1550**.

Poco se sabe acerca de la ciudad de Loango, además de que era una de las más avanzadas urbes de África, cuya economía se basó en gran medida en la **esclavitud** en durante la década de **1880**. El declive de la ciudad comienza con la abolición de la **esclavitud** y el fin del **tráfico de esclavos** hacia **América**, hacia donde se dirigían la mayor parte de esclavos que eran vendidos.

José Millet

Jefe del CISC

Acerca del autor:

Del editor-autor:Millet, José. (Holguín, Cuba, 28.01.1949). Residencia actual: Avenida Ali Primera, calle Principal, casa 29, Sector La Cruz, parroquia Los Teques, Municipio Guaicaipuro, Estado Miranda, República Bolivariana de Venezuela. Teléfonos: 0416/2168703; 0412/5960330 y (058) (Falcón: 0268)/4608164. E-mail: milletjb3000 @gmail.com//milletjb2004@ yahoo.com Escritor, investigador, profesor universitario, crítico de arte y guionista de cine, radio y Tv. Filólogo de carrera, ha dedicado sus últimos 36 años de vida a los estudios etnográficos y sociológicos en el área de la cultura popular, especializándose en la temática de las fiestas populares y las religiones tradicionales de base africana y del espiritismo en el Caribe. Hizo estudios de Filosofía en la Universidad de La Habana y, en 1975, se graduó de Licenciado en Letras en la Universidad de Oriente, en la ciudad Santiago de Cuba. Tiene una larga experiencia como docente universitario en su país natal y en otros países. Cientos de estudios, ensayos y artículos suyos han visto la luz en prestigiosas publicaciones periódicas tanto en Cuba como en otros países y ha publicado dieciocho libros, uno de los cuales alcanzó el Premio en Ensayo José María Heredia, de la Unión Nacional de Escritores y Artistas de Cuba (UNEAC) y dos, en coautoría: El vodú en Cuba y Barrio, comparsa y carnaval santiaguero, obtuvieron premio nacional en investigación sociocultural que otorga el Ministerio de Cultura de la Mayor de las Antillas. Se desempeñó como Investigador Auxiliar en la Casa del Caribe, prestigiosa institución de la que fue uno de sus fundadores en 1982 y que ayudó, decisivamente, a categorizar como Centro de Investigaciones por parte del Ministerio de Ciencias, Tecnología y Medio ambiente de la República de Cuba. Ha obtenido varios reconocimientos en el área de la investigación científica aplicada a las ciencias sociales y humanísticas. Pertenece a varias organizaciones internacionales, como la Association of Caribbean Studies, el Grupo de Estudios Regionales del Consejo Europeo de Investigaciones sobre América Latina (CEISAL) y la Red de Instituciones e Investigadores de las religiones afroamericanas de la UNESCO, en cuya temática acaba de ser impreso en USA el libro Sacred Spaces Religious Traditions in Oriente Cuba…en coautoría con la profesora Dra. Jualynne Dodson, de la Michigan State University, aunque publicado sólo a la firma de ésta. Es miembro de la Red Nacional de escritores de Venezuela. Ha participado en eventos y hecho investigaciones de campo en Europa (tanto oriental como occidental), África, Estados Unidos, América Latina y el Caribe. Desde el 2005 se desempeña como director del Centro de Investigaciones Socioculturales del Instituto de Cultura del Estado Falcón (INCUDEF), donde publicó el libro **La Guinea, barrio afrocaribeño de Coro** y confeccionó con su equipo el **Atlas Etnográfico del Estado Falcón-Venezuela y el Caribe** (con depósito legal nro. LF-70920083382018 e ISBN: 978-980-12-3437-1), del cual es editor y cuyos primeros resultados en forma de Cuadernos de Avances pueden ser leídos, uno impreso sobre las Turas, y los restantes en varios sitios de Internet. Su último libro biográfico, **Alí Primera, Padre cantor del pueblo** (2008) fue publicado en Caracas por Ediciones de la Presidencia, Palacio de Miraflores, del Ministerio del Poder Popular para la Presidencia de la República.